清代套印本圖録

石光明　編著

國家圖書館出版社

圖書在版編目（CIP）數據

清代套印本圖録 / 石光明編著. -- 北京 : 國家圖書館出版社, 2018.8

ISBN 978-7-5013-6492-3

Ⅰ. ①清… Ⅱ. ①石… Ⅲ. ①古籍—中國—清代—圖録 Ⅳ. ①Z838-64

中國版本圖書館CIP數據核字（2018）第160691號

書　　名　清代套印本圖録

著　　者　石光明　編著

責任編輯　王燕來

設　　計　愛圖工作室

出　　版　國家圖書館出版社（100034 北京市西城區文津街7號）
（原書目文獻出版社　北京圖書館出版社）

發　　行　010-66114536　66126153　66151313　66175620
66121706（傳真）　66126156（門市部）

E-mail　nlcpress@nlc.cn（郵購）

Website　www.nlcpress.com → 投稿中心

經　　銷　新華書店

印　　裝　北京中華兒女印刷廠

版　　次　2018年8月第1版　2018年8月第1次印刷

開　　本　889 × 1194（毫米）　1/16

印　　張　12

書　　號　ISBN 978-7-5013-6492-3

定　　價　260.00圓

自　序

“套印本”作爲中國古代印刷史中的名詞，經常出現在各家書史、印刷史、版本學專著及歷代藏書目録中，它還是古籍編目整理工作的重要部分。《中華人民共和國國家標準·古籍著録規則》將其描述爲“將書籍每一葉中的不同内容分别刻版（或在同一塊木版上）用不同顏色依次印刷而成的本子”。常見的有朱墨二色套印本，還有三色、四色、五色、六色套印本等。

根據 2009 年 10 月出版的《中國古籍總目》記載，由中國國家圖書館、北京大學圖書館、上海圖書館、南京圖書館、天津圖書館、湖北省圖書館、復旦大學圖書館、中國科學院圖書館、遼寧省圖書館、山東省圖書館、浙江省圖書館等 11 家以及港澳臺等藏書機構統計，現存套印本共計 538 種，不同版本 625 部。其中元刻套印本 1 部、明刻套印本 186 部、清刻套印本 438 部。

最早何時用套印的方法印書，目前學界還没有一個統一的結論。隨着雕版印刷術的誕生，因爲要區分書中的不同内容，使讀書人一目瞭然，既醒目又美觀，套印本亦隨之出現，這是大家一致認可的。1974 年在山西應縣木塔内發現了三幅印在絲織物上彩色的釋迦牟尼佛像，據考證時間應爲遼代聖宗統和年間（983–1011），但因其印刷的載體是絲織物而不是紙張，所以其與紙質印本書籍仍屬不同。現在能見到最早的紙質套印本當爲保存於臺北“中央圖書館”中元至正元年（1341）中興路資福寺刻朱墨套印《金剛般若波羅蜜經》一卷。有没有更早的紙質套印的書籍？目前還没有發現保存下來的實物。張秀民先生在其《中國印刷史》中記載：“據已故譚新嘉（志賢）老先生告知，在前歷史博物館他曾見到宋刻李誡《營造法式》殘本一張，彩色套印云。若其説果真，則套印之發生遠在 12 世紀初，比元末又早二百多年。惜此殘葉，早已不可踪迹。”（《中國印刷史》第 231 頁）。用套印的方法印書，雖然有諸多的好處，但套印一葉需要刻板數次，又要印刷數次，費時費工，一部成書成本很高，一般讀書人無力購買，書商亦無利可賺，雖然套印在元末已經出現，但從流傳情況看，這種印刷方式在當時并没有被廣泛使用，衹是到了明代中後期，它纔得以廣泛應用。

明代中後期，隨着資本主義萌芽出現，社會經濟逐步繁榮，市民階層得到極大發展，他們對文化的需求日益增强，促進了社會文化各方面的發展。在哲學、史學、文學、數學、天文學、醫藥學、軍事學等諸多領域，出現了大量對世界文化產生重大影響力的人文巨匠。在國家層面，對文化出版事業也非常重視，成立了内府、經廠、南北國子監以及衆多部、院刻書機構，甚至各地藩王都在刻書，這是中國歷史上所僅有的。至於民間書坊刻書更是遍布大江南北。這爲套印本的大量出現提供了社會基礎。曹之先生將套印本在明代廣泛應用的原因，歸結爲三點：第一，明代經濟繁榮，爲套印本奠定了物質基礎。第二，明代的印刷術已經到了爐火純青的程度，爲套印普及做了技術準備。第三，明代套印的廣泛應用也與評點盛行有關。明代評點之風盛行，涌現出一批評點大家，如李卓吾、楊慎、鍾惺、孫鑛等等。而出版家又對評點非常重視，因而評點本大量出現，這也是套印技術得以廣泛應用的前提。

明代刻印出多少套印本，目前尚未有確切的數字，但從全國現存數量的統計至少應在 186 部以上。從中可以得出幾點看法：1. 明代現存套印本主要產生於中後期。其中：萬曆間 28 部；泰昌間 3 部；天啓間 37 部；崇禎間 6 部；出版時間不詳，著録爲明、明末爲 112 部。2. 現存最早的是萬曆九年（1581）吴興凌氏刻三色套印本《世説新語》六卷。3. 明代套印出版家中留有姓氏的有 36 家，這其中代表人物當爲吴興凌家和烏程閔家。凌家如凌啓康、凌雲、凌汝亨、凌毓枏、凌濛初、凌稚隆、凌性德、凌弘憲、凌延喜、凌澄初、凌瀛初、凌君寔等。閔家如閔齊伋、閔齊華、閔繩初、閔于忱、閔振業、閔光瑜、閔一栻、閔元衢、閔爾容、閔邁德、閔暎璧等。

從套印本的出現，明代被廣泛應用，到清代可以説是達到了繁榮時期。其有以下幾個特點：1. 從出版時間看，幾乎覆蓋整個朝代。清初到清末各個時期都有套印本出版。最早的有明確時間的套印本當爲順治十四年（1657）刻朱墨套印本《車書圖考》一卷。2. 從出版分布情况看，幾乎遍及全國。比較突出的一是江南地區，這與該地區經濟文化發達有關。二是廣州地區出現了一批刊刻出版套印本的書坊。這也和廣東的地理位置、經濟繁榮有關。3. 從出版機構看，與明代有了很大不同。有明確記載的出版者達到 119 家，其中有中央機構武英殿、理藩部等；地方機構有兩江總督衙署、兩廣節署、武昌節署、梓州郡署、瀘州鹽局等；官辦書局有金陵書局、浙江書局、湖北官書處等；私家或書坊有弘書、南海孔氏、古閩林氏、古虞朱氏、廣順但氏、江都鍾淮、梁溪秦氏、孔廣陶、李光明莊、吴縣馮桂芬、廣州葉衍蘭、廣州翰墨園、廣州心簡齋、金陵張氏瑞雲館、寶翰樓、花雨樓、集腋樓、芥子園、金閶書業堂、來鹿堂、滂喜齋等等。4. 從現存數量看，達到了明代的兩倍有餘。據統計至少應在 438 部以上。5. 從出版的質量與形式看，明代的“餖版”技術在清代得到進一步發展，出現了《十竹齋箋譜》《百花詩箋譜》等彩色套印本精品。

《清代套印本圖録》一書係以國家圖書館館藏爲基礎，從中選擇136種清代套印本，每種選取一至二幀書影，附注書目信息，藉此可見有清一代套印本的概況，希望對於相關研究人員有所幫助。由於編者水平有限，難免存在不當或訛誤之處，敬請讀者批評指正。

石光明

2018 年 6 月

編輯説明

一、本書收録清代套印本古籍136種，均爲國家圖書館所藏。

二、全書按清代皇帝年號先後順序編排：順治3種（包括清初2種）、康熙21種、雍正1種、乾隆26種、嘉慶10種、道光18種、咸豐5種、同治11種、光緒33種、宣統2種。另有不確定年代的6種置於正文最後。

三、同一年號内按照出版時間先後順序編排，有明確出版時間的排在前面，不能明確其年代的排在後面。如刊刻於康熙六十年的排在“康熙間”的前面。

四、附録《現存套印本目録》，據《中國古籍總目》整理，共收録現存套印本古籍625部。其中元刻套印本1部、明刻套印本186部、清刻套印本438部。按照中國傳統四部分類法編排。

五、在本書選擇圖片的過程中，儘量挑選卷首葉和比較能反映該書套印特點的書影。由於古籍出版年代久遠以及其自身用紙用墨和保管環境等諸多因素的影響，有個别圖片不够清晰，但爲了本書的一致性及儘可能全面揭示清代套印本全貌，還是决定保留，敬請讀者諒解。

六、在本書的編輯過程中，得到了國家圖書館古籍館副主任謝冬榮研究館員的熱心幫助，在此表示衷心的感謝。

目　録

自　　序……一
編輯説明……一

順　治……一
康　熙……五
雍　正……二七
乾　隆……二九
嘉　慶……五七
道　光……六九
咸　豐……八九
同　治……九五
光　緒……一〇七
宣　統……一四一
不確定年代……一四五

附録　現存套印本目録……一五二

順治

清代套印本圖録

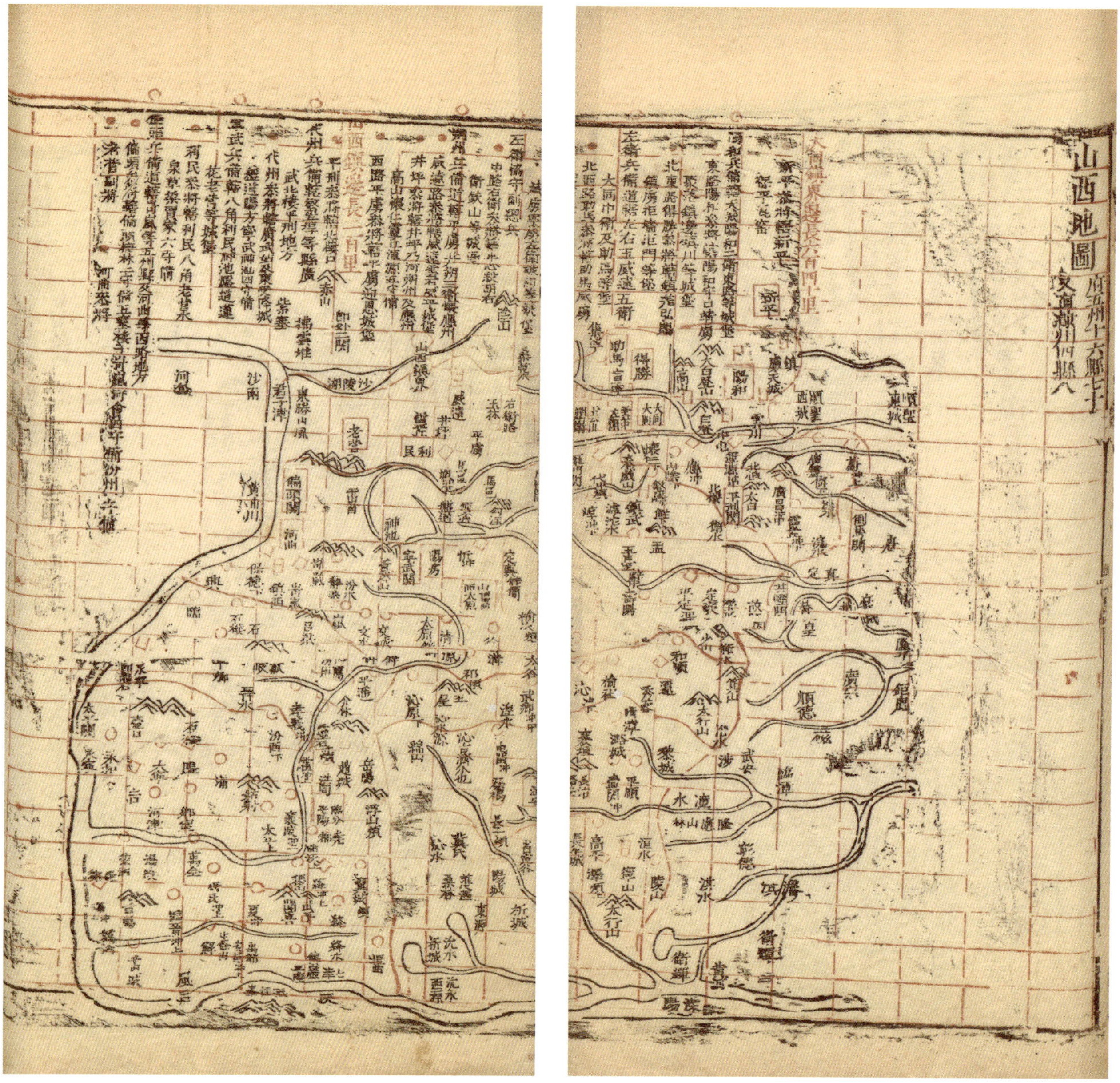

車書圖考一卷

清薛鳳祚撰　清順治十四年（1657）薛鳳祚刻
朱墨套印本

三國志二十四卷一百二十回

明羅本撰　清李漁評　清初刻彩色套印本

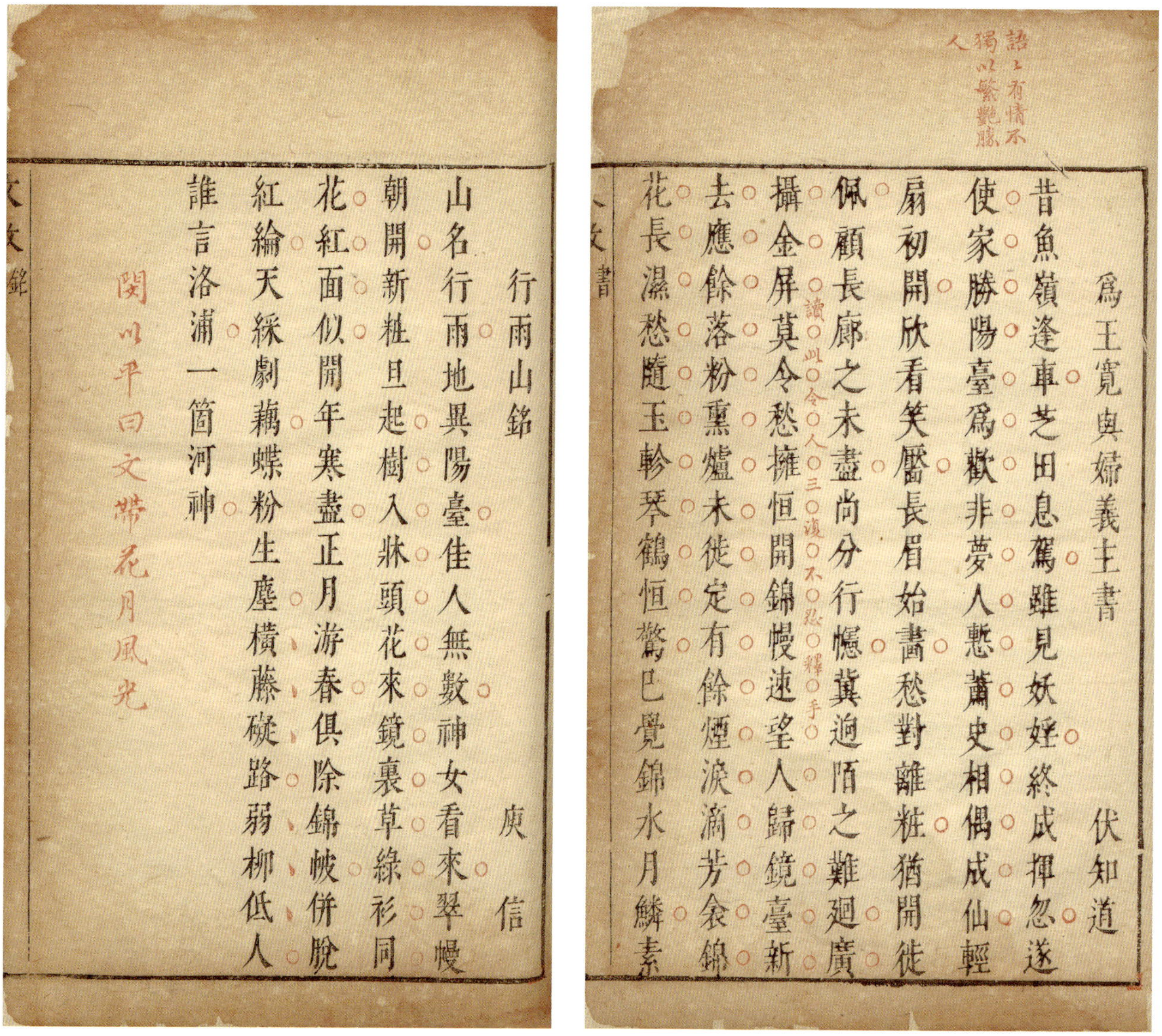
語上有情不獨以繁艷勝人
爲王寬與婦義主書　伏知道
昔魚嶺逢車芝田息駕雖見妖婬終成揮忽遂
使家勝陽臺爲歎非夢人憝蕭史相偶成仙輕
扇初開欣看笑靨長眉始畫愁對離粧猶開徒
佩顧長廊之未盡尚分行幰冀迴陌之難迴廣
攝金屏莫令愁擁恒開錦幔速望人歸鏡臺新
去應餘落粉熏爐未徙定有餘煙淚滴芳衾錦
花長濕愁隨玉軫琴鶴恒驚已覺錦水月鱗素
讀此令人三復不忍釋手
文致　書
行雨山銘　庾信
山名行雨地異陽臺佳人無數神女看來翠幔
朝開新粧旦起樹入牀頭花來鏡裏草綠衫同
花紅面似開年寒盡正月游春俱除錦帔併脫
紅綸天綵劇藕蝶粉生塵橫藤礙路弱柳低人
誰言洛浦一箇河神
閱以平曰文帶花月風光
文致　銘

文致不分卷

明劉士鏻輯　清初刻朱墨套印本

康熙

清代套印本圖錄

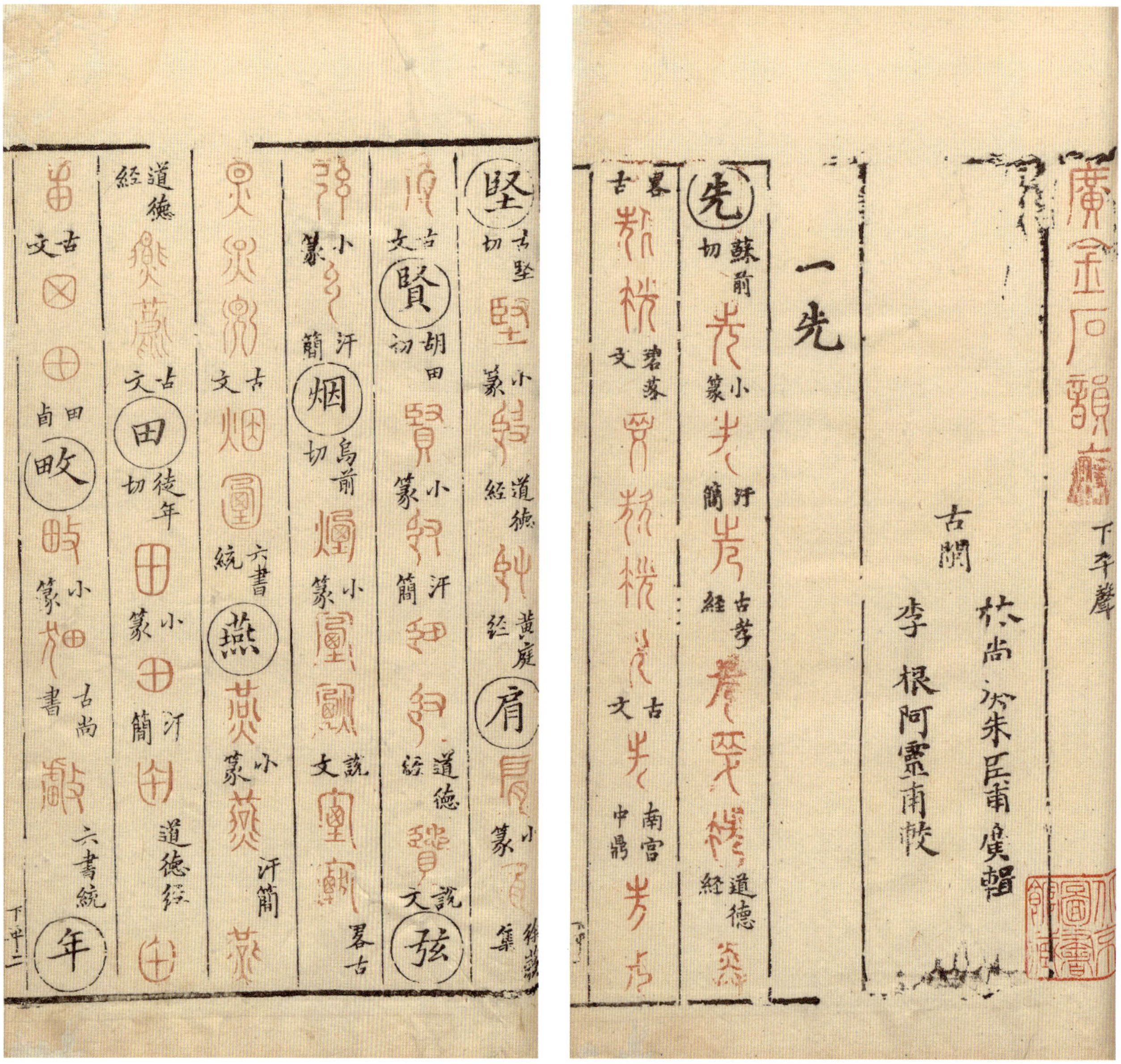

廣金石韻府五卷

清林尚葵撰　清康熙九年（1670）祥符
周亮工賴古堂刻朱墨套印本

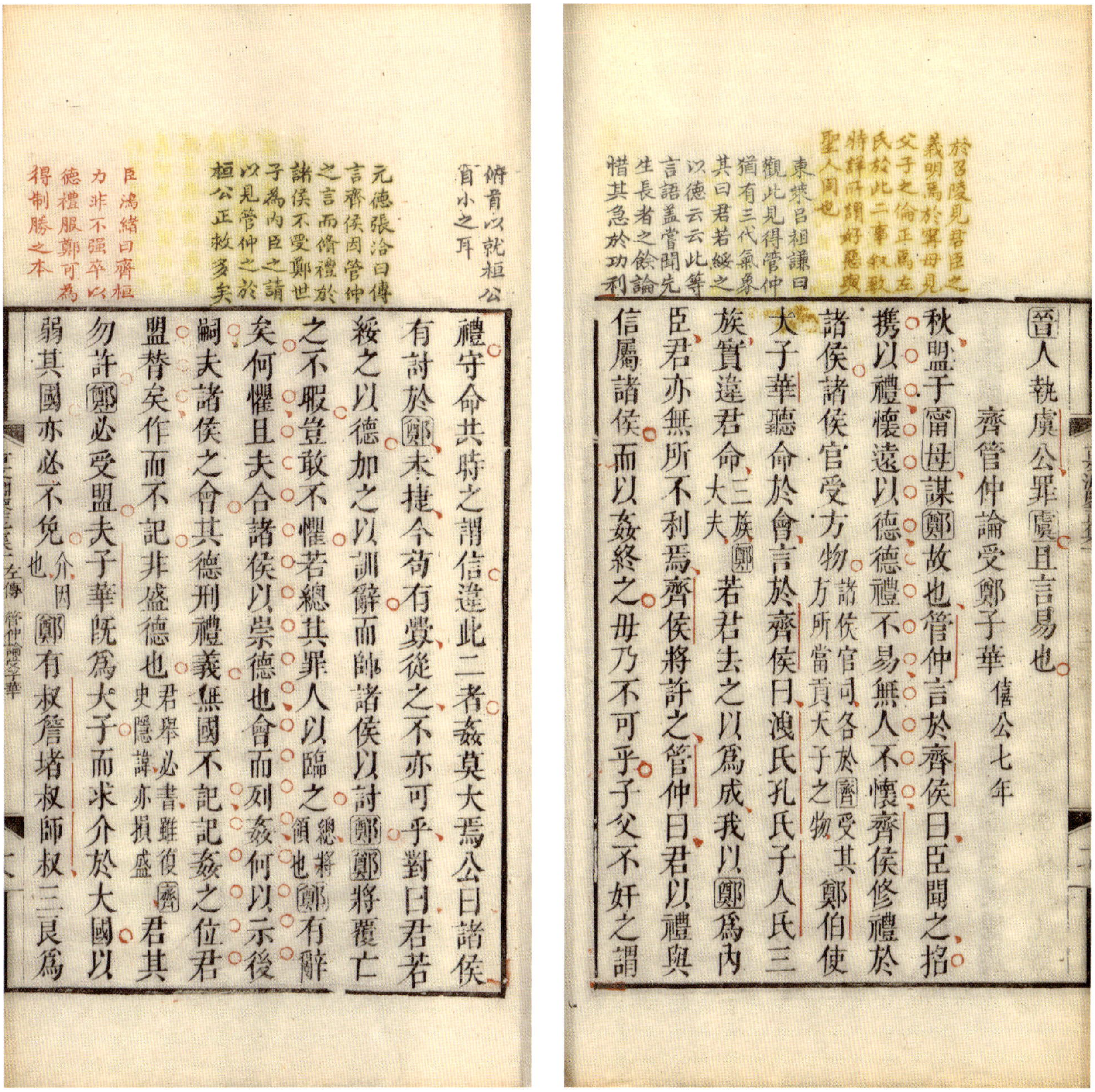
於召陵見君臣之
義明焉於寧母見
父子之倫正焉左
氏於此二事叙致
特詳所謂好惡與
聖人同也
東萊呂祖謙曰
觀此見得管仲
猶有三代氣象
其曰君若綏之
以德云云此等
言語蓋嘗聞先
生長者之餘論
惜其急於功利
晉人執虞公罪虞且言易也
齊管仲論受鄭子華 僖公七年
秋盟于甯母謀鄭故也管仲言於齊侯曰臣聞之招
携以禮懷遠以德德禮不易無人不懷齊侯修禮於
諸侯諸侯官受方物 諸侯官司各於齊受其方所當貢天子之物 鄭伯使
太子華聽命於會言於齊侯曰洩氏孔氏子人氏三
族實違君命 三族鄭大夫 若君去之以爲成我以鄭爲內
臣君亦無所不利焉齊侯將許之管仲曰君以禮與
信屬諸侯而以姦終之毋乃不可乎子父不奸之謂
俯首以就桓公
自小之耳
元德張洽曰傳
言齊侯因管仲
之言而脩禮於
諸侯不受鄭世
子爲內臣之請
以見管仲之於
桓公正救多矣
臣鴻緒曰齊桓
力非不強卒以
德禮服鄭可爲
得制勝之本
禮守命共時之謂信違此二者姦莫大焉公曰諸侯
有討於鄭未捷今苟有釁從之不亦可乎對曰君若
綏之以德加之以訓辭而帥諸侯以討鄭鄭將覆亡
之不暇豈敢不懼若總其罪人以臨之 總將領也 鄭有辭
矣何懼且夫合諸侯以崇德也會而列姦何以示後
嗣夫諸侯之會其德刑禮義無國不記記姦之位君
盟替矣作而不記非盛德也 君舉必書雖復史隱諱亦損盛 齊君其
勿許鄭必受盟夫子華既爲大子而求介於大國以
弱其國亦必不免也 介因 鄭有叔詹堵叔師叔三良爲
左傳 管仲論受鄭子華

古文淵鑒六十四卷

清徐乾學等輯并注　清康熙二十四年
（1685）内府刻五色套印本

見　溪　群　疑　端　透　定　泥　知　徹　澄　娘　幫　滂　並　明

通攝內一　頭排二排俱一東各二冬

見　公　孔　○　○　端　東　通　同　桶　洞　濃　幫　滂　並　明

公　空　贛　頀　○　董　桶　洞　痛　○　○　○　帮　敷　奉　微

貢　控　○　顖　○　董　通　動　獨　○　○　農　○　逢　葑　蒙

穀　哭　○　哭　凍　涷　痛　濃　卜　○　○　木

恭　共　○　○　重　○　中　顒　釜　恭　供　華　偈　蓬　封　醸

拱　恐　○　○　寵　家　○　恐　恭　拱　供　奉　捧　峯　釀

供　恐　○　○　鐘　○　玉　局　曲　奉　俸　腹　封

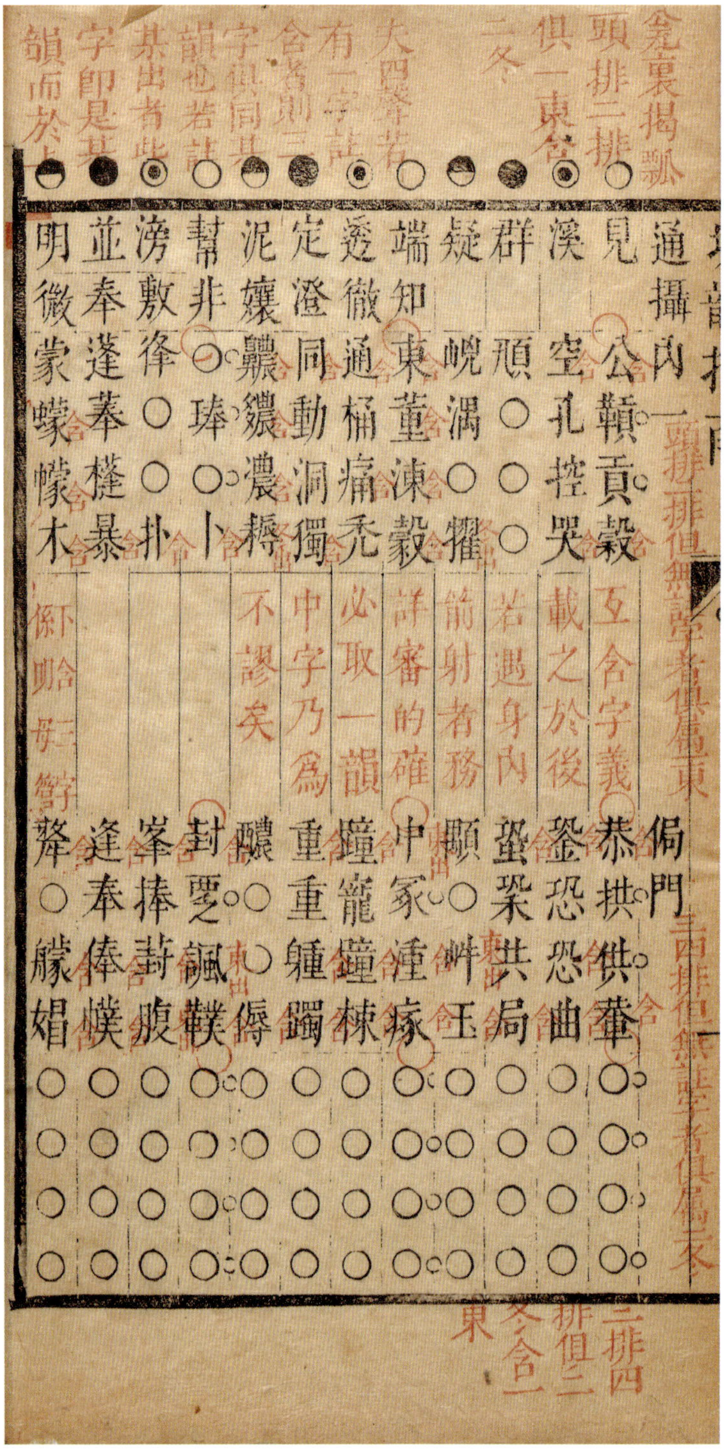

經史正音切韻指南一卷

元劉鑑撰　清康熙二十五年（1686）

釋恒遠刻朱墨套印本

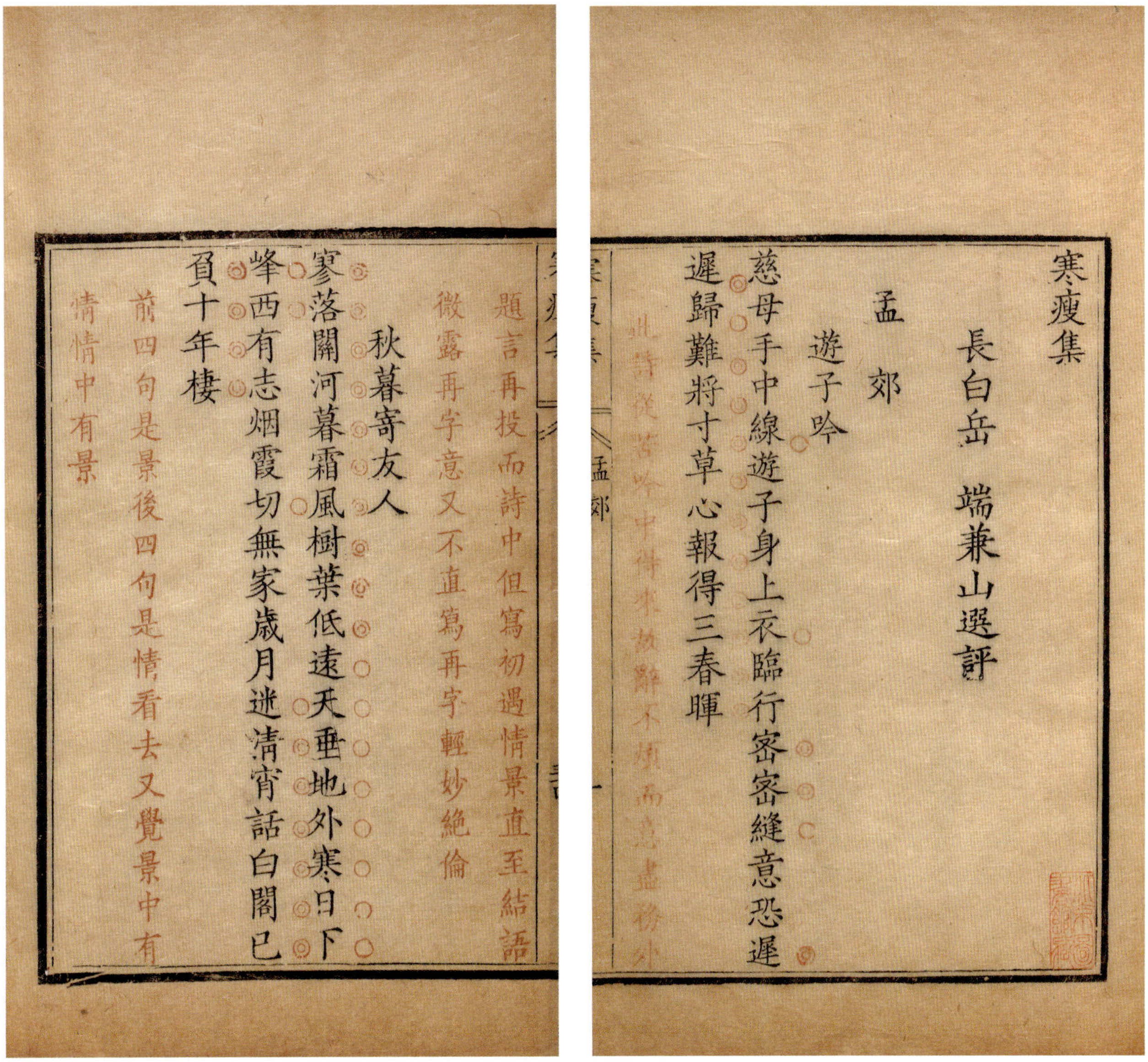
寒瘦集
長白岳　端兼山選評
孟　郊
遊子吟
慈母手中線遊子身上衣臨行密密縫意恐遲
遲歸難將寸草心報得三春暉
此詩從苦吟中得來故辭不煩而意盡務外
題言再投而詩中但寫初遇情景直至結語
微露再字意又不直寫再字輕妙絕倫
秋暮寄友人
寥落關河暮霜風樹葉低遠天垂地外寒日下
峰西有志烟霞切無家歲月迷清宵話白閣已
負十年棲
前四句是景後四句是情看去又覺景中有
情情中有景

寒瘦集一卷

清岳端輯并評　清康熙三十八年（1699）
岳端紅蘭室刻朱墨套印本

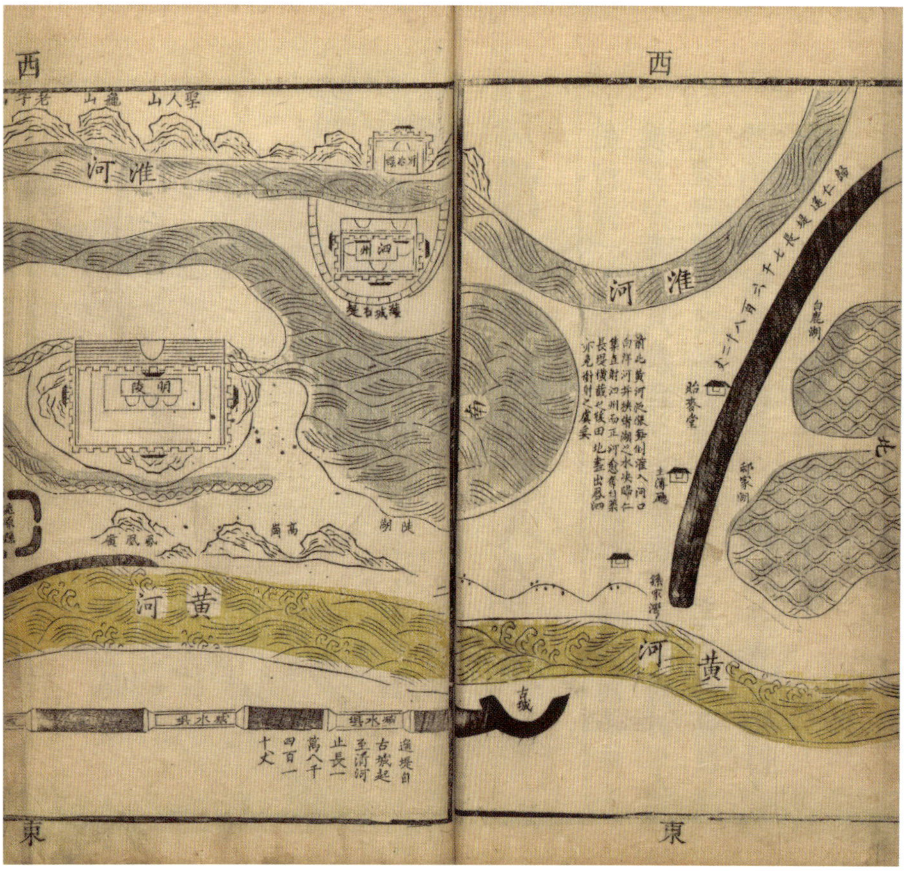

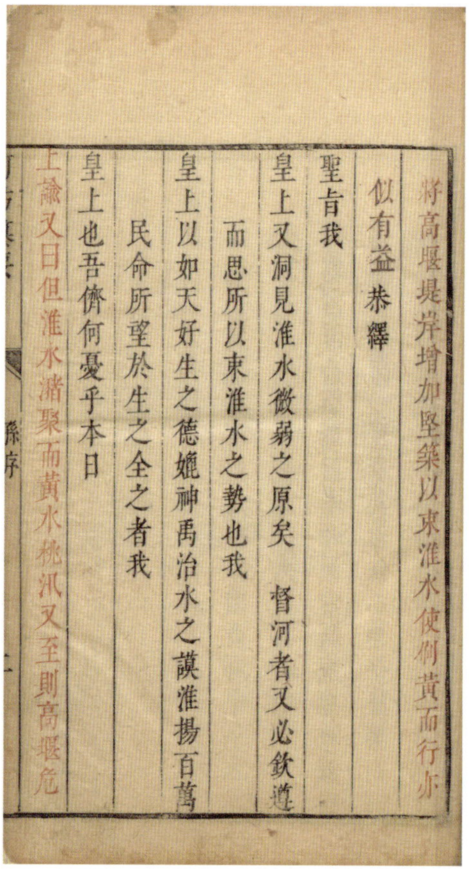
將高堰堤岸增加堅築以束淮水使刷黃而行亦
似有益 恭繹
聖旨我
皇上又洞見淮水微弱之原矣　督河者又必欽遵
而思所以束淮水之勢也我
皇上以如天好生之德媲神禹治水之謨淮揚百萬
民命所望於生之全之者我
皇上也吾儕何憂乎本日
上諭又曰但淮水瀦聚而黃水桃汛又至則高堰危

河防一覽纂要五卷附南河志書纂要一卷

清陳于豫撰　清康熙三十九年（1700）
孫弓安刻四色套印本

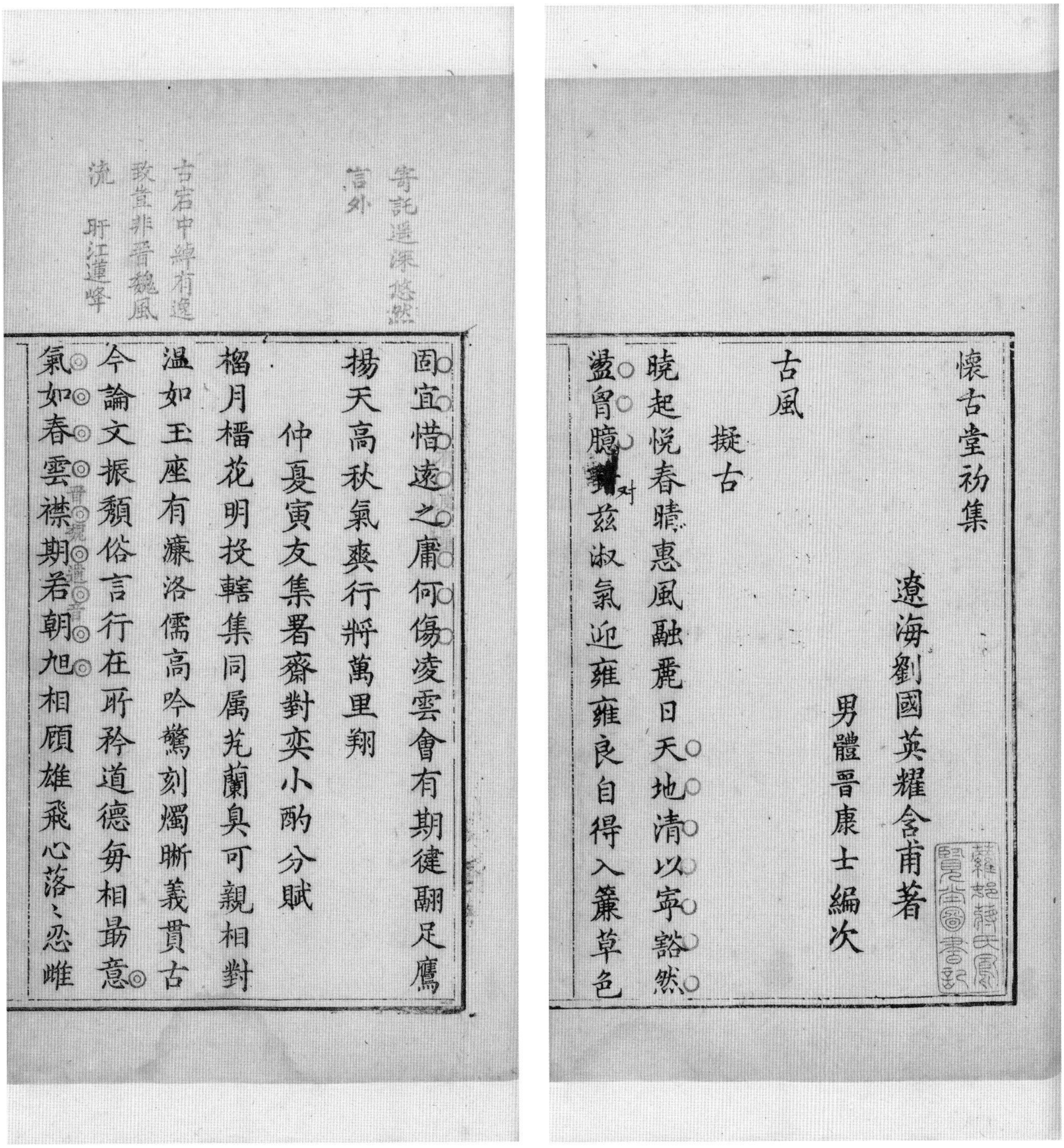
懷古堂初集
遼海劉國英耀含甫著
男體晉康士編次
古風
擬古
曉起悅春晴惠風融麗日天地清以寧豁然
盪胸臆對茲淑氣迎雍雍良自得入簾草色

寄託遙深悠然言外
古岩中綽有逸致豈非晉魏風流　盱江道峰

固宜惜遠之庸何傷凌雲會有期健翮足鷹
揚天高秋氣爽行將萬里翔
仲夏寅友集署齋對奕小酌分賦
榴月榴花明投轄集同屬芝蘭臭可親相對
溫如玉座有濂洛儒高吟驚刻燭晰義貫古
今論文振頹俗言行在所矜道德每相勖意
氣如春雲襟期若朝旭相顧雄飛心落落恐雌

懷古堂初集不分卷

清劉國英撰　清陶元淳等評　清康熙四十二年
（1703）懷古堂刻三色套印本

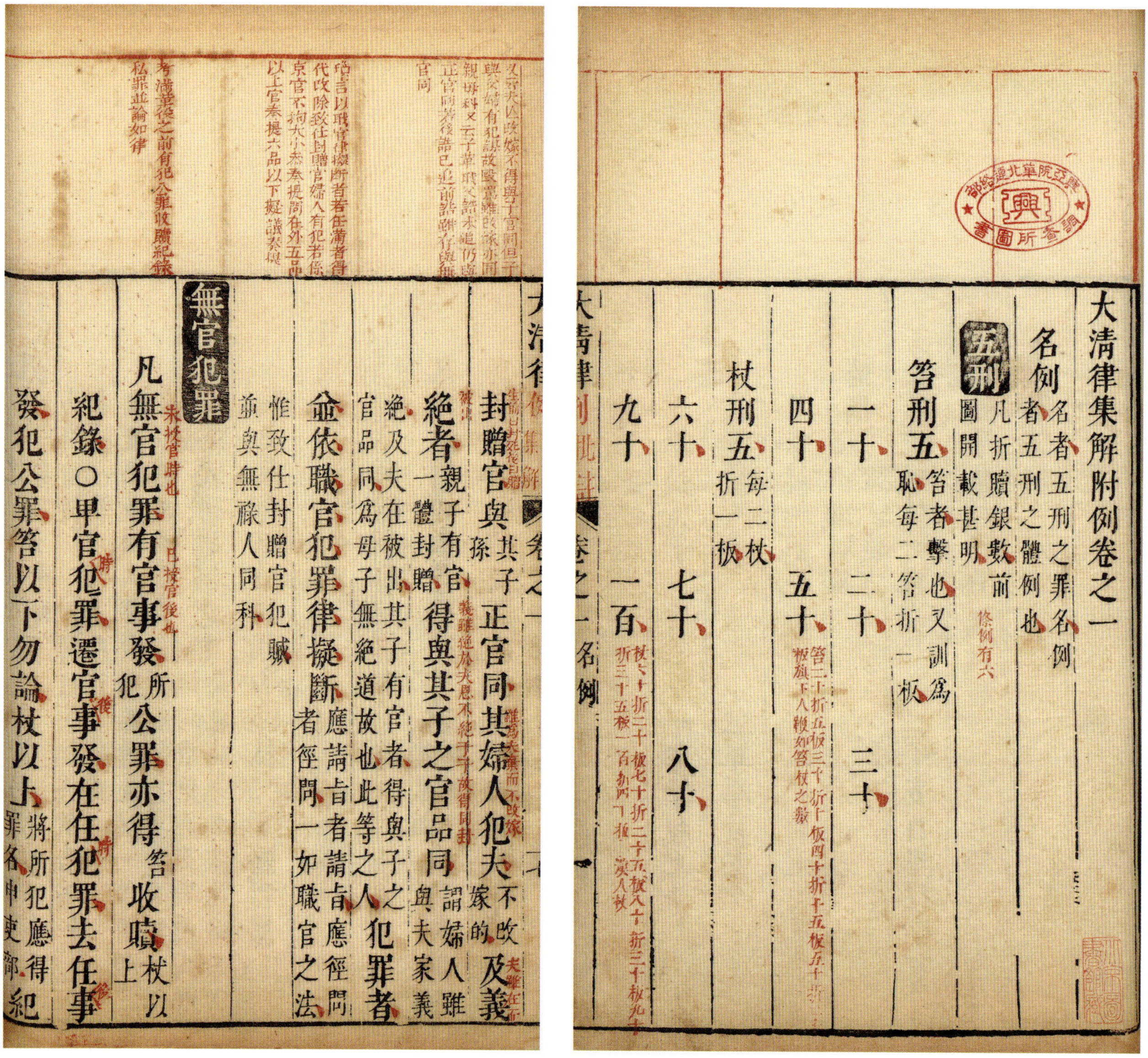
大清律集解附例卷之一
名例 名者五刑之罪名 例者五刑之體例也
凡折贖銀數前圖開載甚明
五刑
笞刑五 笞者擊也又訓為恥每二笞折一板
一十 二十 三十
四十 五十
杖刑五 每二杖折一板
六十 七十 八十
九十 一百
大清律集解附例卷之一 名例
封贈官與其子正官同其婦人犯夫不改嫁及義絕者
親子有官得與其子之官品同
謂婦人雖與夫家義絕及夫在被出其子有官者得與子之官品同為母子無絕道故也此等之人犯罪者
並依職官犯罪律擬斷應請旨者請旨應徑問者徑問一如職官之法
惟致仕封贈官犯贓並與無祿人同科
無官犯罪
凡無官犯罪有官事發所犯公罪亦得收贖
紀錄○罷官犯罪遷官事發在任犯罪去任事
發犯公罪笞以下勿論杖以上將所犯應得罪名申吏部紀

大清律集解附例三十卷卷首二卷

清剛林等纂　清康熙四十五年（1706）刻

朱墨套印本

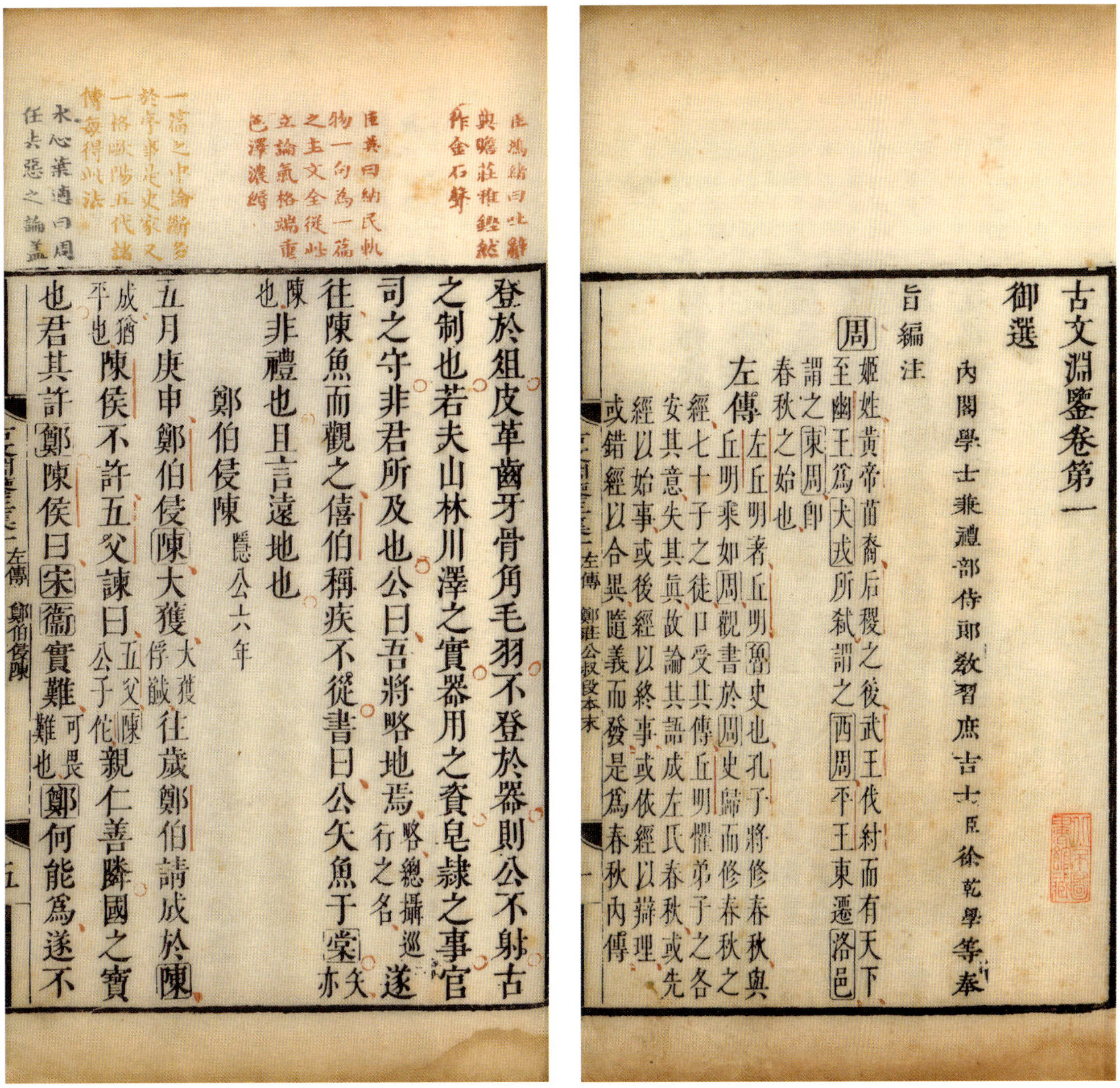
古文淵鑒卷第一
御選
內閣學士兼禮部侍郎教習庶吉士臣徐乾學等奉
旨編注
周 姬姓黃帝苗裔后稷之後武王伐紂而有天下至幽王爲犬戎所弑謂之西周平王東遷洛邑謂之東周即春秋之始也
左傳 左丘明著丘明魯史也孔子將修春秋與丘明乘如周觀書於周史歸而修春秋之經七十子之徒口受其傳丘明懼弟子之各安其意失其真故論其語成左氏春秋或先經以始事或後經以終事或依經以辯理或錯經以合異隨義而發是爲春秋內傳
臣鴻緒曰此辭與贍莊雅鏗然作金石聲
臣英曰納民軌物一句爲一篇之主文全從此立論氣格端重色澤濃縟
一篇之中論斷多於序事是史家又一格歐陽五代諸傳每得此法
水心葉適曰周任去惡之論蓋
登於俎皮革齒牙骨角毛羽不登於器則公不射古之制也若夫山林川澤之實器用之資皂隸之事官司之守非君所及也公曰吾將略地焉 略總攝巡行之名 遂往陳魚而觀之僖伯稱疾不從書曰公矢魚于棠 矢亦陳也 非禮也且言遠地也
鄭伯侵陳 隱公六年
五月庚申鄭伯侵陳大獲 大獲俘馘 往歲鄭伯請成於陳 成猶平也 陳侯不許五父諫曰 五父陳公子佗 親仁善鄰國之寶也君其許鄭陳侯曰宋衛實難 可畏難也 鄭何能爲遂不

古文淵鑒六十四卷

清徐乾學等輯并注　清康熙四十九年（1710）內府刻四色套印本

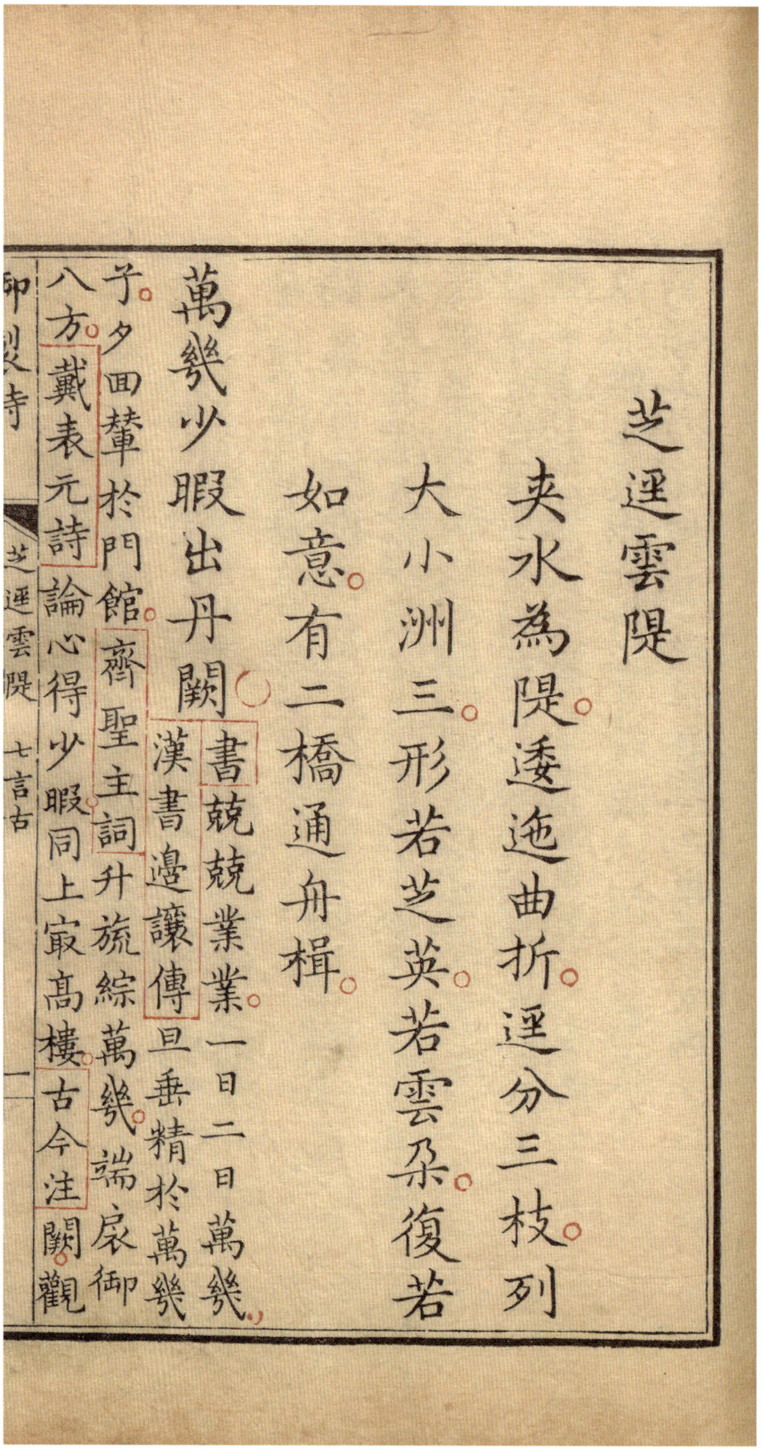
芝逕雲隄
夾水為隄。逶迤曲折。逕分三枝。列大小洲三。形若芝英。若雲朵。復若如意。有二橋通舟楫。
萬幾少暇出丹闕。書兢兢業業。一日二日萬幾。漢書邊讓傳旦垂精於萬幾子。夕回輦於門館。齊聖主詞升旒綜萬幾。端扆御八方。戴表元詩論心得少暇。同上宬高樓。古今注闕。觀
御製詩　芝逕雲隄　七言古

御製避暑山莊詩二卷

清聖祖玄燁撰　清揆叙等注　清沈喻繪圖
清康熙五十一年（1712）武英殿刻朱墨
套印本

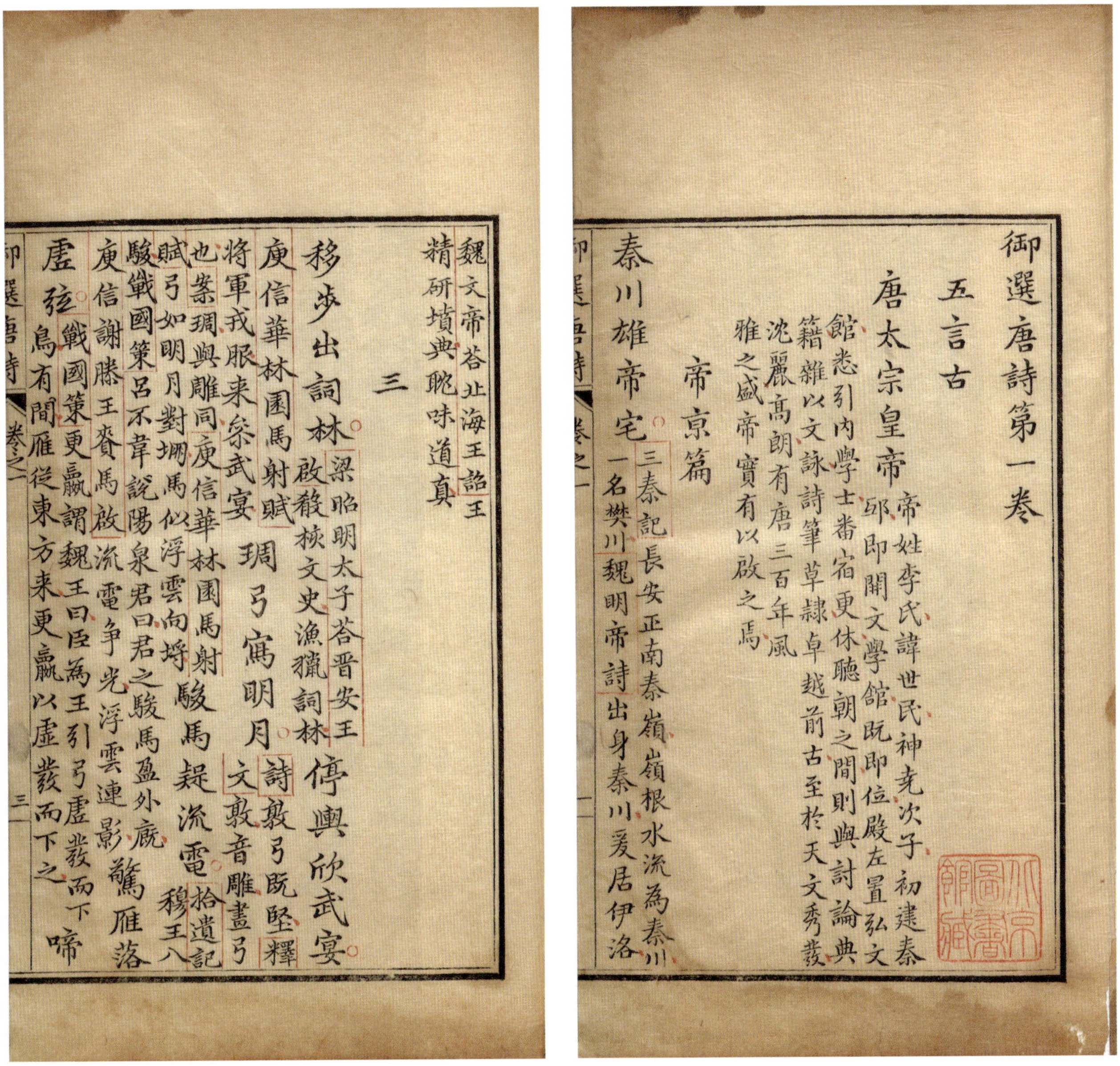
御選唐詩第一卷
五言古
唐太宗皇帝 帝姓李氏諱世民神堯次子初建秦邸即開文學館既即位殿左置弘文館悉引內學士番宿更休聽朝之間則與討論典籍雜以文詠詩筆草隸卓越前古至於天文秀發沈麗高朗有唐三百年風雅之盛帝實有以啟之焉
帝京篇
秦川雄帝宅 三秦記長安正南秦嶺嶺根水流爲秦川一名樊川魏明帝詩出身秦川爰居伊洛
御選唐詩 卷之一 一
魏文帝荅北海王詔王精研墳典耽味道真
三
移步出詞林 梁昭明太子荅晉安王啟殽核文史漁獵詞林
停輿欣武宴 庾信華林園馬射賦將軍戎服來參武宴
琱弓寫明月 詩敦弓既堅釋文敦音雕畫弓也案琱與雕同庾信華林園馬射賦弓如明月對堋馬似浮雲向埒
駿馬疑流電 拾遺記穆王八駿戰國策呂不韋說陽泉君曰君之駿馬盈外廄庾信謝滕王賚馬啟流電爭光浮雲連影
驚雁落虛弦 戰國策更嬴謂魏王曰臣爲王引弓虛發而下鳥有間雁從東方來更嬴以虛發而下之
嗁
御選唐詩 卷之一 三

御選唐詩三十二卷目録三卷

清聖祖玄燁輯　清陳廷敬等輯注　清康熙五十二年（1713）内府刻朱墨套印本

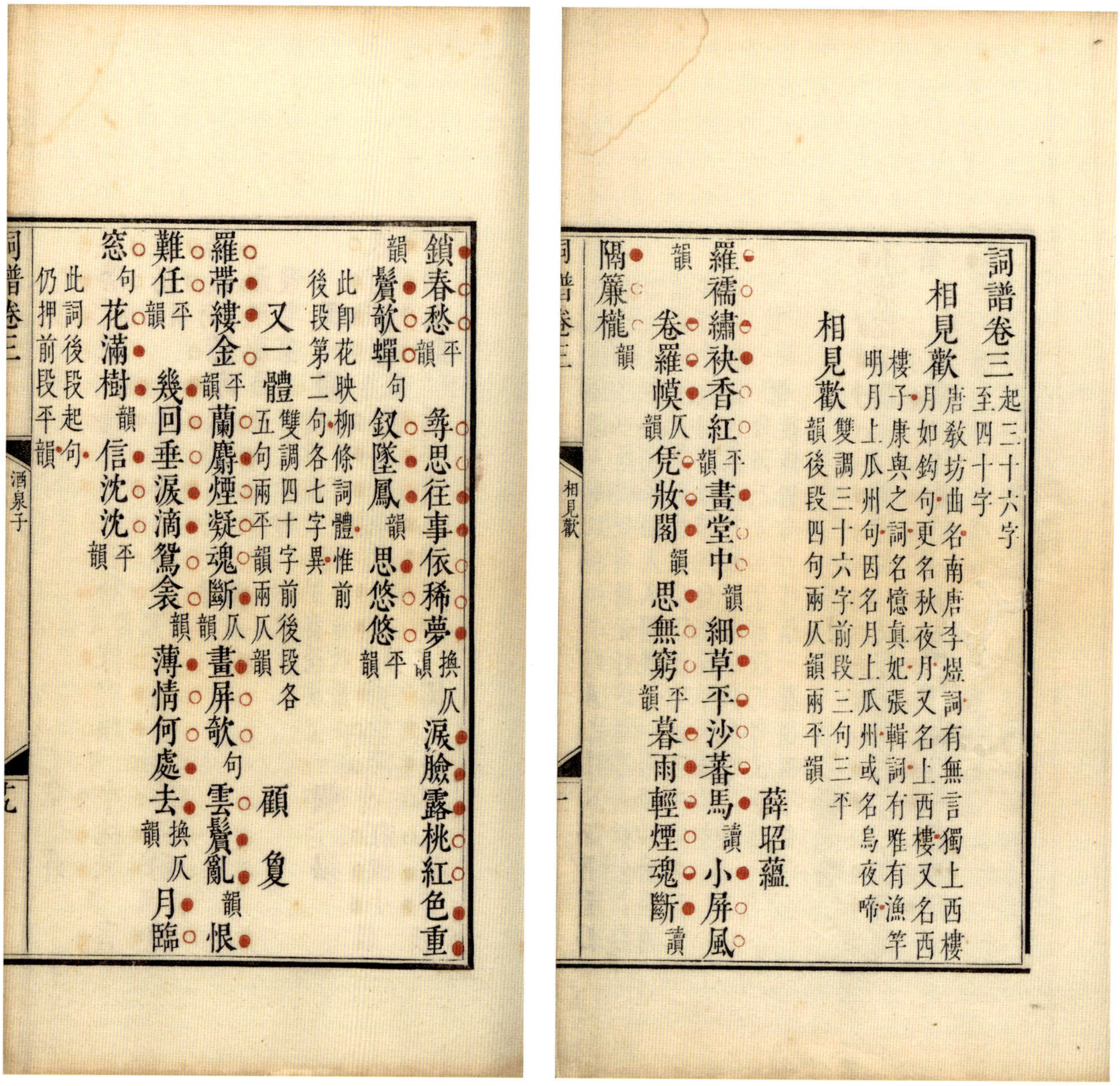
詞譜卷三 起三十六字至四十字

相見歡 唐教坊曲名南唐李煜詞有無言獨上西樓月如鉤句更名秋夜月又名上西樓又名西樓子康與之詞名憶眞妃張輯詞有雅有漁竿明月上瓜州句因名月上瓜州或名烏夜啼

相見歡 雙調三十六字前段三句三平韻後段四句兩仄韻兩平韻

薛昭蘊

羅襦繡袂香紅 平韻 畫堂中 韻 細草平沙蕃馬 讀 小屏風 卷羅幙 仄韻 凭妝閣 韻 思無窮 平韻 暮雨輕煙魂斷 讀 隔簾櫳 韻

詞譜卷三 相見歡 一

鎖春愁 平韻 尋思往事依稀夢 換仄韻 淚臉露桃紅色重 韻 鬢欹蟬 句 釵墜鳳 韻 思悠悠 平韻

此即花映柳條詞體惟前後段第二句各七字異

又一體 雙調四十字前後段各五句兩平韻兩仄韻

顧夐

羅帶縷金 平韻 蘭麝煙凝魂斷 仄韻 畫屏欹 句 雲鬢亂 韻 恨難任 平韻 幾回垂淚滴鴛衾 韻 薄情何處去 換仄韻 月臨窗 句 花滿樹 韻 信沈沈 平韻

此詞後段起句仍押前段平韻

詞譜卷三 酒泉子

詞譜四十卷

清王奕清等撰　清康熙五十四年（1715）

内府刻朱墨套印本

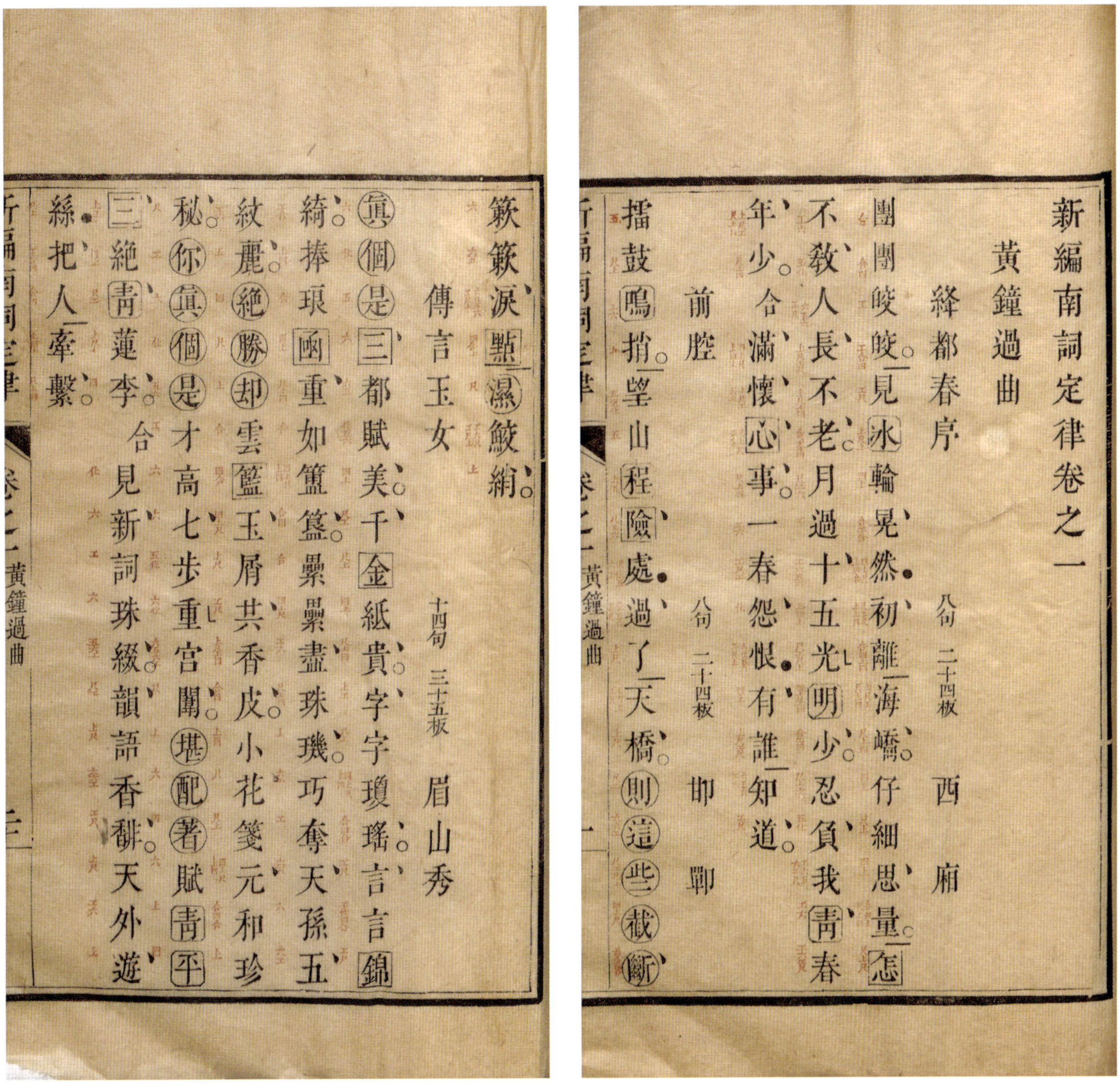
新編南詞定律卷之一
黃鐘過曲
絳都春序 八句 二十四板 西廂
團團皎皎見冰輪晃然初離海嶠仔細思量怎
不教人長不老月過十五光明少忍負我青春
年少合滿懷心事一春怨恨有誰知道
前腔 八句 二十四板 邯鄲
搯鼓鳴捎望山程險處過了天橋則這些截斷
新編南詞定律 卷之一 黃鐘過曲 一

簌簌淚點濕皺綃
傳言玉女 十四句 三十五板 眉山秀
眞個是三都賦美千金紙貴字字瓊瑤言言錦
綺捧瑱函重如篚篋纍纍畫珠璣巧奪天孫五
紋麗絕勝却雲籃玉屑共香皮小花箋元和珍
秘你眞個是才高七步重宮闈堪配著賦青平
三絕青蓮李合見新詞珠綴韻語香霏天外遊
絲把人牽繫
新編南詞定律 卷之一 黃鐘過曲 三

新編南詞定律十三卷卷首一卷

清吕士雄等撰　清康熙五十九年（1720）刻
朱墨套印本

西湖佳話古今遺蹟十六卷

清墨浪子撰　清康熙間金陵王衙刻
五色套印本

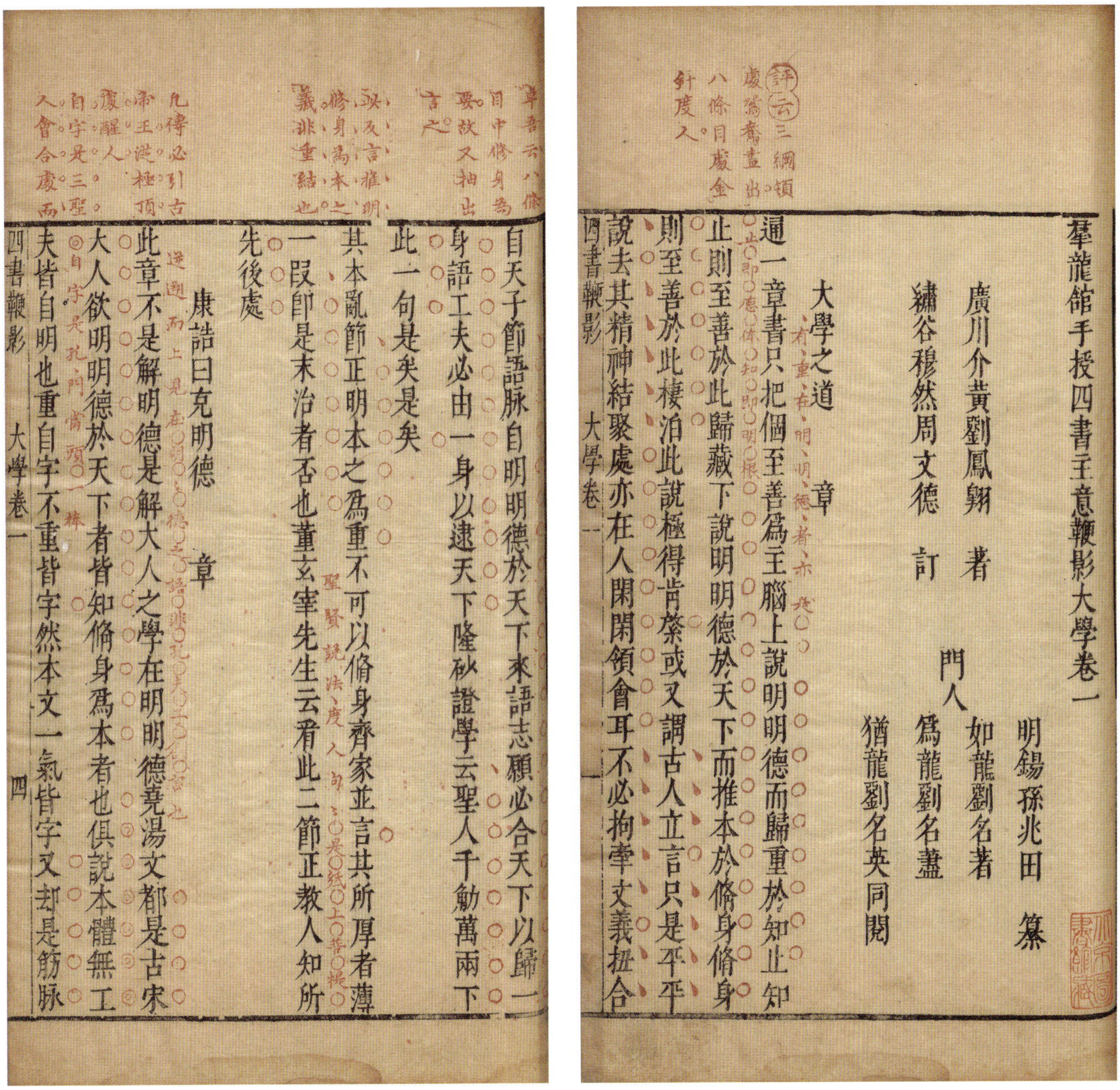
評云三綱領處處盡出八條目處金針度人
羣龍館手授四書主意鞭影大學卷一
明錫孫兆田 纂
廣川介黃劉鳳翙 著
如龍劉名著
繡谷穆然周文德 訂
門人 爲龍劉名盡
猶龍劉名英 同閱
大學之道 章
通一章書只把個至善爲主腦上說明明德而歸重於知止知止則至善於此歸藏下說明明德於天下而推本於脩身脩身則至善於此棲泊此說極得肯綮或又謂古人立言只是平平說去其精神結聚處亦在人閑閑領會耳不必拘牽文義扭合
四書鞭影 大學卷一 一
章首云八條目中脩身爲要故又抽出言之
此又言推明脩身爲本之義非重結也
凡傳必引古帝王從極顛處醒人自字是三聖入會合處而
自天子節語脉自明明德於天下來語志願必合天下以歸一身語工夫必由一身以逮天下隆砅證學云聖人千勛萬兩下此一句是矣是矣
其本亂節正明本之爲重不可以脩身齊家並言其所厚者薄一段即是末治者否也董玄宰先生云看此二節正教人知所先後處
康誥曰克明德 章
此章不是解明德是解大人之學在明明德堯湯文都是古來大人欲明明德於天下者皆知脩身爲本者也俱說本體無工夫皆自明也重自字不重皆字然本文一氣皆字又却是筋脉
四書鞭影 大學卷一 四

羣龍館手授四書主意鞭影二十卷

清劉鳳翱撰　清康熙間金陵張氏瑞雲館刻
朱墨套印本

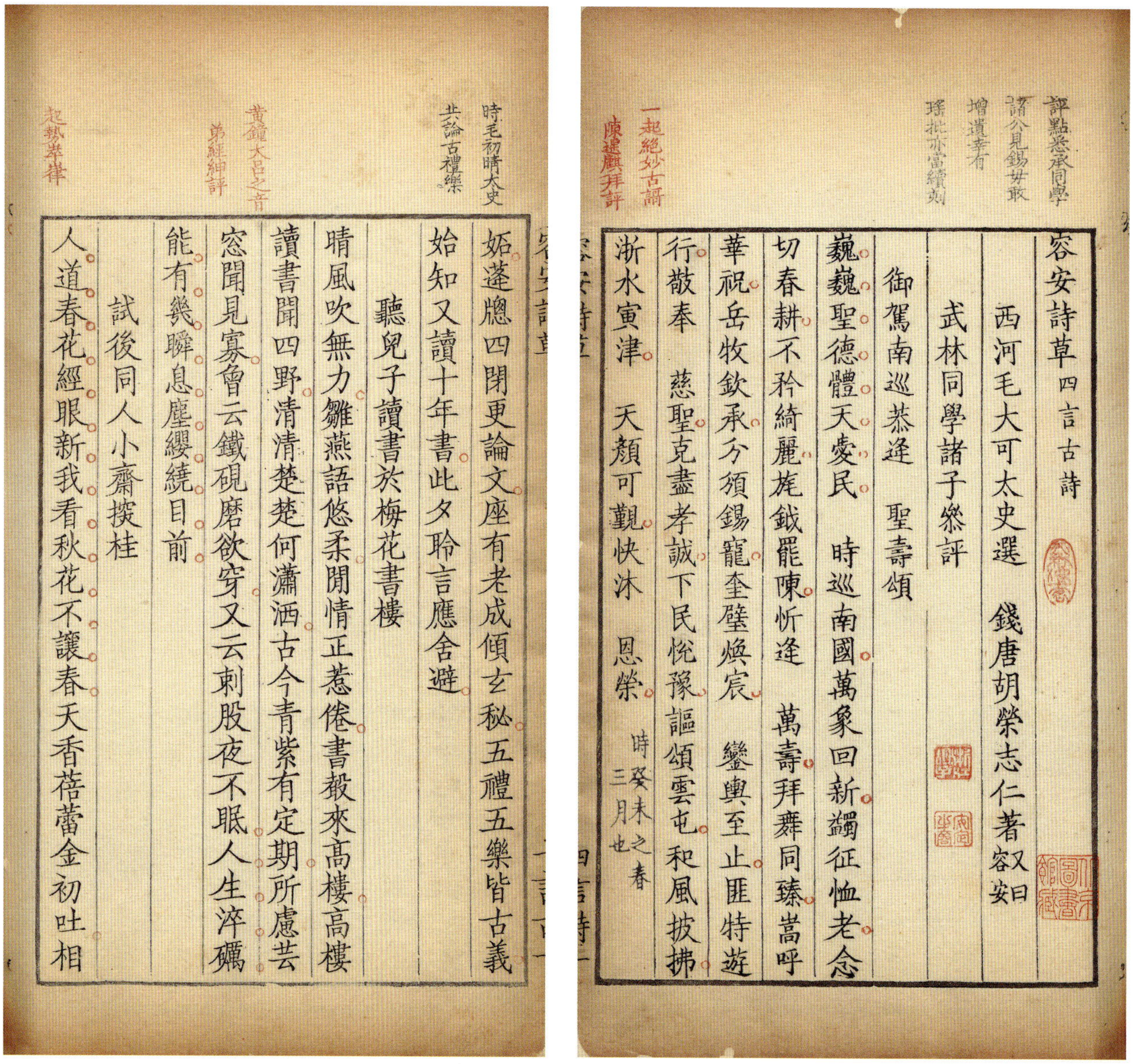
評點悉承同學
諸公見錫毋敢
增遺幸有
瑕批亦當續刻
一起絕妙古謌
陳遇麒拜評

容安詩草 四言古詩
西河毛大可太史選　錢唐胡榮志仁著 叙曰容安
武林同學諸子參評
御駕南巡恭逢　聖壽頌
巍巍聖德體天愛民　時巡南國萬象回新蠲征恤老念
切春耕不矜綺麗旄鉞罷陳忻逢　萬壽拜舞同臻嵩呼
華祝岳牧欽承分須錫寵奎璧煥宸　鑾輿至止匪特遊
行敬奉　慈聖克盡孝誠下民悅豫謳頌雲屯和風披拂
浙水寅津　天顏可覲快沐　恩榮　時癸未之春三月也

時毛初晴大史
共論古禮樂
黄鐘大吕之音
弟經紳評
起勢峯律

姤蓬牕四閉更論文座有老成傾玄秘五禮五樂皆古義
始知又讀十年書此夕聆言應舍避
聽兒子讀書於梅花書樓
晴風吹無力雛燕語悠柔閒情正惹倦書報來高樓高樓
讀書聞四野清清楚楚何瀟洒古今青紫有定期所慮芸
窓聞見寡曾云鐵硯磨欲穿又云刺股夜不眠人生淬礪
能有幾瞬息塵纓繞目前
試後同人小齋揆桂
人道春花經眼新我看秋花不讓春天香蓓蕾金初吐相

容安詩草十卷

清胡榮撰　清毛奇齡選　清陳遇麒、
清洪昇等評　清康熙間刻三色套印本

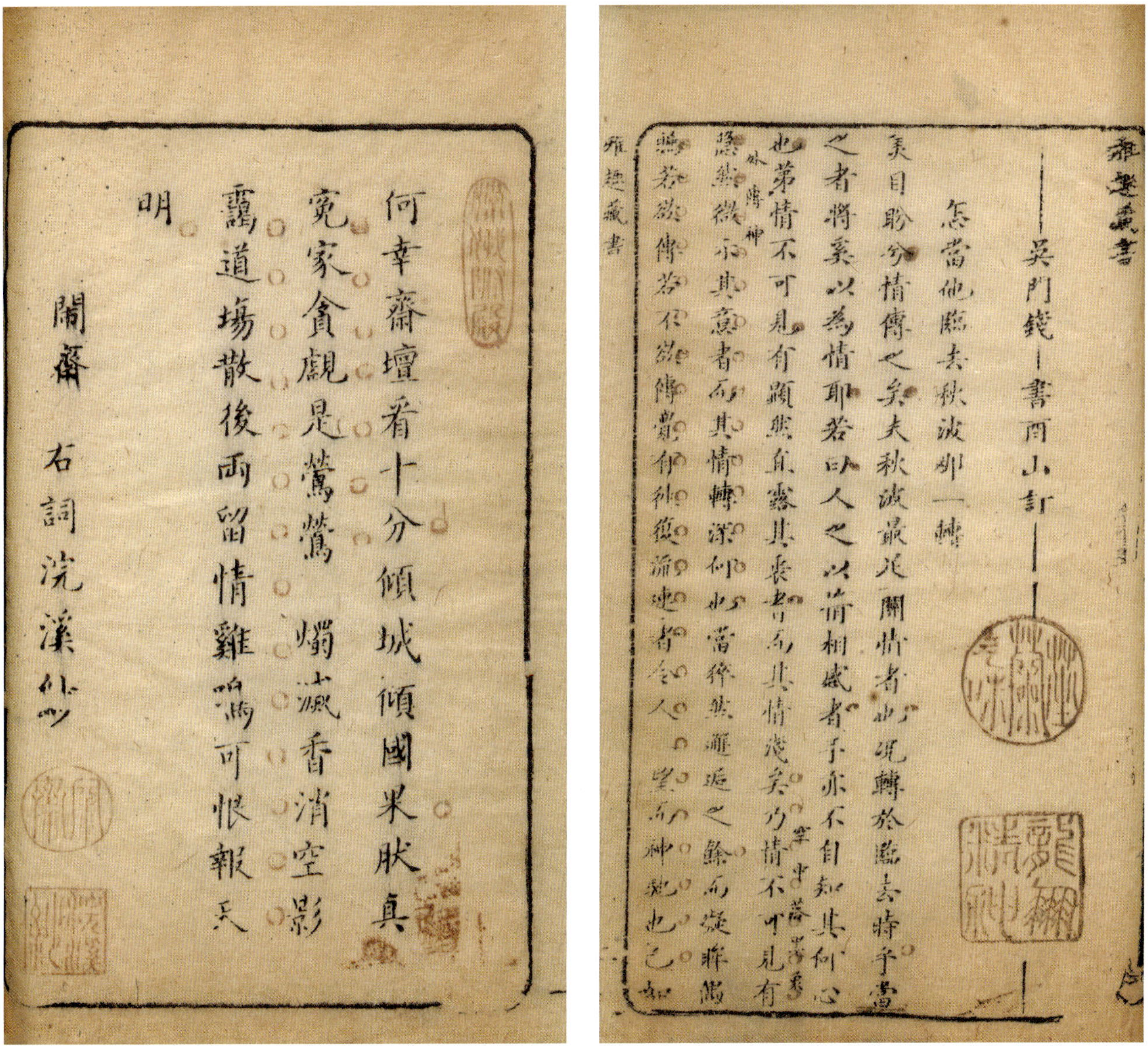

雅趣藏書
吴門錢書西山訂
怎當他臨去秋波那一轉
美目盼兮情傳之矣夫秋波最是關情者也况轉於臨去時乎當
之者將奚以為情耶若以人之以情相感者予亦不自知其何心
也第情不可見有顯然直露其衷者有其情淺矣乃情不可見有
隱然微示其意者有其情轉深何也當猝然邂逅之餘而凝眸偶
轉若欲傳若不欲傳欲仰復流連者令人望而神馳也已如

何幸齋壇看十分傾城傾國采肰真
寬家貪覷是鶯鶯 燭滅香消空影
靄道場散後兩留情雜喝可恨報兵
明
鬧齋 右詞浣溪紗

雅趣藏書一卷

清錢書撰　清康熙間刻朱墨套印本

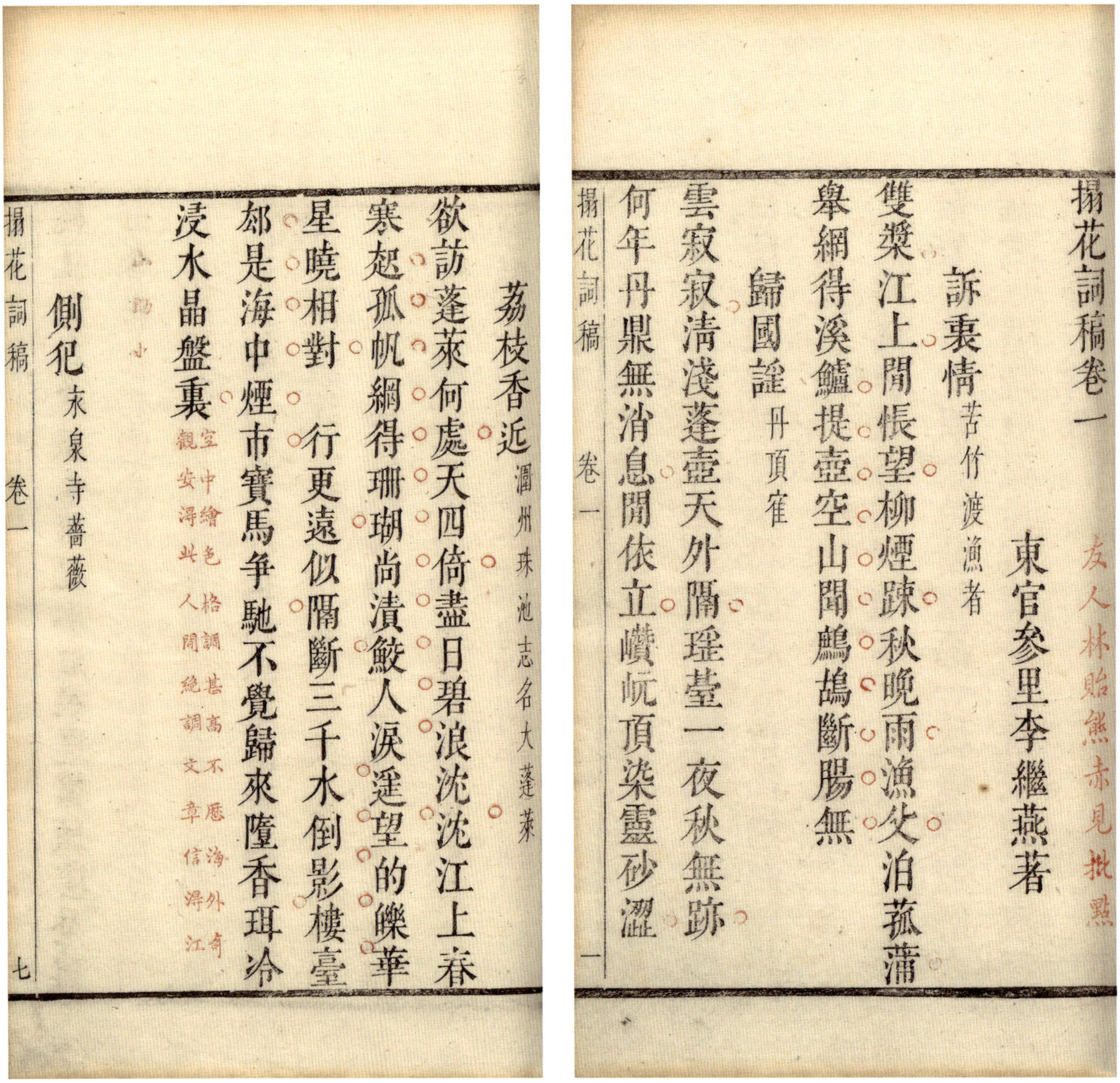
搨花詞稿卷一
友人林貽熊赤見批點
東官參里李繼燕著
訴衷情 苦竹渡漁者
雙槳江上閒悵望柳煙疎秋晚雨漁父泊菰蒲舉網得溪鱸提壺空山聞鷓鴣斷腸無
歸國謡 丹頂雀
雲寂寂清淺蓬壺天外隔瑤臺一夜秋無跡何年丹鼎無消息閒依立巔岏頂染靈砂澀
搨花詞稿　卷一　一

荔枝香近 潿州珠池志名大蓬萊
欲訪蓬萊何處天四倚盡日碧浪沈沈江上春寒趂孤帆網得珊瑚尚漬鮫人淚遥望的皪華星曉相對　行更遠似隔斷三千水倒影樓臺却是海中煙市寶馬爭馳不覺歸來墮香珥泠浸水晶盤裏
空中繪色格調甚高不歷海外奇觀安得此人間絶調文章信得江山助也
側犯 永泉寺薔薇
搨花詞稿　卷一　七

搨花詞稿二卷月夜詠懷一卷

清李繼燕撰　清康熙間刻朱墨套印本

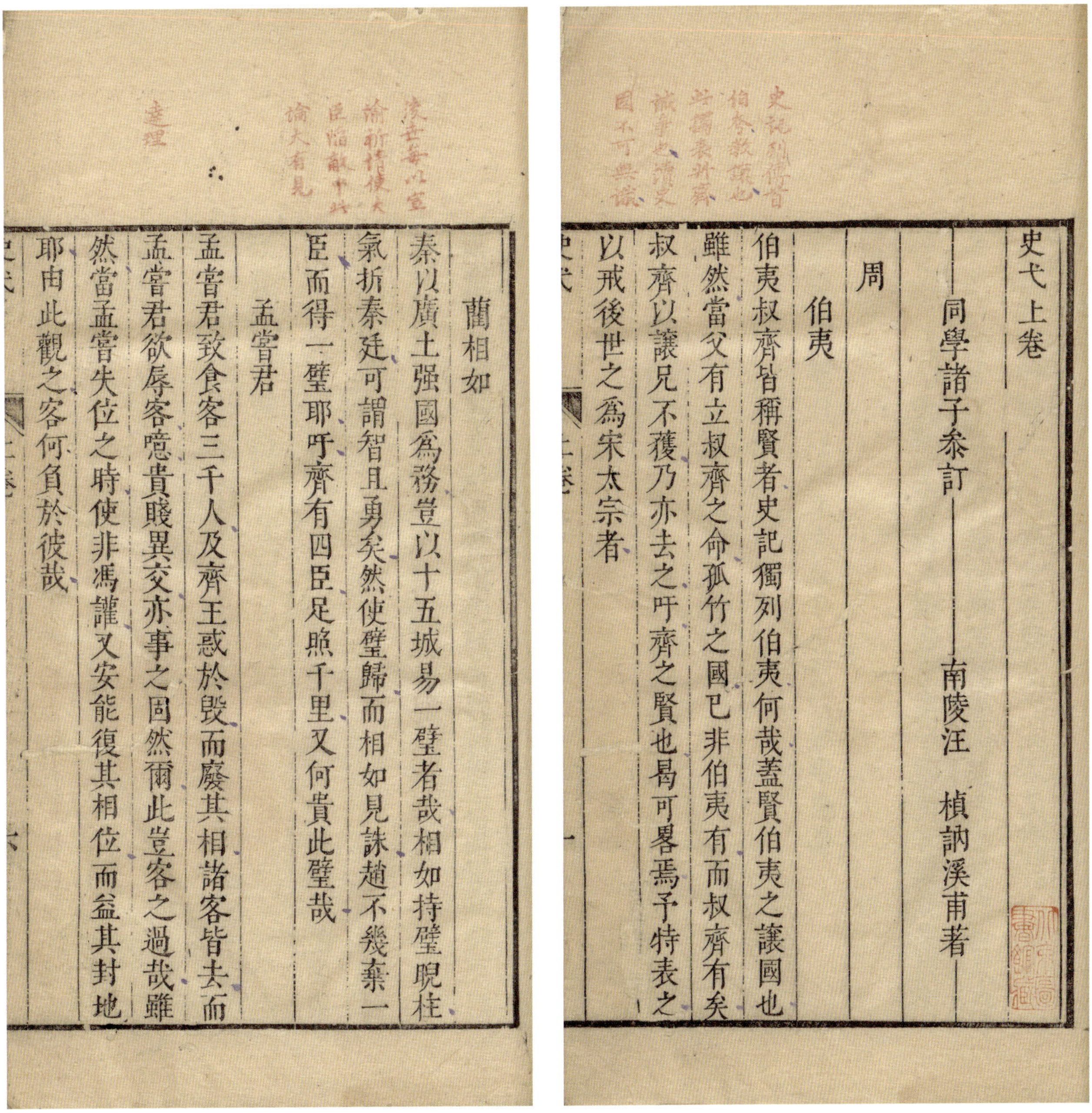

史弋上卷

同學諸子泰訂

南陵汪 槙訥溪甫著

周

伯夷

史記列傳首
伯含載篥也
此獨表所藏
議事之讀史
國不可興議

伯夷叔齊皆稱賢者史記獨列伯夷何哉蓋賢伯夷之讓國也
雖然當父有立叔齊之命孤竹之國已非伯夷有而叔齊有矣
叔齊以讓兄不獲乃亦去之吁齊之賢也曷可畧焉予特表之
以戒後世之為宋太宗者

達理

凌差每以堂
諭新擢使大
臣陷敝中此
諭大有見

藺相如

秦以廣土強國為務豈以十五城易一璧者哉相如持璧睨柱
氣折秦廷可謂智且勇矣然使璧歸而相如見誅趙不幾秦一
臣而得一璧耶吁齊有四臣足照千里又何貴此璧哉

孟嘗君

孟嘗君致食客三千八及齊王惑於毀而廢其相諸客皆去而
孟嘗君欲辱客憶貴賤異交亦事之固然爾此豈客之過哉雖
然當孟嘗失位之時使非馮諼又安能復其相位而益其封地
耶由此觀之客何負於彼哉

史弋二卷

清汪槙撰　清康熙間刻朱墨套印本

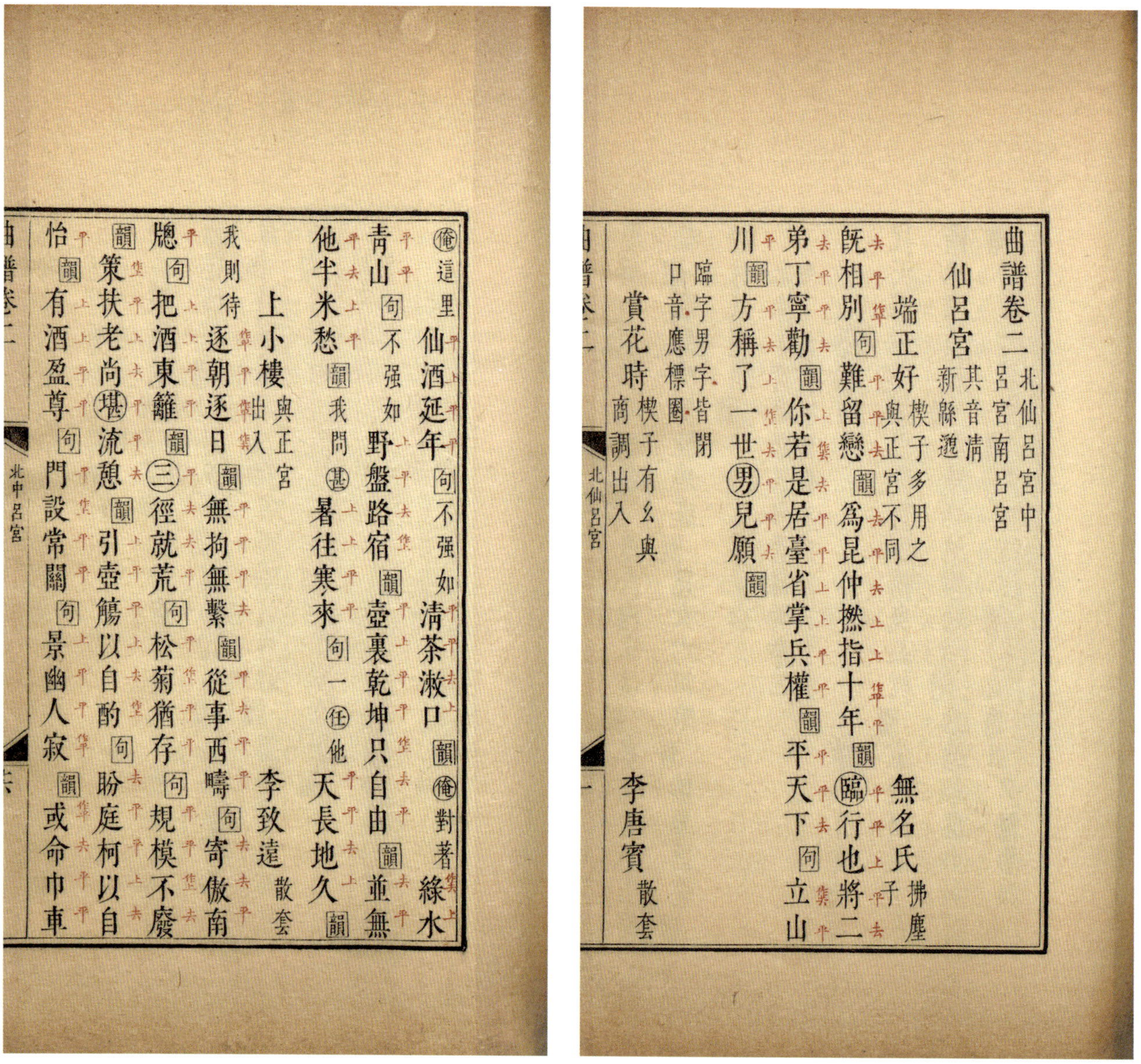
曲譜卷二　北仙呂宮中呂宮南呂宮
仙呂宮　其音清新綿邈
端正好　楔子多用之與正宮不同　無名氏　子　拂塵
旣相別句難留戀韻爲昆仲撚指十年韻臨行也將二弟丁寧勸韻你若是居臺省掌兵權韻平天下句立山川韻方稱了一世男兒願韻
臨字男字皆閉口音應標圈
賞花時　楔子有幺與商調出入　李唐賓　散套
曲譜卷二　北仙呂宮　一

俺這里仙酒延年句不強如清茶漱口韻俺對著綠水青山句不強如野盤路宿韻壺裏乾坤只自由韻並無他半米愁韻我問甚暑往寒來句一任他天長地久韻
上小樓　與正宮出入　李致遠　散套
我則待逐朝逐日韻無拘無繫韻從事西疇句寄傲南牕句把酒東籬韻三徑就荒句松菊猶存句規模不廢韻策扶老尚堪流憩韻引壺觴以自酌句盼庭柯以自怡韻有酒盈尊句門設常關句景幽人寂韻或命巾車
曲譜卷二　北中呂宮　六

曲譜十二卷卷首一卷卷末一卷

清王奕清等撰　清康熙間内府刻朱墨套印本

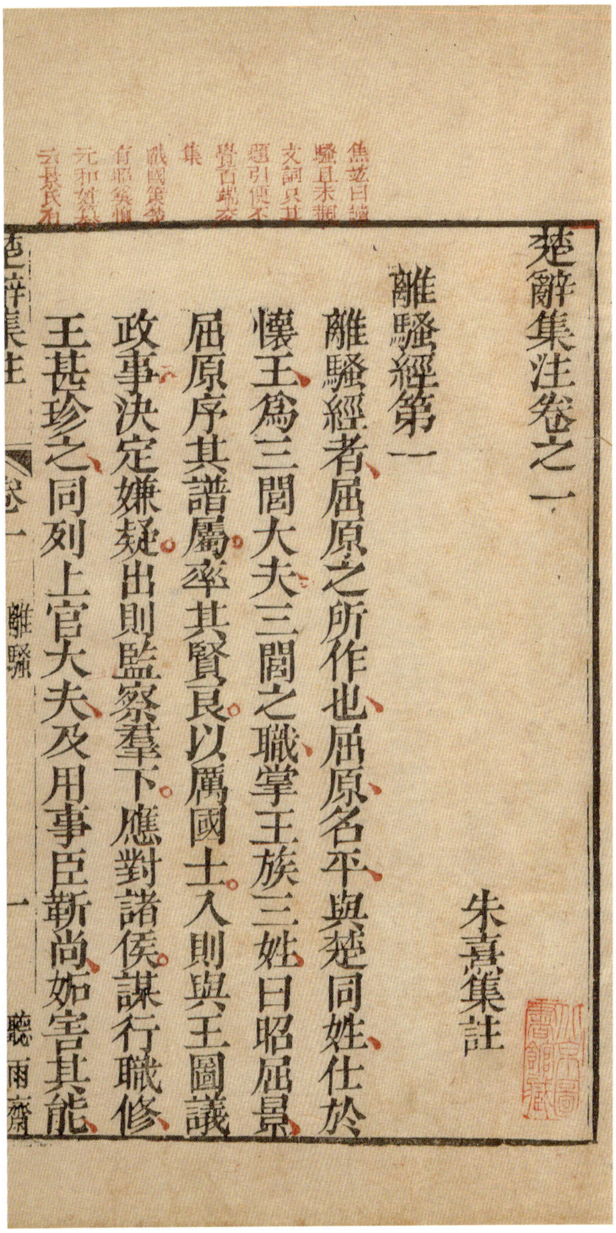
楚辭集注卷之一

朱熹集註

離騷經第一

離騷經者屈原之所作也屈原名平與楚同姓仕於懷王爲三閭大夫三閭之職掌王族三姓曰昭屈景屈原序其譜屬率其賢良以厲國士入則與王圖議政事決定嫌疑出則監察羣下應對諸侯謀行職修王甚珍之同列上官大夫及用事臣靳尚妬害其能

楚辭集注　卷一　離騷　一　聽雨齋

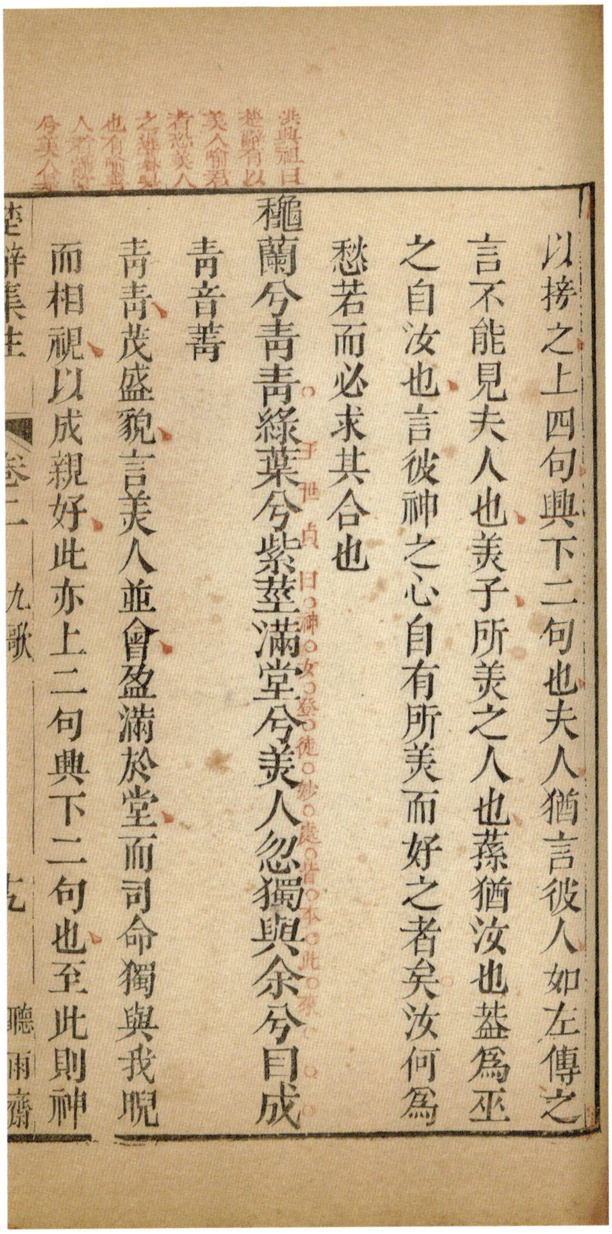
以搒之上四句與下二句也夫人猶言彼人如左傳之言不能見夫人也美子所美之人也蓀猶汝也蓋爲巫之自汝也言彼神之心自有所美而好之者矣汝何爲愁若而必求其合也

秋蘭兮青青綠葉兮紫莖滿堂兮美人忽獨與余兮目成

青音菁

青青茂盛貌言美人並會盈滿於堂而司命獨與我睨而相視以成親好此亦上二句與下二句也至此則神

楚辭集注　卷二　九歌　九　聽雨齋

楚辭集注八卷

宋朱熹集注　明沈雲翔輯評　清康熙間
聽雨齋刻朱墨套印本

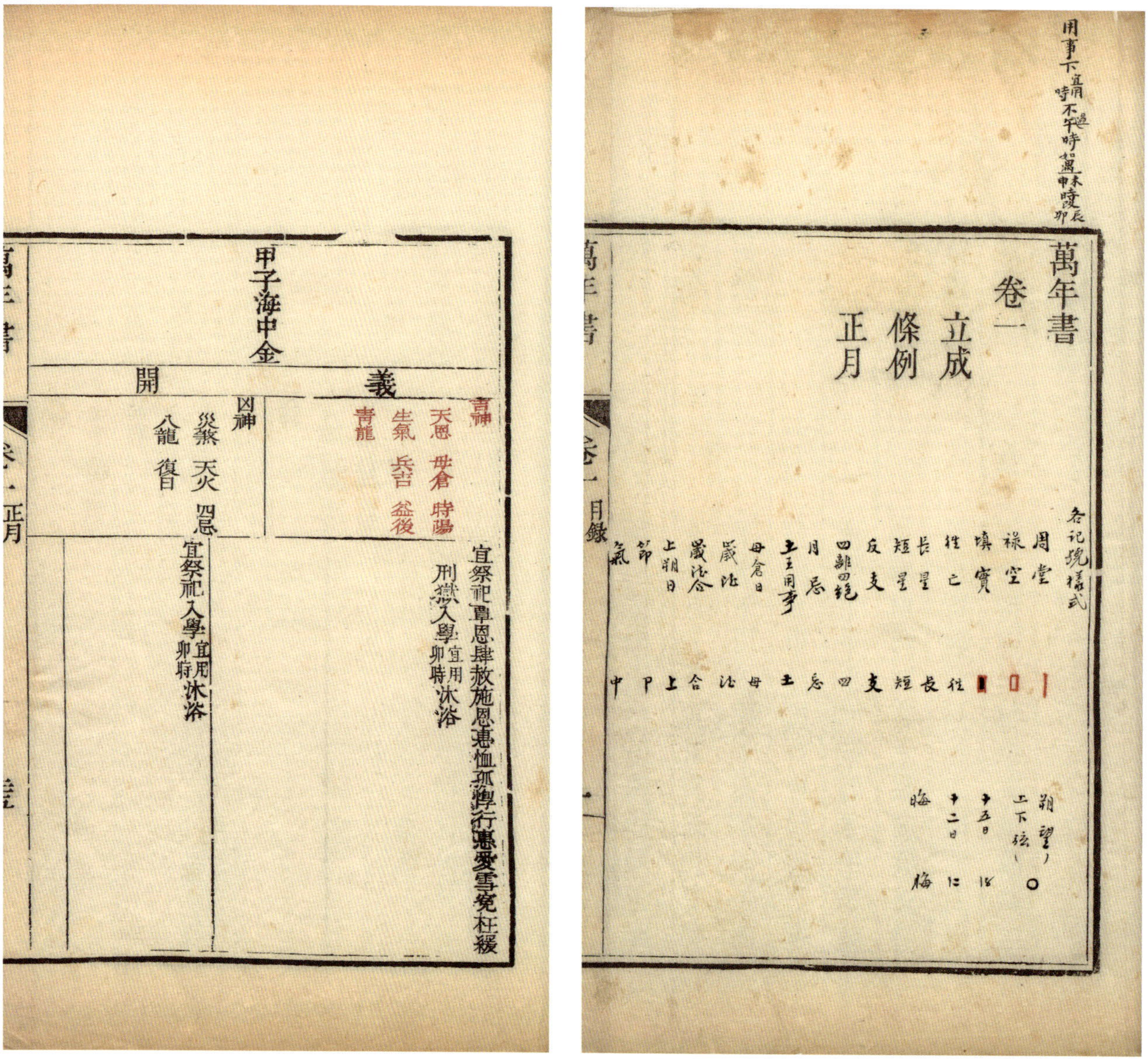
萬年書
卷一
立成
條例
正月
甲子海中金
開
義
吉神
天恩 母倉 時陽
生氣 兵吉 益後
青龍
凶神
災煞 天火 四忌
八龍 復日
宜祭祀覃恩肆赦施恩惠恤孤惸行惠愛雪冤枉緩
刑獄入學宜用卯時沐浴
宜祭祀入學宜用卯時沐浴

萬年書十二卷

清欽天監編　清康熙間武英殿刻
朱墨套印本

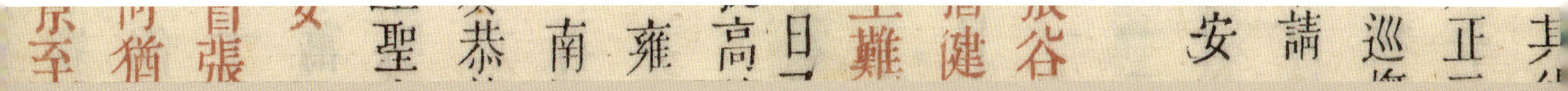

雍正

清代套印本圖錄

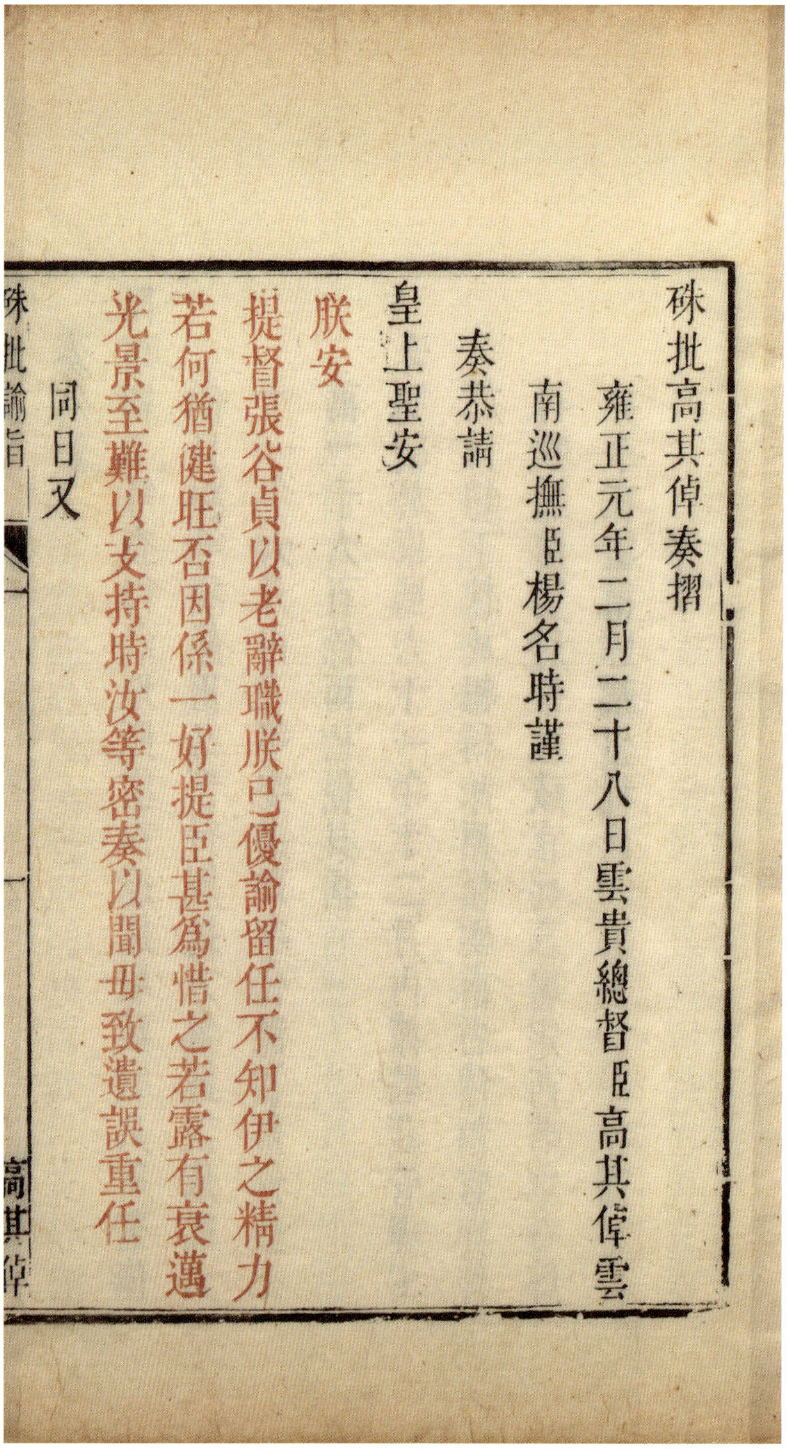
硃批高其倬奏摺
雍正元年二月二十八日雲貴總督臣高其倬雲
南巡撫臣楊名時謹
奏恭請
皇上聖安
朕安
提督張谷貞以老辭職朕已優諭留任不知伊之精力
若何猶健旺否因係一好提臣甚爲惜之若露有衰邁
光景至難以支持時汝等密奏以聞毋致遺誤重任
同日又
硃批諭旨　高其倬

硃批諭旨不分卷

清世宗胤禛編　清雍正間武英殿刻
朱墨套印本

乾隆

清代套印本圖錄

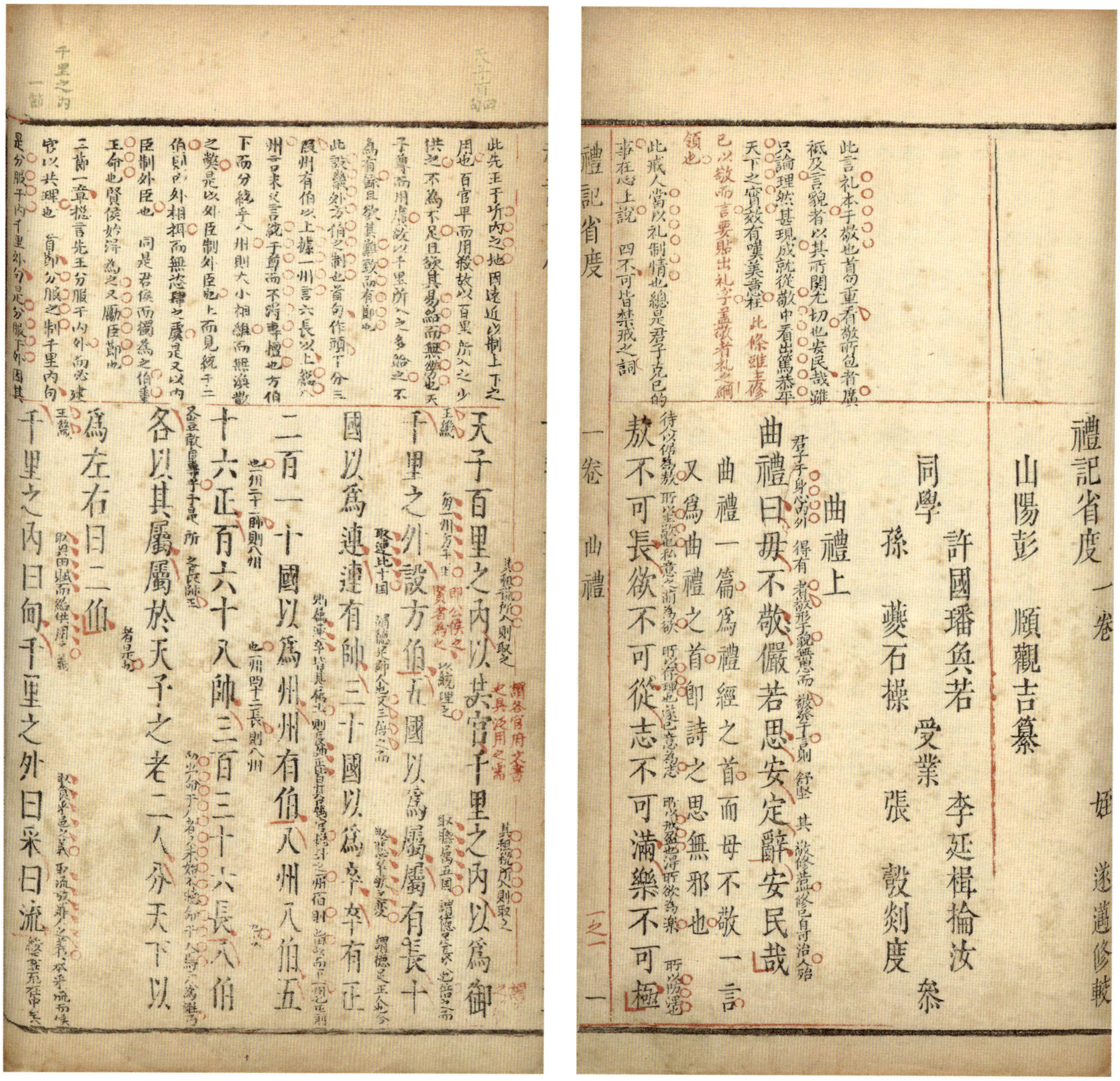

禮記省度 一卷　　姪　遜邁　修載

山陽彭　顧觀吉纂

同學　許國璠　與若

孫　夔石樣　受業　李延楫掄汝　參

　　張　彀烈度

曲禮上

曲禮曰毋不敬儼若思安定辭安民哉

曲禮一篇為禮經之首而毋不敬一言

又為曲禮之首即詩之思無邪也

敖不可長欲不可從志不可滿樂不可極

此言禮本于敬也首句重看數所包者廣
祇及言觀者以其而闊無切也安民哉
又論理然甚現成就恭敬中看出驚恭辛
天下之安欲有豎美意在　此條雖承
已以敬而言要照出礼字差敬者礼之綱
領也

此戒人當以礼制情也總是君子克己的
事在志上說　四不可皆禁戒之詞

禮記省度
一卷　曲禮

〔之一〕　一

千里之內　一節

氏口口口　四

此先王于坼內之地因遠近以制上下之
用地百官甲而用祿故以百里所入之少
供之不爲不足且欲民易爲祿而無勞于天子

子尊而用祿故以千里所入之多給之不
爲有祿故其尊其顯也

二節一章提言先王分服于內外而必建
官以共理也

是分服千内千里外分是分服下外因其

天子百里之內以共官千里之內以爲御

千里之外設方伯五國以爲屬屬有長十
國以爲連連有帥三十國以爲卒卒有正

二百一十國以爲州州有伯八州八伯五
十六正百六十八帥三百三十六長八伯

各以其屬屬於天子之老二人分天下以
爲左右曰二伯

千里之內曰甸千里之外曰采曰流

禮記省度四卷

清彭頤撰　清乾隆元年（1736）刻
三色套印本

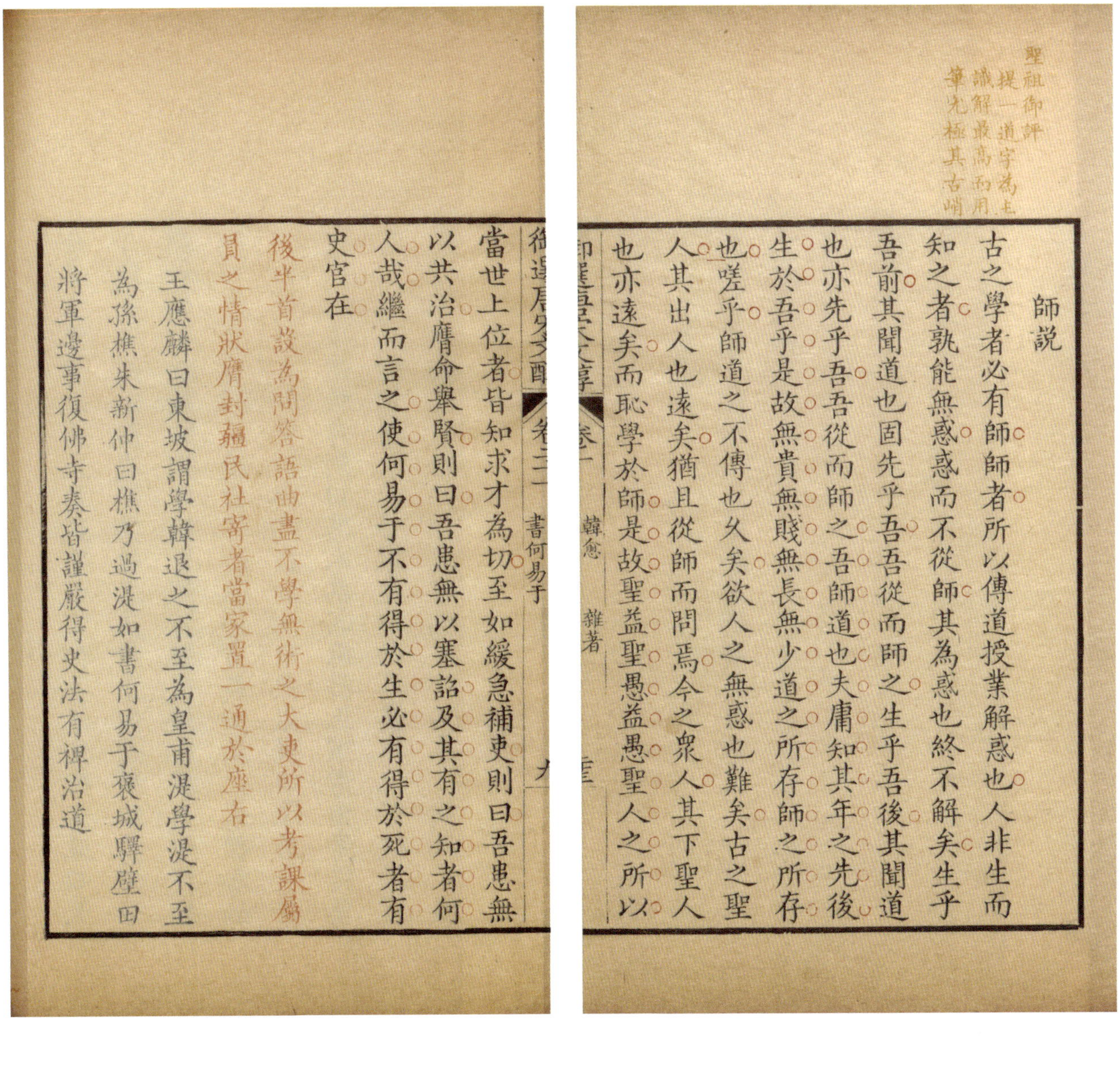
聖祖御評
提一道字為主
識解最高而用
筆尤極其古峭
師說
古之學者必有師師者所以傳道授業解惑也人非生而
知之者孰能無惑惑而不從師其為惑也終不解矣生乎
吾前其聞道也固先乎吾吾從而師之生乎吾後其聞道
也亦先乎吾吾從而師之吾師道也夫庸知其年之先後
生於吾乎是故無貴無賤無長無少道之所存師之所存
也嗟乎師道之不傳也久矣欲人之無惑也難矣古之聖
人其出人也遠矣猶且從師而問焉今之衆人其下聖人
也亦遠矣而恥學於師是故聖益聖愚益愚聖人之所以
當世上位者皆知求才為切至如緩急補吏則曰吾患無
以共治膺命舉賢則曰吾患無以塞詔及其有之知者何
人哉繼而言之使何易于不有得於生必有得於死者有
史官在
後半首設為問答語曲盡不學無術之大吏所以考課屬
員之情狀膺封疆民社寄者當家置一通於座右
王應麟曰東坡謂學韓退之不至為皇甫湜學湜不至
為孫樵朱新仲曰樵乃過湜如書何易于褒城驛壁田
將軍邊事復佛寺奏皆謹嚴得史法有裨治道

御選唐宋詩醇四十七卷目録二卷文醇五十八卷

清高宗弘曆選輯清乾隆三年（1738）刻

四色套印本

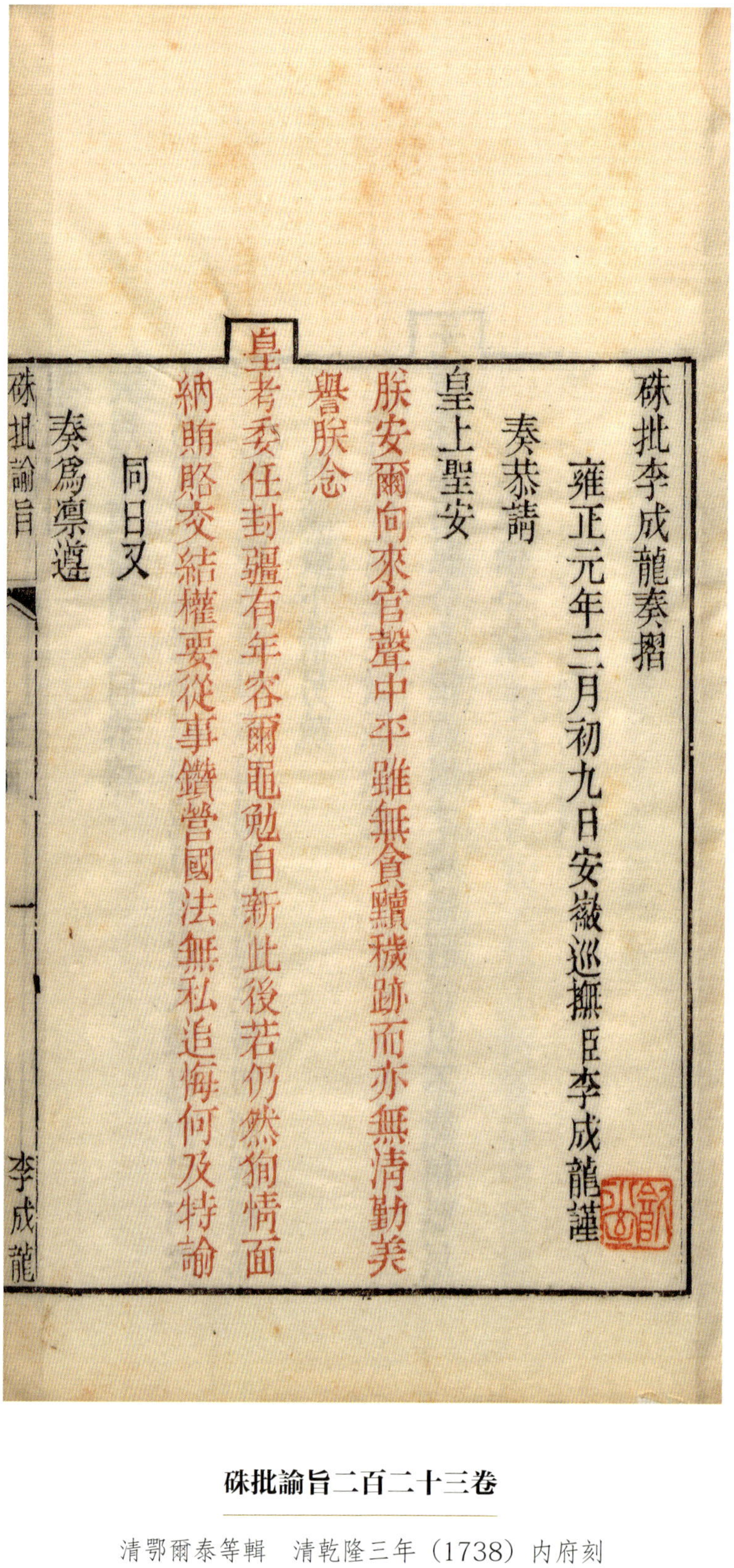
硃批李成龍奏摺
雍正元年三月初九日安徽巡撫臣李成龍謹
奏恭請
皇上聖安
朕安爾向來官聲中平雖無貪黷穢跡而亦無清勤美
譽朕念
皇考委任封疆有年容爾黽勉自新此後若仍然徇情面
納賄賂交結權要從事鑽營國法無私追悔何及特諭
同日又
奏爲凛遵
硃批諭旨
李成龍

硃批諭旨二百二十三卷

清鄂爾泰等輯　清乾隆三年（1738）内府刻
朱墨套印本

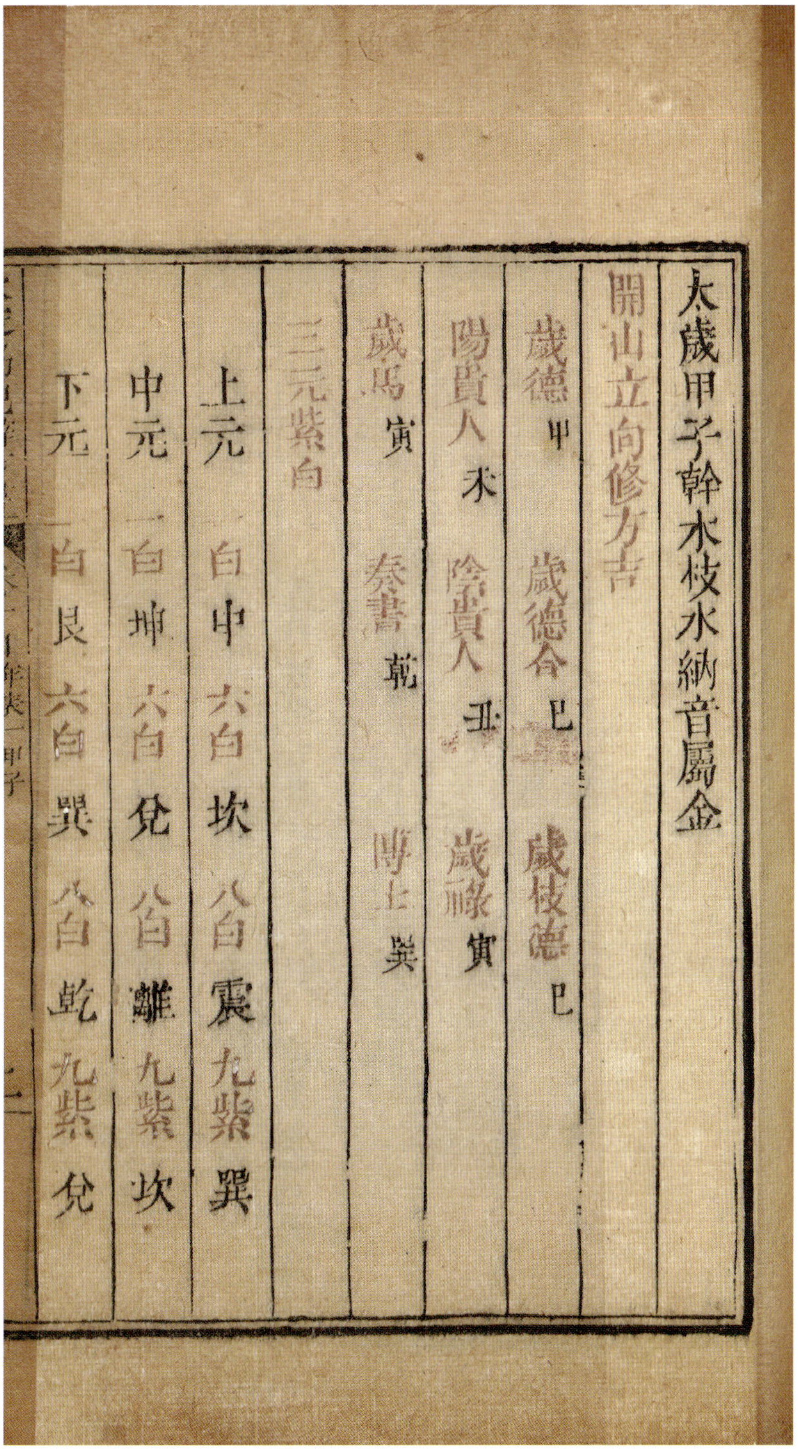
太歲甲子幹木枝水納音屬金
開山立向修方吉
歲德甲 歲德合巳 歲枝德巳
陽貴人未 陰貴人丑 歲祿寅
歲馬寅 奏書乾 博士巽
三元紫白
上元 一白中 六白坎 八白震 九紫巽
中元 一白坤 六白兌 八白離 九紫坎
下元 一白艮 六白巽 八白乾 九紫兌

欽定協紀辨方書三十六卷

清允禄、清張照等纂修　清乾隆六年（1741）武英殿刻朱墨套印本

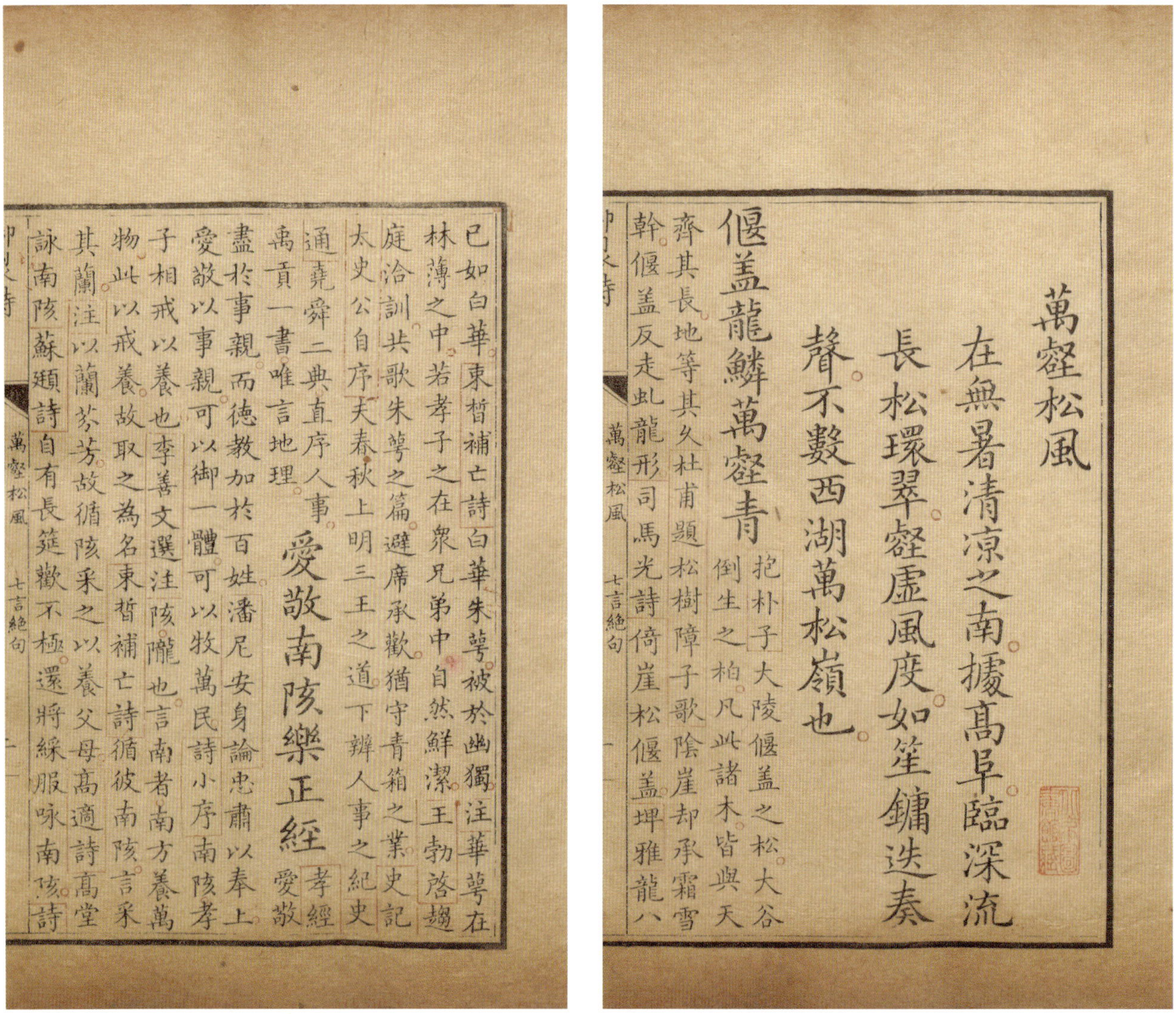
萬壑松風
在無暑清涼之南據高阜臨深流
長松環翠壑虛風度如笙鏞迭奏
聲不數西湖萬松嶺也
偃蓋龍鱗萬壑青
抱朴子大陵偃蓋之松大谷
倒生之柏凡此諸木皆與天
齊其長地等其久杜甫題松樹障子歌陰崖却承霜雪
幹偃蓋反走虬龍形司馬光詩倚崖松偃蓋埤雅龍八
御製詩 萬壑松風 七言絶句 一
已如白華束晳補亡詩白華朱萼被於幽獨注華萼在
林薄之中若孝子之在衆兄弟中自然鮮潔王勃啓趨
庭洽訓共歌朱萼之篇避席承歡猶守青箱之業史記
太史公自序夫春秋上明三王之道下辨人事之紀史
通堯舜二典直序人事
禹貢一書唯言地理
愛敬南陔樂正經
孝經愛敬
盡於事親而德教加於百姓潘尼安身論忠肅以奉上
愛敬以事親可以御一體可以牧萬民詩小序南陔孝
子相戒以養也李善文選注陔隴也言南者南方養萬
物此以戒養故取之為名束晳補亡詩循彼南陔言采
其蘭注以蘭芬芳故循陔采之以養父母高適詩高堂
詠南陔蘇頲詩自有長筵歡不極還將綵服咏南陔詩
御製詩 萬壑松風 七言絶句

御製避暑山莊詩二卷

清聖祖玄燁、清高宗弘曆撰　清沈喻繪圖
清揆叙、清鄂爾泰等注　清乾隆六年
（1741）武英殿刻朱墨套印本

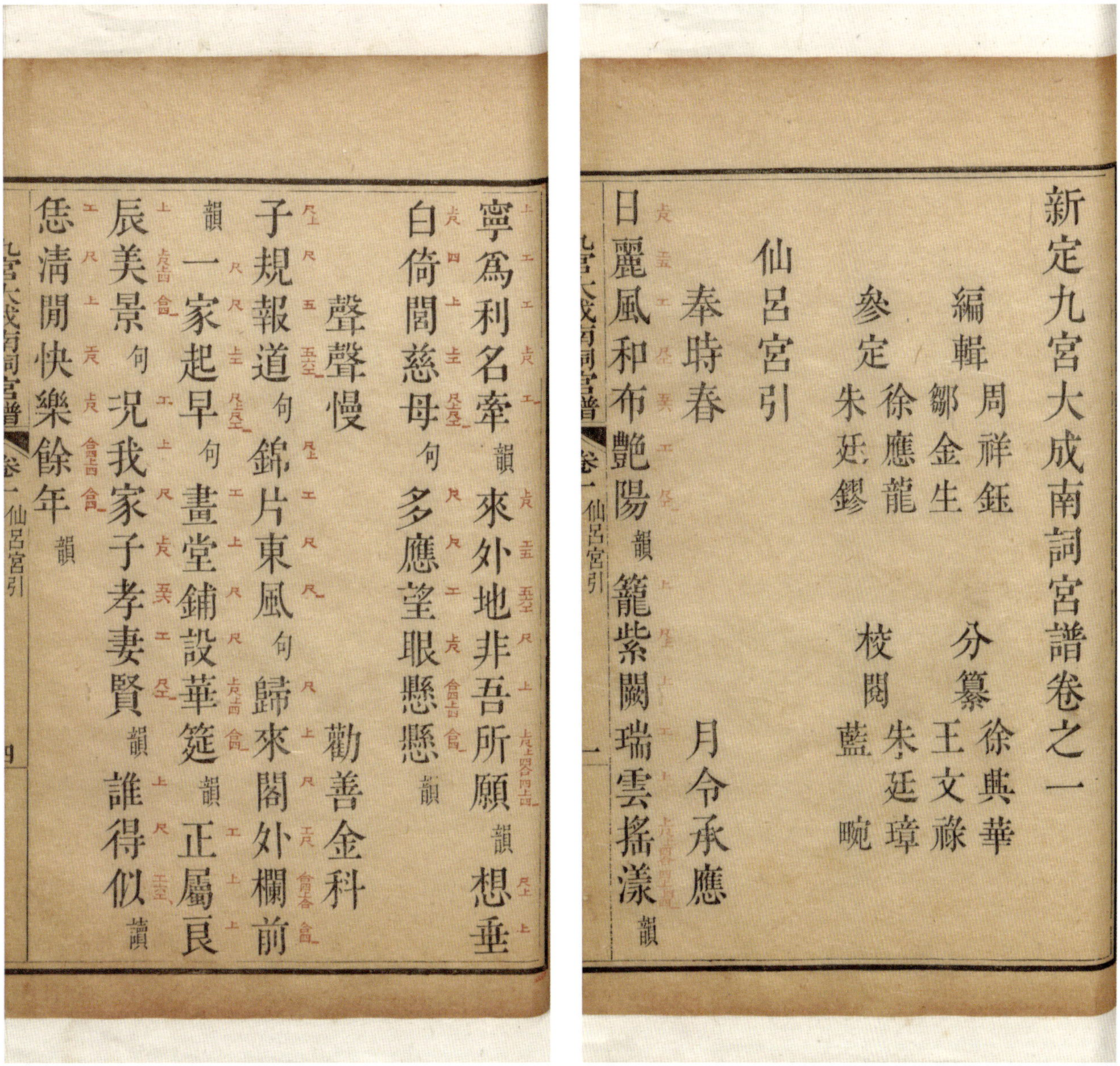
新定九宮大成南詞宮譜卷之一
編輯 周祥鈺
鄒金生
參定 徐應龍
朱廷鏐
分纂 徐興華
王文祿
校閲 朱廷璋
藍畹
仙呂宮引
奉時春 月令承應
日麗風和布艷陽 韻 籠紫闕瑞雲搖漾 韻
新定九宮大成南詞宮譜 卷一 仙呂宮引 一
寧爲利名牽 韻 來外地非吾所願 韻 想垂
白倚閭慈母 句 多應望眼懸懸 韻
聲聲慢 勸善金科
子規報道 句 錦片東風 句 歸來閣外欄前
韻 一家起早 句 畫堂鋪設華筵 韻 正屬良
辰美景 句 況我家子孝妻賢 韻 誰得似 讀
恁清閒快樂餘年 韻
新定九宮大成南詞宮譜 卷一 仙呂宮引 四

新定九宮大成南北宮詞譜八十一卷首一卷總目三卷閏集一卷

清周祥鈺、鄒金生等撰　清乾隆十一年
（1746）允祿刻朱墨套印本

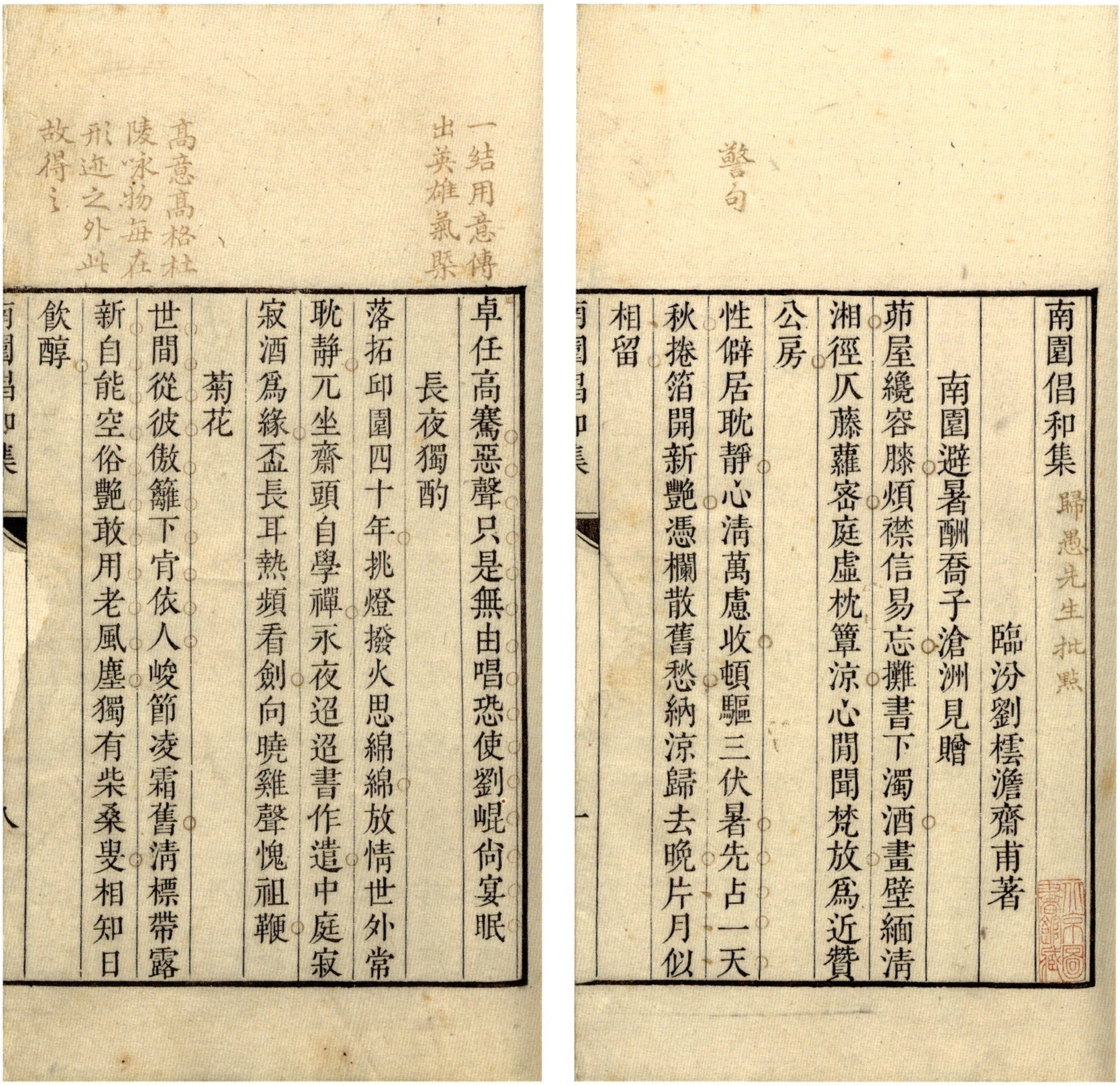

南園倡和集　歸愚先生批點
臨汾劉樏澹齋甫著
南園避暑酬喬子滄洲見贈
警句
茆屋纔容膝煩襟信易忘攤書下濁酒畫壁緬清
湘徑仄藤蘿密庭虛枕簟涼心閒聞梵放爲近贊
公房
性僻居耽靜心清萬慮收頓驅三伏暑先占一天
秋捲箔開新艷憑欄散舊愁納涼歸去晚片月似
相留

一結用意傳出英雄氣槩
卓任高騫惡聲只是無由唱恐使劉崐倘宴眠
長夜獨酌
落拓邱園四十年挑燈撥火思綿綿放情世外常
耽靜兀坐齋頭自學禪永夜迢迢書作遣中庭寂
寂酒爲緣盃長耳熱頻看劍向曉雞聲愧祖鞭
高意高格杜陵咏物每在形迹之外此故得之
菊花
世間從彼傲籬下肯依人峻節凌霜舊清標帶露
新自能空俗艷敢用老風塵獨有柴桑叟相知日
飲醇

南園倡和集一卷

清劉樏撰　清沈德潛批點　清乾隆十三年
（1748）劉組曾刻朱墨套印本

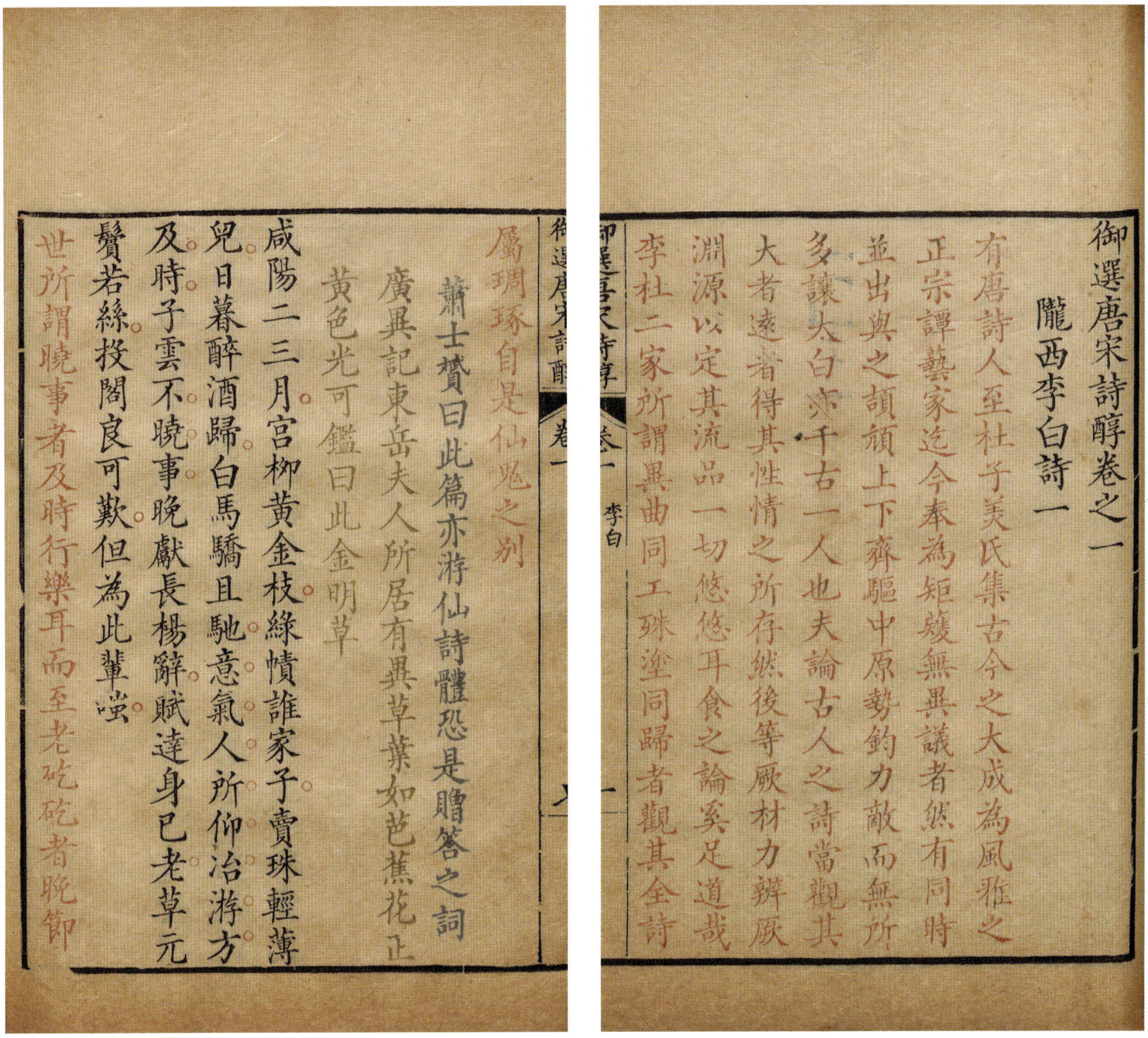
御選唐宋詩醇卷之一
隴西李白詩一
有唐詩人至杜子美氏集古今之大成為風雅之
正宗譚藝家迄今奉為矩矱無異議者然有同時
並出與之頡頏上下齊驅中原勢鈞力敵而無所
多讓太白亦千古一人也夫論古人之詩當觀其
大者遠者得其性情之所存然後等厥材力辨厥
淵源以定其流品一切悠悠耳食之論奚足道哉
李杜二家所謂異曲同工殊塗同歸者觀其全詩

御選唐宋詩醇　卷一　李白　一

御選唐宋詩醇　卷一

屬瑉琢自是仙凡之別
蕭士贇曰此篇亦游仙詩體恐是贈荅之詞
廣異記東岳夫人所居有異草葉如芭蕉花正
黃色光可鑑曰此金明草
咸陽二三月宮柳黃金枝綠幘誰家子賣珠輕薄
兒日暮醉酒歸白馬驕且馳意氣人所仰冶游方
及時子雲不曉事晚獻長楊辭賦達身已老草元
鬢若絲投閣良可歎但為此輩嗤
世所謂曉事者及時行樂耳而至老矻矻者晚節

御選唐宋詩醇四十七卷目録二卷文醇五十八卷

清高宗弘曆選　清乾隆十五年（1750）
内府刻四色套印本

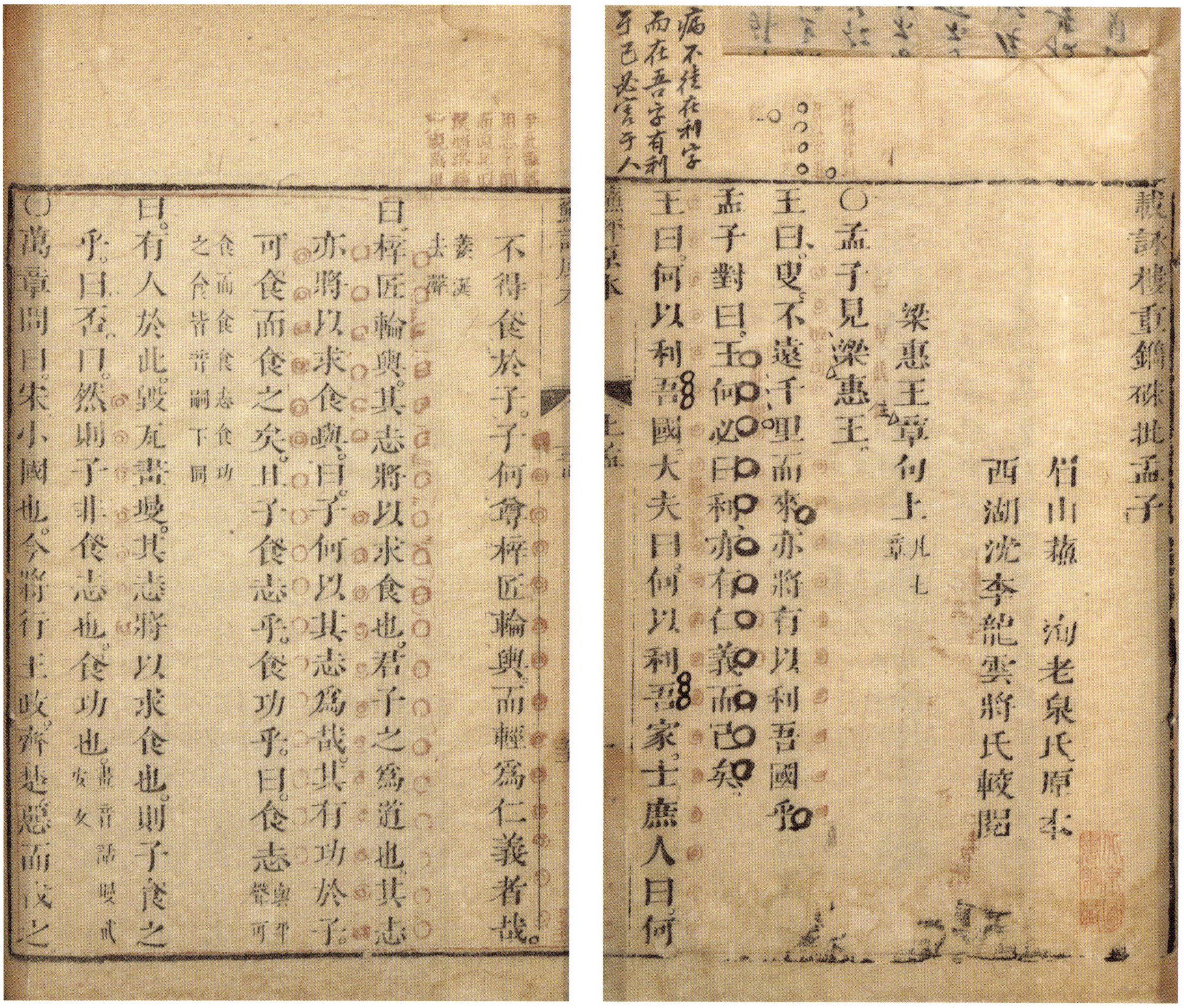

右側頁（右半部分，從右往左讀）：

載詠樓重鐫蘇批孟子

眉山蘇洵老泉氏原本

西湖沈李龍雲將氏較閱

梁惠王章句上　九七

○孟子見梁惠王。

王曰，叟不遠千里而來，亦將有以利吾國乎。

孟子對曰，王何必曰利，亦有仁義而已矣。

王曰何以利吾國大夫曰何以利吾家，士庶人曰何

病不徒在利字
而在吾字有利
于己恐害于人

左側頁（左半部分）：

不得食於子，子何以尊梓匠輪輿而輕為仁義者哉。

曰梓匠輪輿，其志將以求食也，君子之為道也其志

亦將以求食與，曰子何以其志為哉，其有功於子，

可食而食之矣，且子食志乎，食功乎，曰食志。

曰有人於此，毀瓦畫墁，其志將以求食也，則子食

之乎，曰否，然則子非食志也，食功也。

○萬章問曰，宋小國也，今將行王政，齊楚惡而伐之

姜溪
去聲

食而食志
之食皆
食志音
嗣下同

盡音
話製
安女

舉奥
可平

重鐫蘇老泉批評孟子二卷

宋蘇洵批點　清乾隆十五年（1750）
三樂齋刻朱墨套印本

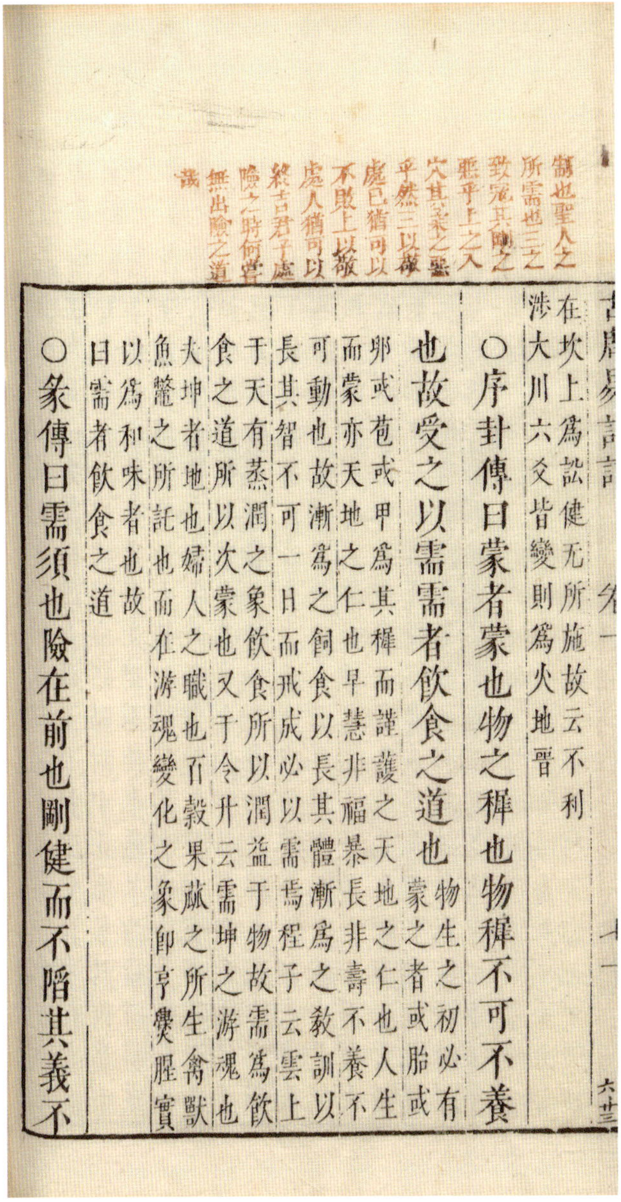

竊也聖人之
所需也三之
致寇其剛之
惡乎上之入
穴其柔之甚
乎然三以敬
處己猶可以
不敗上以敬
處人猶可以
終吉君子處
險之時何嘗
無出險之道
識

古周易訂詁 卷一 七

在坎上爲訟健无所施故云不利
涉大川六爻皆變則爲火地晉
○序卦傳曰蒙者蒙也物之穉也物穉不可不養
也故受之以需需者飲食之道也物生之初必有
蒙之者或胎或
卵或苞或甲爲其穉而謹護之天地之仁也人生
而蒙亦天地之仁也早慧非福暴長非壽不養不
可動也故漸爲之飼食以長其體漸爲之教訓以
長其智不可一日而飛成必以需焉程子云雲上
于天有蒸潤之象飲食所以潤益于物故需爲飲
食之道所以次蒙也又于令升云需坤之游魂也
大坤者地也婦人之職也百穀果蓏之所生禽獸
魚鼈之所託也而在游魂變化之象即亨爨腥實
以爲和味者也故
曰需者飲食之道
○彖傳曰需須也險在前也剛健而不陷其義不

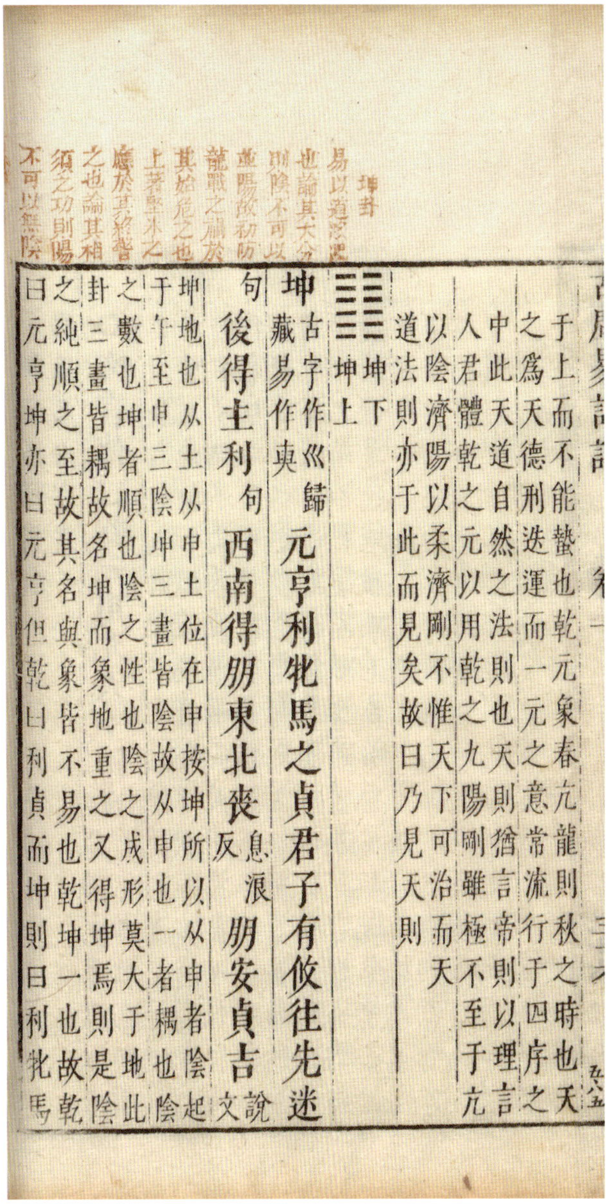

坤卦
易以道陰陽
也論其大分
則陰不可以
並陽故初防
龍戰之禍於
其始危之也
上著堅冰之
慮於其終警
之也論其相
須之功則陽
不可以無陰

古周易訂詁 卷一

于上而不能蟄也乾元象春亢龍則秋之時也天
之爲天德刑迭運而一元之意常流行于四序之
中此天道自然之法則也天則猶言帝則以理言
人君體乾之元以用乾之九陽剛雖極不至于亢
以陰濟陽以柔濟剛不惟天下可治而天
道法則亦于此而見矣故曰乃見天則
☷坤下
☷坤上
坤古字作巛 歸藏易作臾 元亨利牝馬之貞君子有攸往先迷
句 後得主利 句 西南得朋東北喪 息浪反 朋安貞吉 說文
坤地也从土从申土位在申按坤所以从申者陰起
于午至申三陰坤三畫皆陰故从申也一者耦也陰
之數也坤者順也陰之性也陰之成形莫大于地此
卦三畫皆耦故名坤而象地重之又得坤焉則是陰
之純順之至故其名與象皆不易也乾坤一也故乾
曰元亨坤亦曰元亨但乾曰利貞而坤則曰利牝馬

古周易訂詁十六卷

明何楷撰　清乾隆十六年（1751）郭文焰
聞桂齋刻朱墨套印本

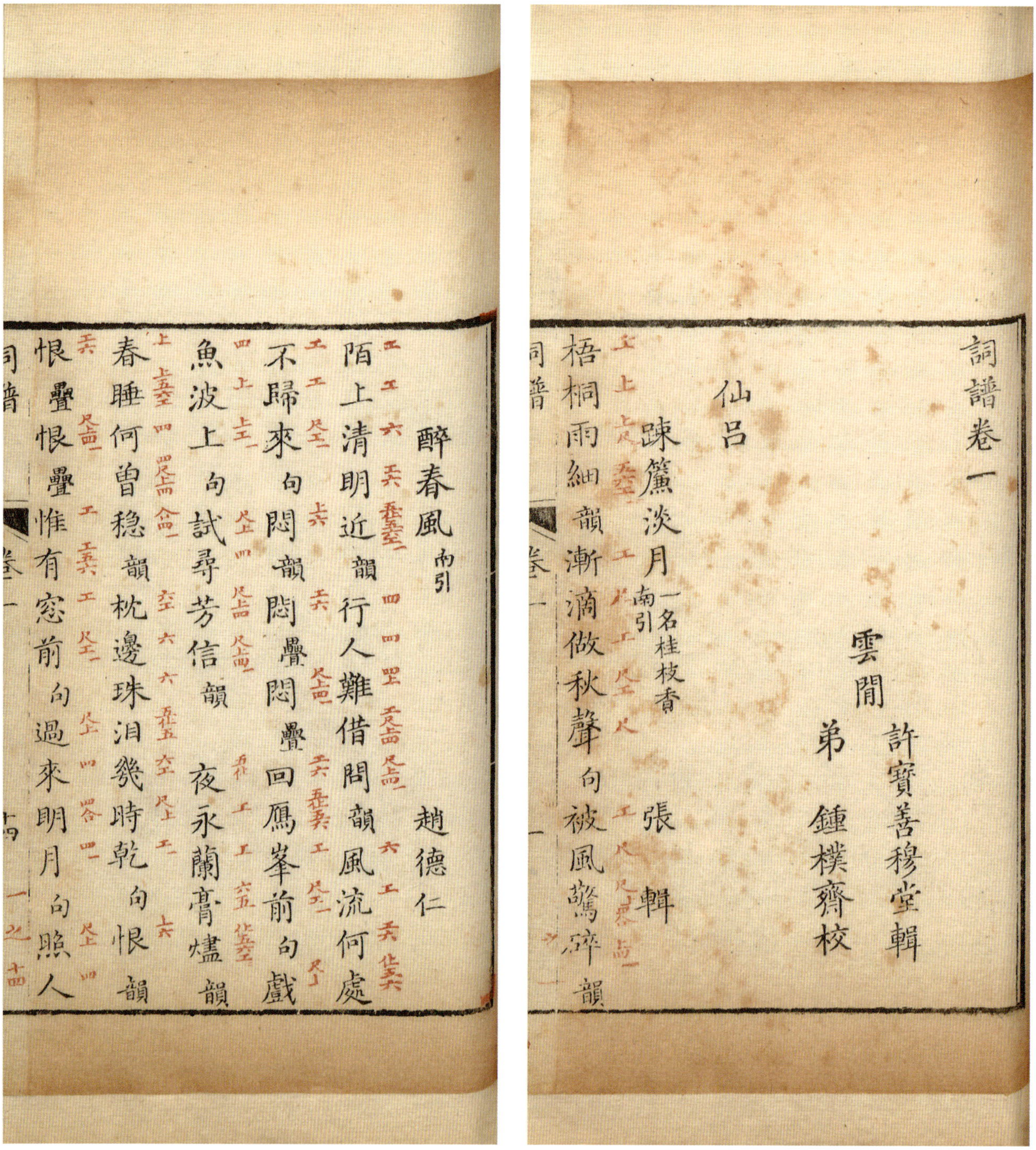
詞譜卷一
雲間　許寶善穆堂輯
弟　鍾樸齋校
仙呂
踈簾淡月　一名桂枝香　南引　張輯
梧桐雨細韻漸滴做秋聲句被風驚碎韻
醉春風　南引　趙德仁
陌上清明近韻行人難借問韻風流何處不歸來句悶悶悶韻疊悶疊回鴈峯前句戲魚波上句試尋芳信韻夜永蘭膏燼韻春睡何曾穩韻枕邊珠淚幾時乾句恨韻恨疊恨疊惟有窗前句過來明月句照人

詞譜六卷

清許寶善撰　清乾隆三十七年（1772）刻
朱墨套印本

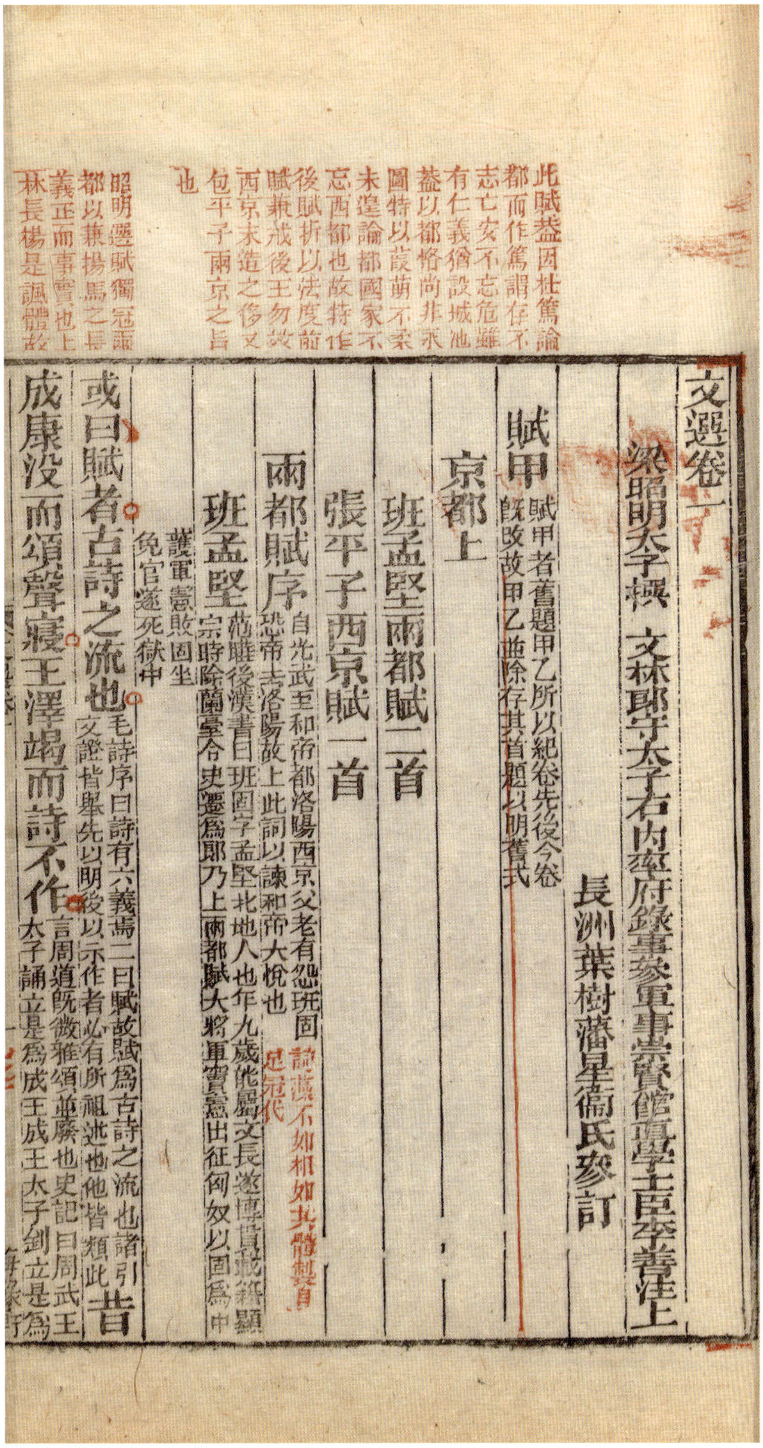

此賦蓋因杜篤論都而作篤謂存不志亡安不忘危雖有仁義猶設城池蓋以都脩尚非示圖特以葭萌不柔未遑論都國家不忘西都也故特作後賦折以法度前賦兼戒後王勿效西京末造之侈又包平子兩京之旨也

昭明選賦獨冠兩都以兼揚馬之長義正而事實也上林長楊是諷體故

文選卷一

梁昭明太子撰　文林郎守太子右內率府錄事參軍事崇賢館直學士臣李善注上

長洲葉樹藩星衞氏參訂

賦甲 賦甲者舊題甲乙所以紀卷先後今卷既改故甲乙並除存其首題以明舊式

京都上

班孟堅兩都賦二首

張平子西京賦一首

兩都賦序 自光武至和帝都洛陽西京父老有怨班固恐帝去洛陽故上此詞以諫和帝大悅也 詞藻不如相如其體製自足冠代

班孟堅 范曄後漢書曰班固字孟堅北地人也年九歲能屬文長遂博貫載籍顯宗時除蘭臺令史遷為郎乃上兩都賦大將軍竇憲出征匈奴以固為中護軍憲敗固坐免官遂死獄中

或曰賦者古詩之流也 毛詩序曰詩有六義焉二曰賦故賦為古詩之流也諸引文證皆舉先以明後以示作者必有所祖述也他皆類此

昔成康沒而頌聲寢王澤竭而詩不作 言周道既微雅頌並廢也史記曰周武王太子誦立是為成王成王太子釗立是為

文選六十卷

南朝梁蕭統輯　唐李善注　清何焯評
清乾隆三十七年（1772）葉氏海録軒刻
朱墨套印本

芥子園畫傳二集八卷

清王槩、清王蓍、清王臬輯　清乾隆
四十七年（1782）金閶書業堂刻彩色
套印本

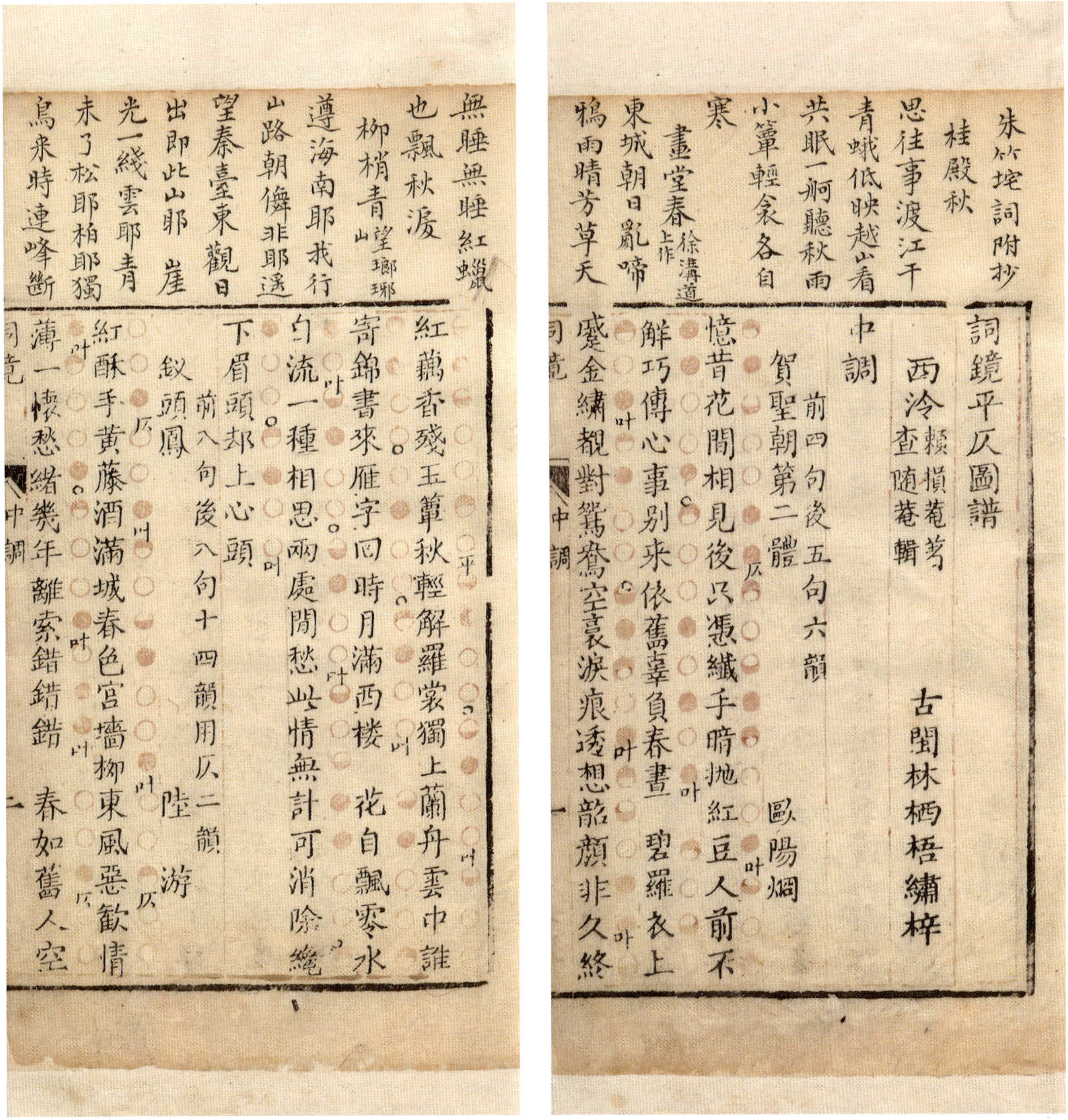

朱竹垞詞附抄
桂殿秋
思往事渡江干青蛾低映越山看共眠一舸聽秋雨小簟輕衾各自寒
畫堂春 徐溝道上作
東城朝日亂啼鴉雨晴芳草天

詞鏡平仄圖譜
西泠賴損菴著
查隨菴輯
古閩林栖梧繡梓
中調
賀聖朝第二體　前四句後五句六韻
歐陽炯
憶昔花間相見後只憑纖手暗拋紅豆人前不解巧傳心事別來依舊辜負春晝　碧羅衣上蹙金繡覩對鴛鴦空裛淚痕透想韶顏非久終

詞鏡　中調　一

無睡無睡紅蠟也飄秋淚
柳梢青 望瑯琊山
遵海南耶我行山路朝儛非耶遙望泰臺東觀日出即此山耶　崖光一綫雲耶青未了松耶柏耶獨鳥來時連峰斷

紅藕香殘玉簟秋輕解羅裳獨上蘭舟雲中誰寄錦書來雁字回時月滿西樓　花自飄零水自流一種相思兩處閒愁此情無計可消除纔下眉頭却上心頭
前八句後八句十四韻用仄二韻
釵頭鳳
陸游
紅酥手黃藤酒滿城春色宮墻柳東風惡歡情薄一懷愁緒幾年離索錯錯錯　春如舊人空

詞鏡平仄圖譜三卷

清賴以邠撰　清查繼超輯　清乾隆四十八年（1783）林棲梧寶章堂刻朱墨套印本

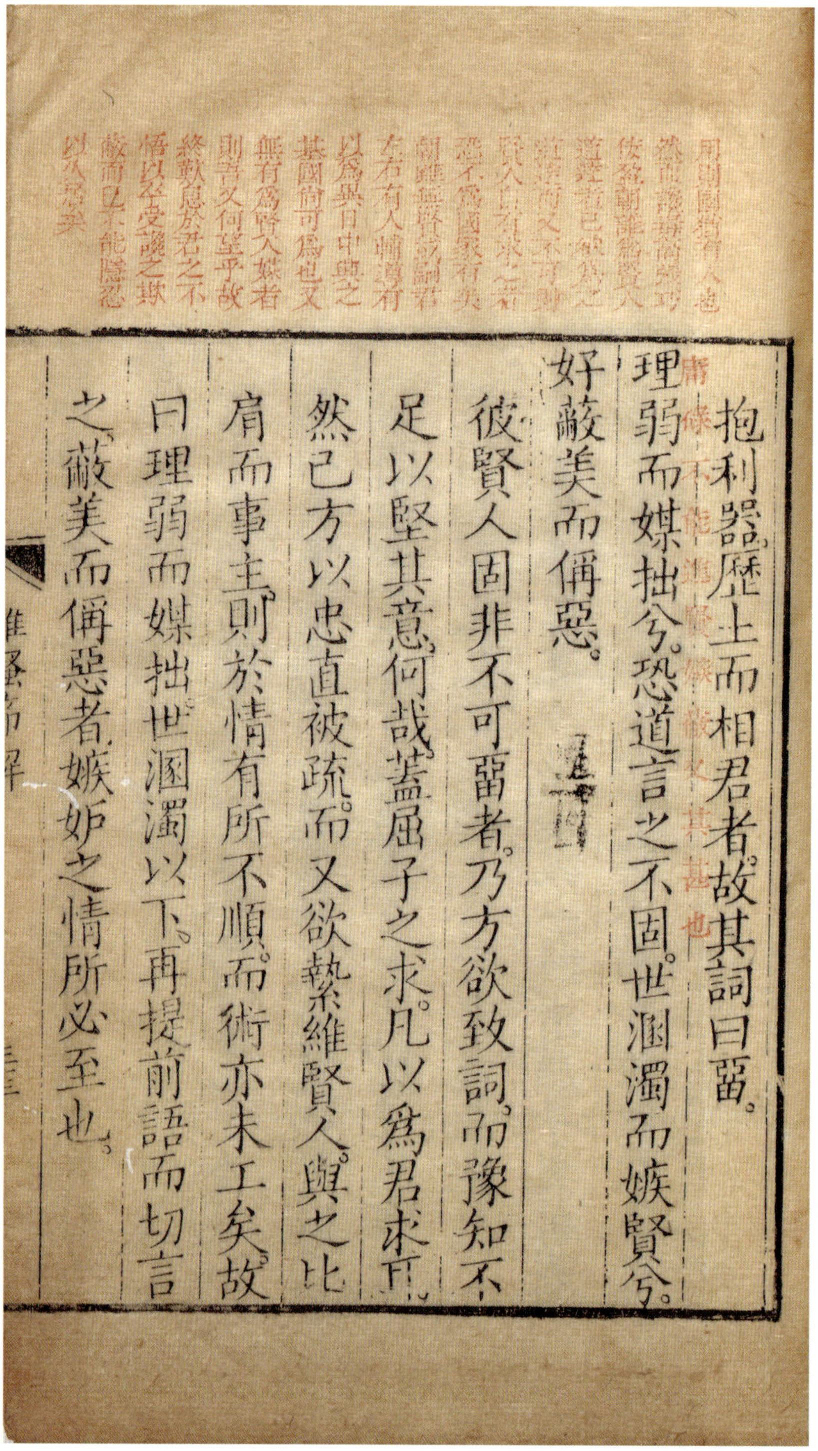

抱利器歷土而相君者故其詞曰畱。
理弱而媒拙兮恐道言之不固世溷濁而嫉賢兮
好蔽美而偁惡
彼賢人固非不可畱者乃方欲致詞而豫知不
足以堅其意何哉蓋屈子之求凡以爲君求耳
然已方以忠直被疏而又欲紮維賢人與之比
肩而事主則於情有所不順而術亦未工矣故
曰理弱而媒拙世溷濁以下再提前語而切言
之蔽美而偁惡者嫉妒之情所必至也

離騷節解一卷離騷本韻一卷離騷正音一卷離騷節指一卷

清張德純撰　清乾隆五十年（1785）
梓州郡署刻朱墨套印本

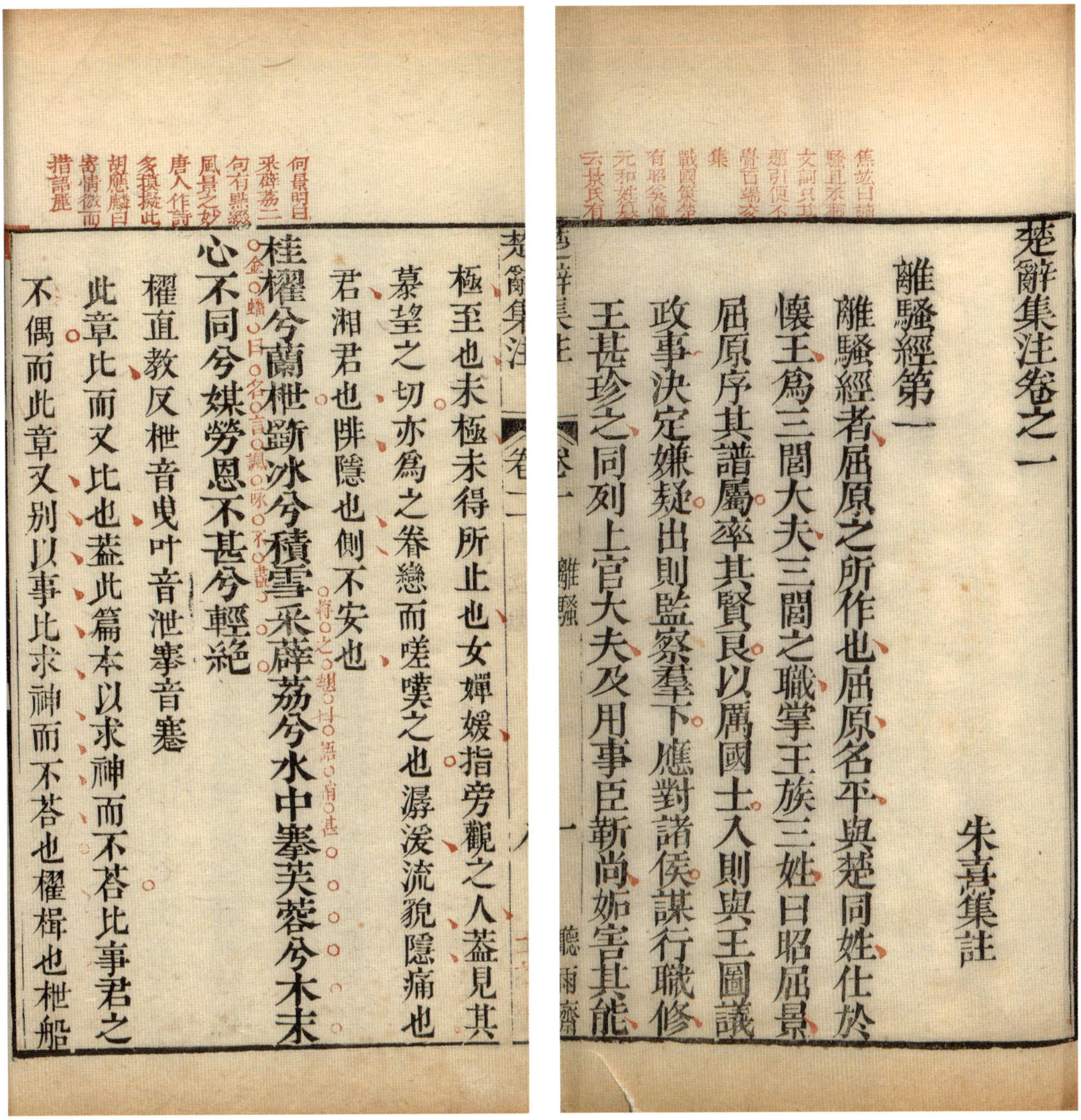

何景明曰采薜荔二句有點綴風景之妙唐人作詩多摸擬此
胡應麟曰寄情微而措語麗

極至也未極未得所止也女嬋媛指旁觀之人蓋見其
慕望之切亦爲之眷戀而嗟歎之也潺湲流貌隱痛也
君湘君也悱隱也側不安也
桂櫂兮蘭枻斲冰兮積雪采薜荔兮水中搴芙蓉兮木末
心不同兮媒勞恩不甚兮輕絕
櫂直教反枻音曳叶音泄搴音蹇
此章比而又比也蓋此篇本以求神而不荅比事君之
不偶而此章又別以事比求神而不荅也櫂楫也枻船

楚辭集注　卷一　離騷　一　聽雨齋

焦竑曰讀騷且未覩文詞只玩題引便不覺百端交集
戰國策楚有昭奚恤元和姓纂云景氏有

楚辭集注卷之一

離騷經第一　朱熹集註

離騷經者屈原之所作也屈原名平與楚同姓仕於
懷王爲三閭大夫三閭之職掌王族三姓曰昭屈景
屈原序其譜屬率其賢良以厲國士入則與王圖議
政事決定嫌疑出則監察羣下應對諸侯謀行職修
王甚珍之同列上官大夫及用事臣靳尚妒害其能

楚辭集注八卷

宋朱熹集注　明沈雲翔輯評　清乾隆
五十三年（1788）刻朱墨套印本

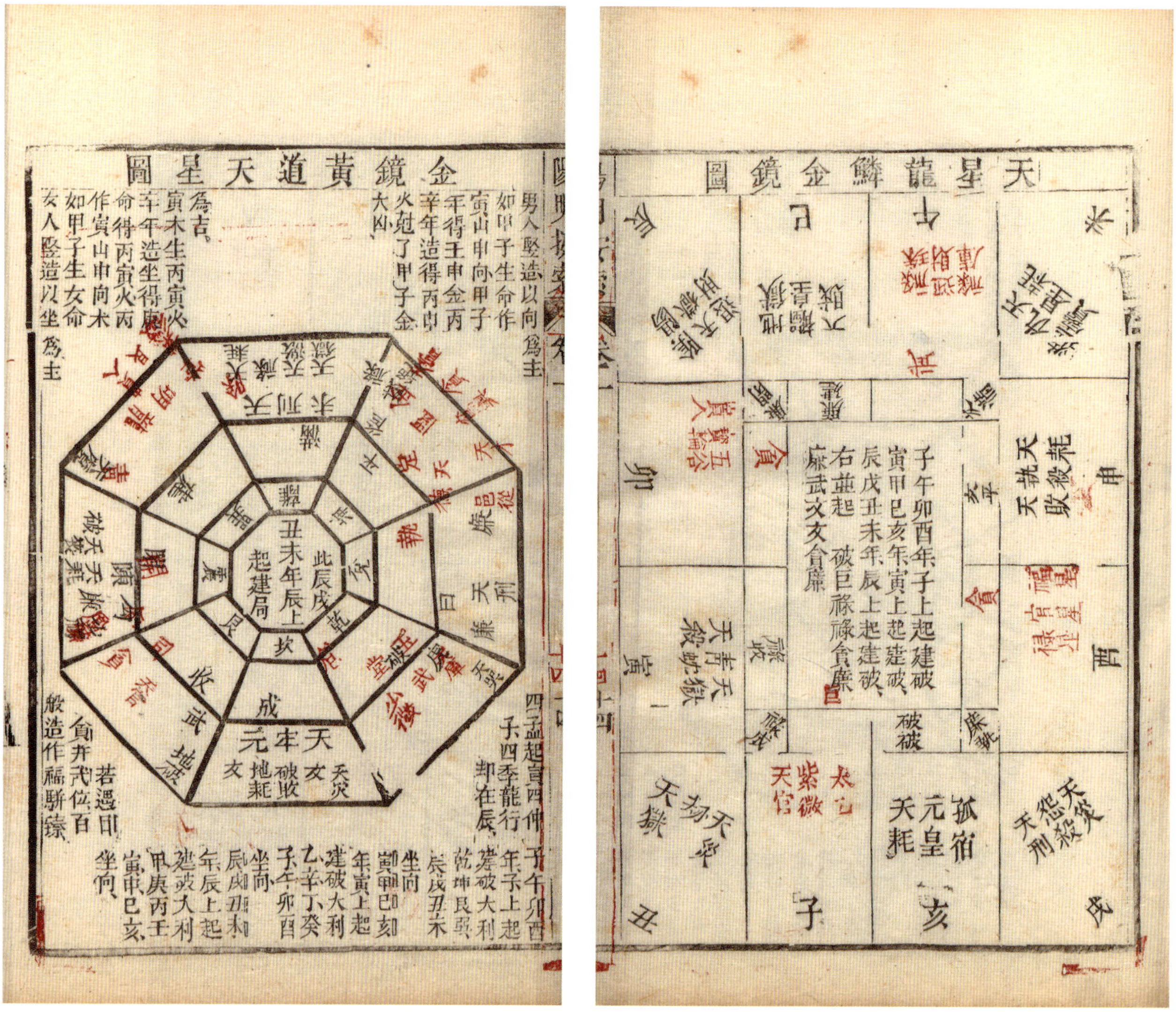

陰陽五要奇書

明江之棟輯　清顧鶴庭重輯　清乾隆
五十五年（1790）顧氏樂真堂刻朱墨
套印本

右頁：

此宜閣增訂金批西廂卷一

題目正名

老夫人開春院

崔鶯鶯燒夜香

小紅娘傳好事

張君瑞鬧道場

一部書十六章而其第一章大筆特書

曰老夫人開春院罪老夫人也雖在別

左頁（西廂記 卷二）：

寫而生分定紅

這生二字如何不斷朝夫子起

云綢繆非人力

子仄平一句俏聖嘆之瞥然也

所為天意耳此

俗而粗且小鳥紗小

段說下世間草

數語聲律亦不諧

木句意相通

物應早早成變作對也

原本休道道生

字不可去

另上聲

年紀冠後生視

如作者之意直道這樣人

此曲可云惡劣

此簡增下幾個

親字極如原本

扮又素淨

右第九節先寫張生是一情種

曾聞才子多情若遇佳人薄倖常要擔閣了

人性命他的信行他的志誠你今夜親折證

天性聰俊力

夜夜教他孤

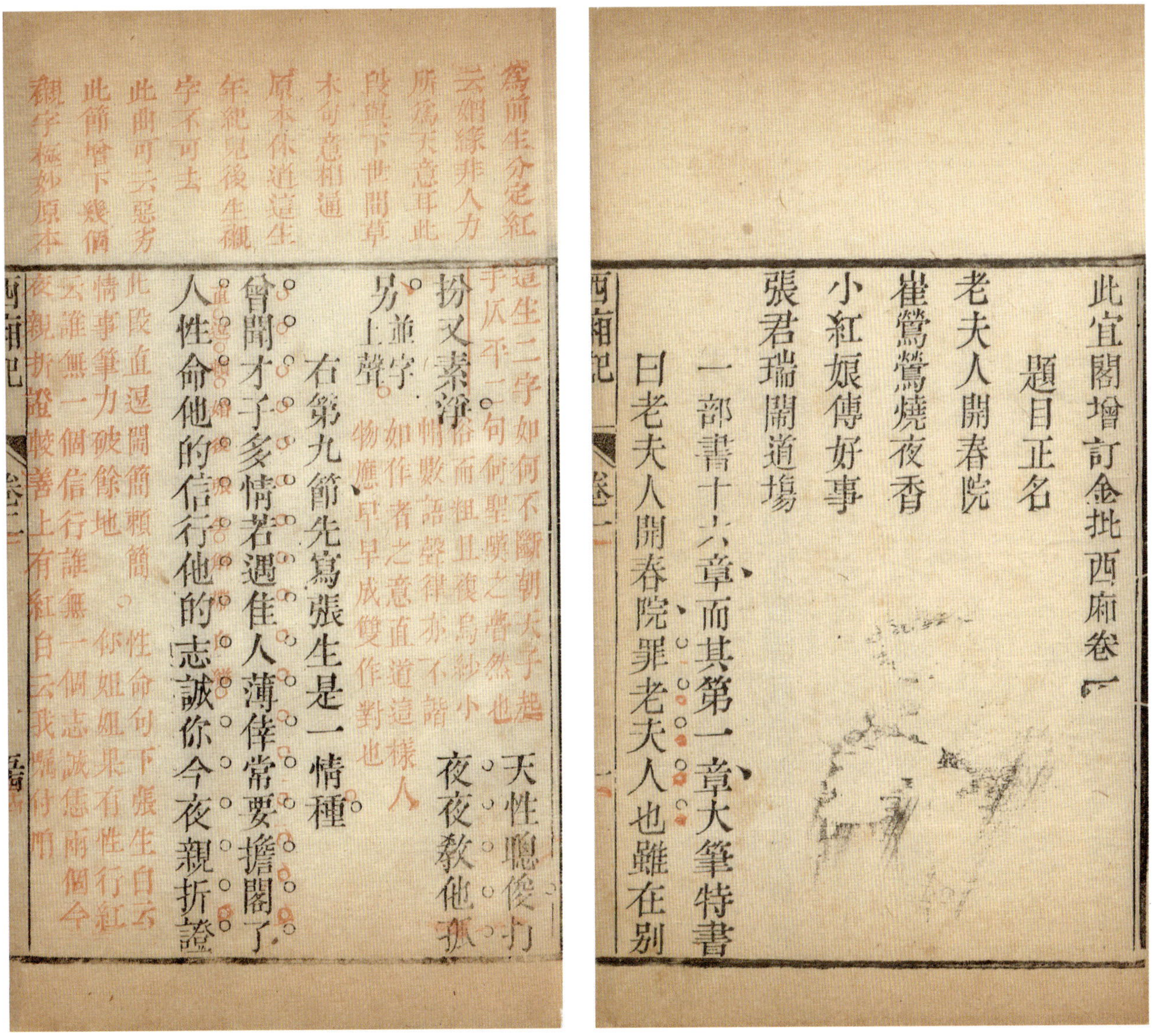

此宜閣增訂金批西廂記四卷首一卷末一卷

元王德信撰　清金人瑞評　清乾隆六十年
（1795）周氏此宜閣刻朱墨套印本

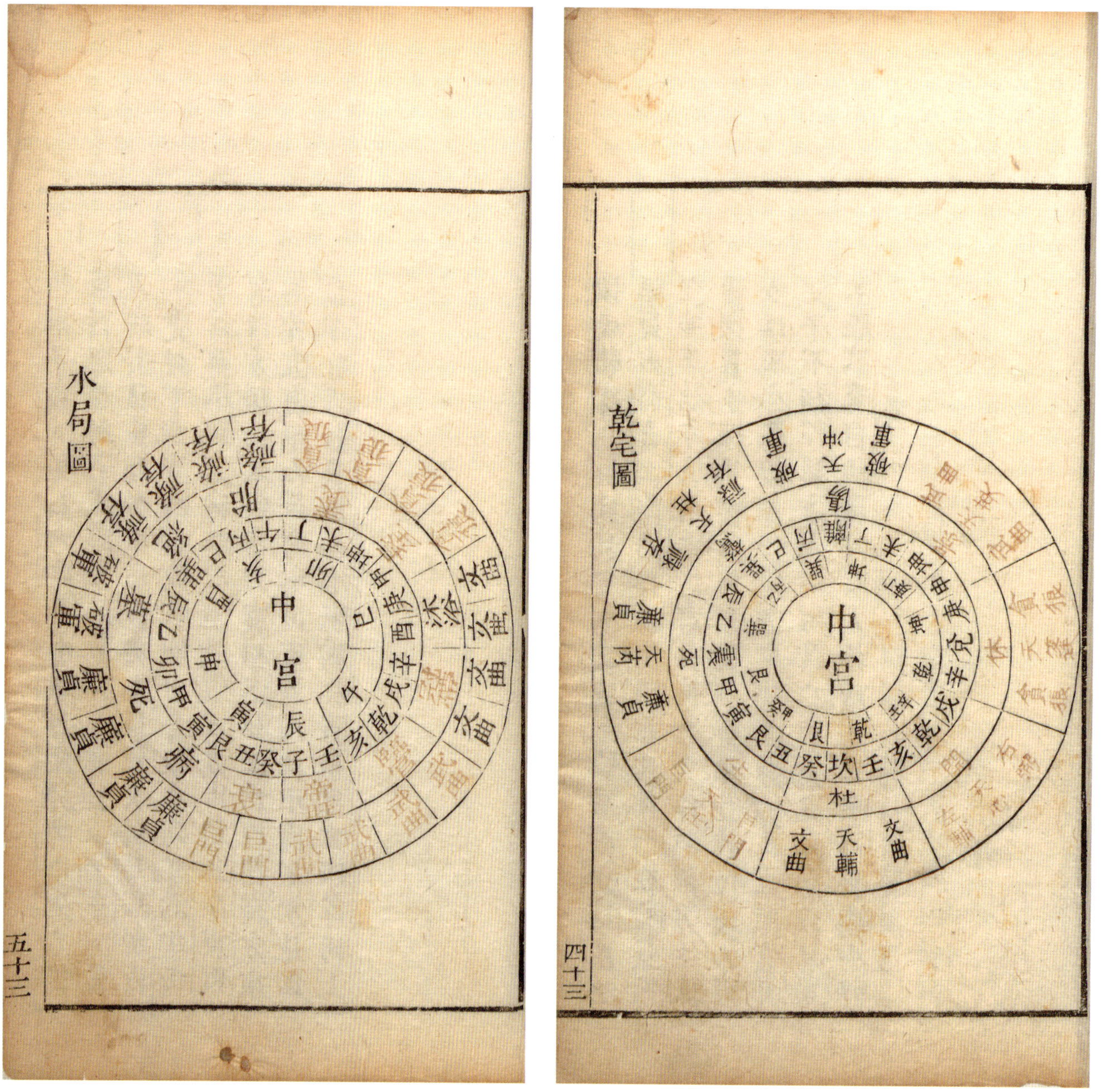

天鏡約旨二卷

□□輯　清乾隆間刻朱墨套印本

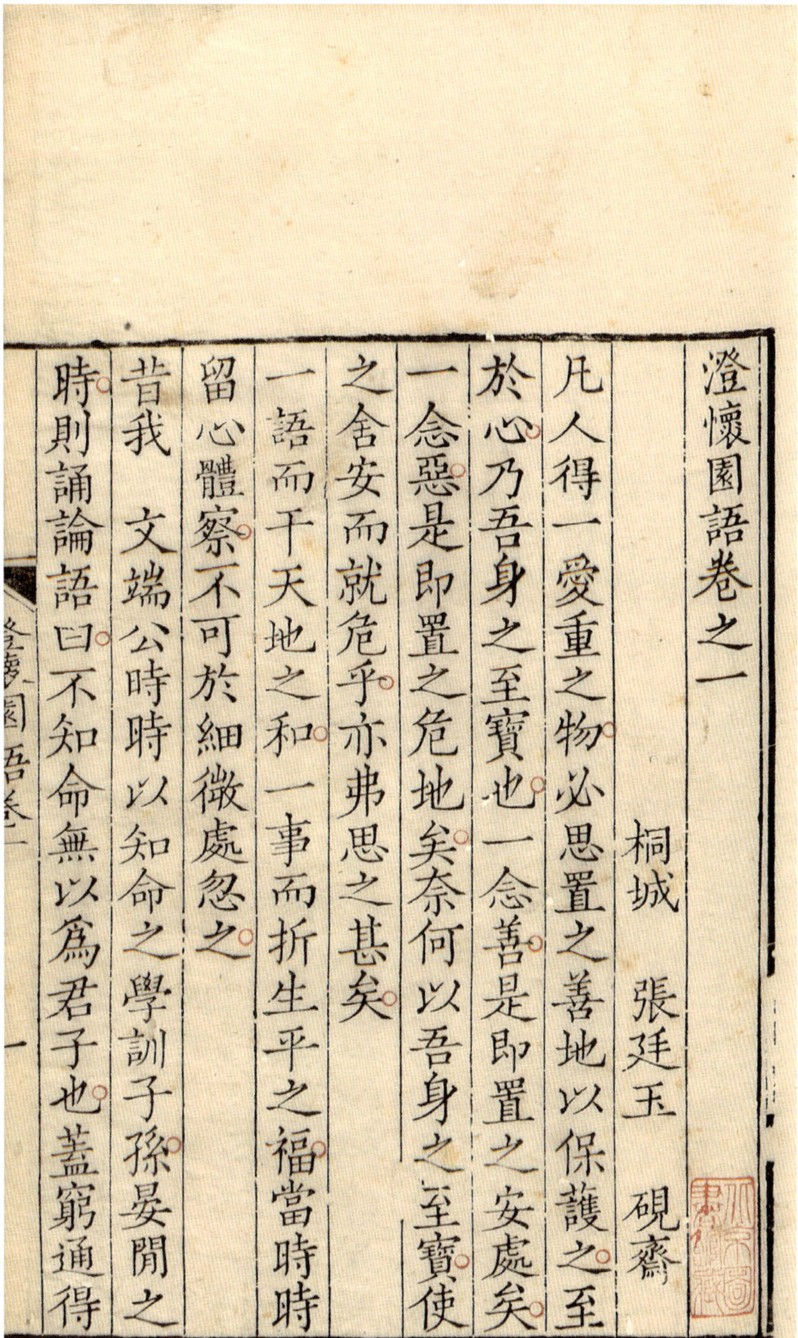

澄懷園語卷之一

桐城　張廷玉　硯齋

凡人得一愛重之物必思置之善地以保護之至於心乃吾身之至寶也一念善是即置之安處矣一念惡是即置之危地矣奈何以吾身之至寶使之舍安而就危乎亦弗思之甚矣

一語而干天地之和一事而折生平之福當時時留心體察不可於細微處忽之

昔我　文端公時時以知命之學訓子孫晏閒之時則誦論語曰不知命無以爲君子也蓋窮通得

澄懷園語卷一　一

澄懷園語四卷

清張廷玉撰　清乾隆間刻朱墨套印本

右頁

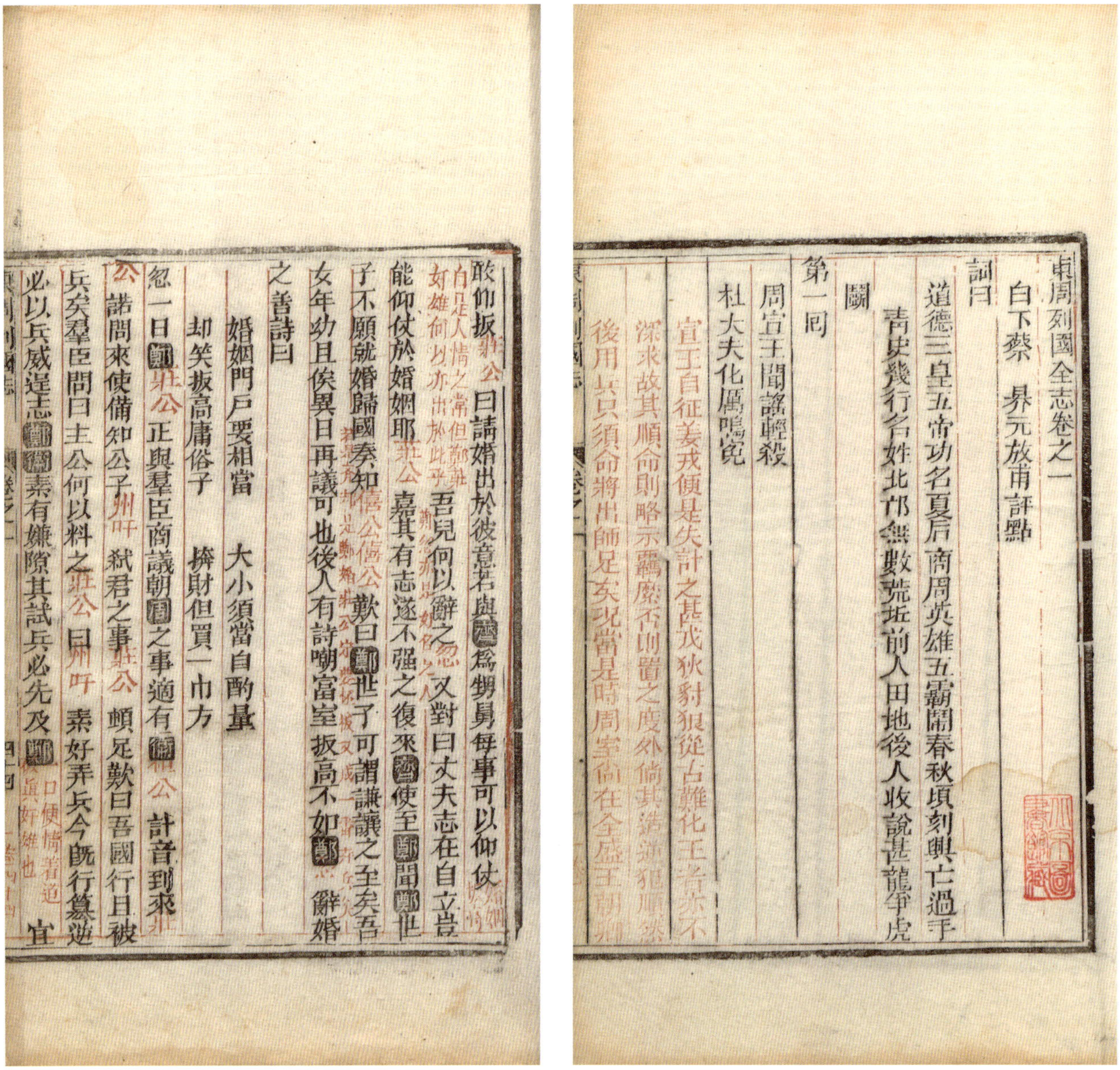

東周列國全志卷之一

白下蔡　昇元放甫評點

詞曰

道德三皇五帝功名夏后商周英雄五霸鬧春秋頃刻興亡過手

青史幾行名姓北邙無數荒坵前人田地後人收說甚龍爭虎

鬪

第一回

　周宣王聞謠輕殺

　杜大夫化厲鳴冤

宣王自征姜戎便是失計之甚戎狄豺狼從古難化王者示不

深求故其順命則略示霸糜否則置之度外倘其誅逆狠順殺

後用兵只須命將出師足矣況當是時周室尚在全盛王朝

左頁

敢伊扳莊公　曰請婚出於彼意若與媒為甥舅每事可以仰仗

能仰仗於婚姻耶　莊公嘉其有志遂不強　又對曰丈夫志在自立豈

子不願就婚歸國奏知　之世了可謂謙讓之至矣吾　使至聞聞世

女年幼且俟異日再議可也後人有詩嘲富室扳高不如鄭

之善詩曰

婚姻門戶要相當　　大小須當自酌量

却笑扳高庸俗子　　擡財但買一巾方

忽一日　公正與羣臣商議朝　之事適有　公

諸聞來使備知公子州吁　弒君之事莊公頓足歎曰吾國行日被

公　　正與羣臣商議子州吁　弒君之事莊公曰州吁

兵矣羣臣問曰主公何以料之莊公曰素好弄兵今餓行篡逆

必以兵威逞志　　素有嫌隙其試兵必先及　宜

東周列國全志二十三卷一百八回

清蔡奡評點　清乾隆間刻朱墨套印本

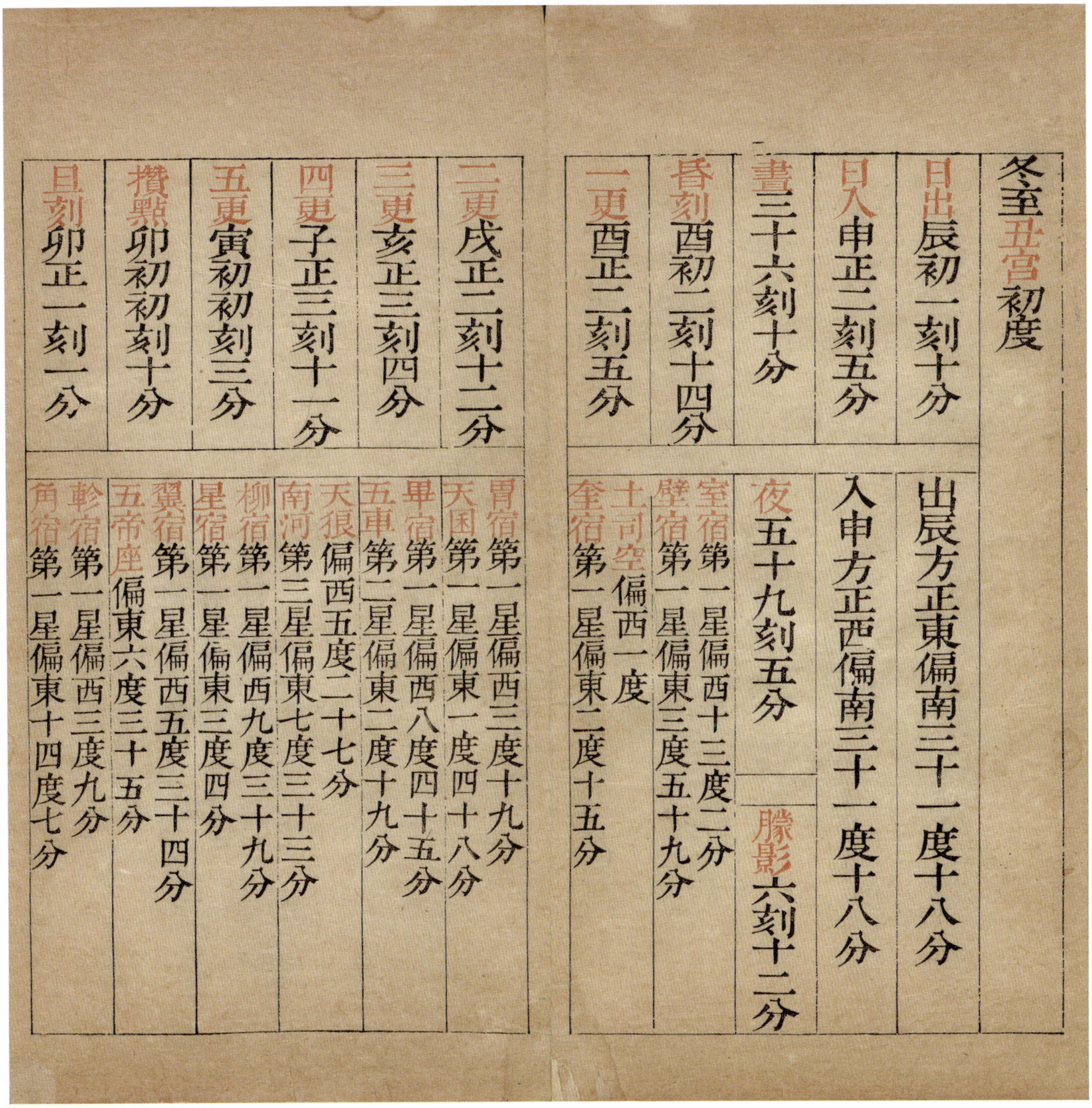
冬至丑宮初度
日出辰初一刻十分
日入申正三刻五分
晝三十六刻十分
昏刻酉初二刻十四分
一更酉正二刻五分
出辰方正東偏南三十一度十八分
入申方正西偏南三十一度十八分
夜五十九刻五分
朦影六刻十二分
室宿第一星偏西十三度二分
壁宿第一星偏東三度五十九分
土司空偏西一度
奎宿第一星偏東二度十五分
二更戌正二刻十二分
三更亥正三刻四分
四更子正三刻十一分
五更寅初初刻三分
攢點卯初初刻十分
旦刻卯正一刻一分
胃宿第一星偏西三度十九分
天囷第一星偏東一度四十八分
畢宿第一星偏西八度四十五分
五車第二星偏東二度十九分
天狼偏西五度二十七分
南河第三星偏東七度三十三分
柳宿第一星偏西九度三十九分
星宿第一星偏東三度四分
翼宿第一星偏西五度三十四分
五帝座偏東六度三十五分
軫宿第一星偏西三度九分
角宿第一星偏東十四度七分

萬年中星更録三垣恒星圖説各省北極高度偏度表不分卷

清乾隆間内府刻朱墨套印本

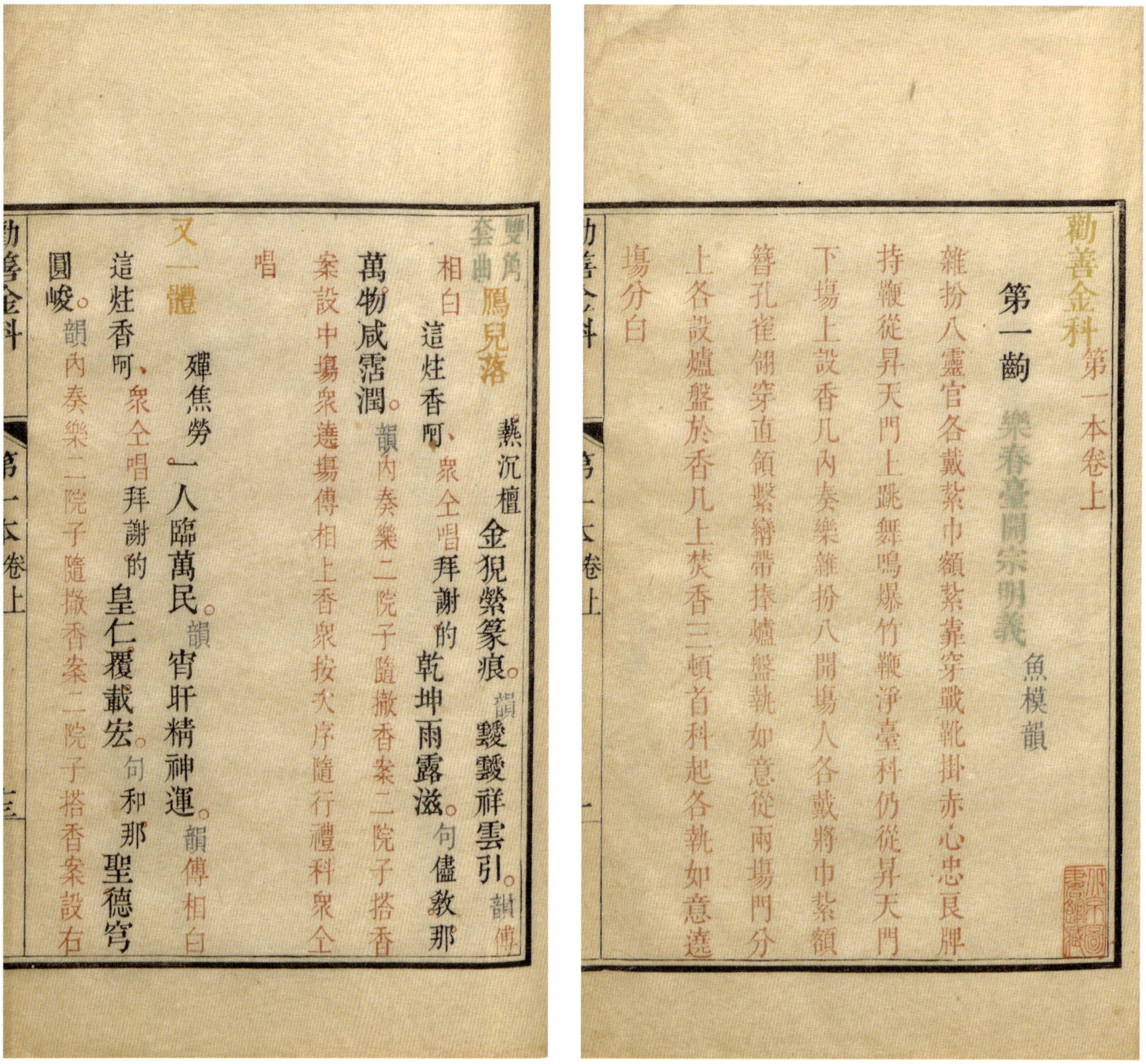
勸善金科第一本卷上
第一齣　樂春臺開宗明義　魚模韻
雜扮八靈官各戴紮巾額紮靠穿戰靴掛赤心忠良牌
持鞭從昇天門上跳舞鳴爆竹鞭淨臺科仍從昇天門
下場上設香几內奏樂雜扮八開場人各戴將巾紥額
簪孔雀翎穿直領繫鸞帶捧爐盤執如意從兩場門分
上各設爐盤於香几上焚香三頓首科起各執如意遶
場分白
雙角套曲　鴈兒落　爇沉檀金猊縈篆痕。韻 靉靉祥雲引。韻 傳
相白　這炷香呵、衆仝唱拜謝的乾坤雨露滋。句 儘教那
萬物咸霑潤。韻 內奏樂二院子隨撒香案二院子搭香
案設中場衆遶場傳相上香衆按次序隨行禮科衆仝
唱
又一體　殫焦勞一人臨萬民。韻 宵旰精神運。韻 傳相白
這炷香呵、衆仝唱拜謝的皇仁覆載宏。句 和那聖德穹
圓峻。韻 內奏樂二院子隨撒香案二院子搭香案設右
勸善金科　第一本卷上　三

勸善金科十本二十卷

清張照等撰　清乾隆間內府五色套印本

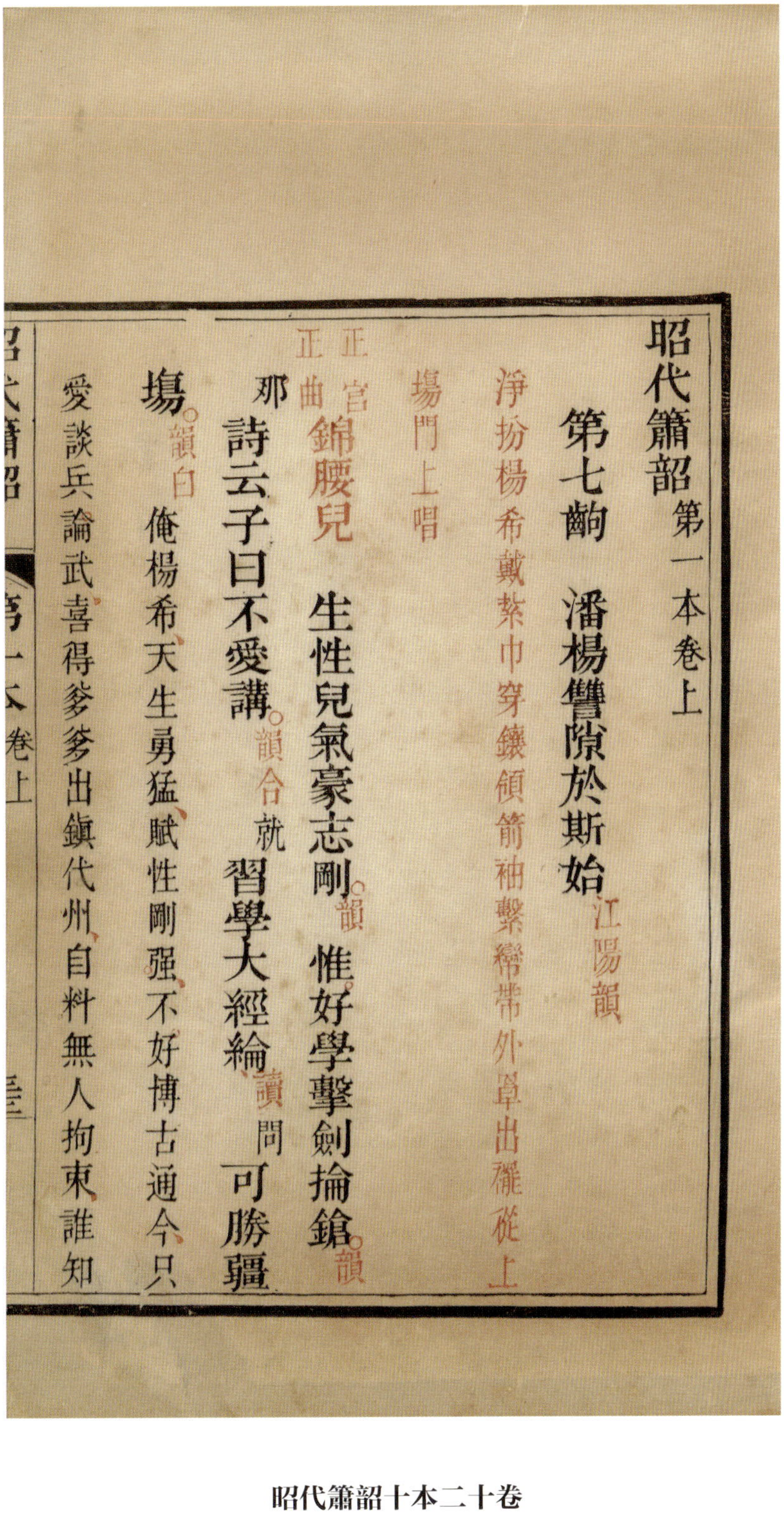

昭代簫韶第一本卷上

第七齣　潘楊讐隙於斯始江陽韻

淨扮楊希戴紮巾穿鑲領箭袖繫鸞帶外罩出擺從上場門上唱

正宮正曲錦腰兒　生性兒氣豪志剛。韻　惟好學擊劍掄鎗。韻　那詩云子曰不愛講。韻合　就習學大經綸讀　問可勝疆場。韻白　俺楊希天生勇猛、賦性剛强、不好博古通今、只愛談兵論武、喜得爹爹出鎮代州、自料無人拘束、誰知

昭代簫韶　第一本　卷上　三

昭代簫韶十本二十卷

清王廷章、清范文賢等撰　清乾隆間内府朱墨套印本

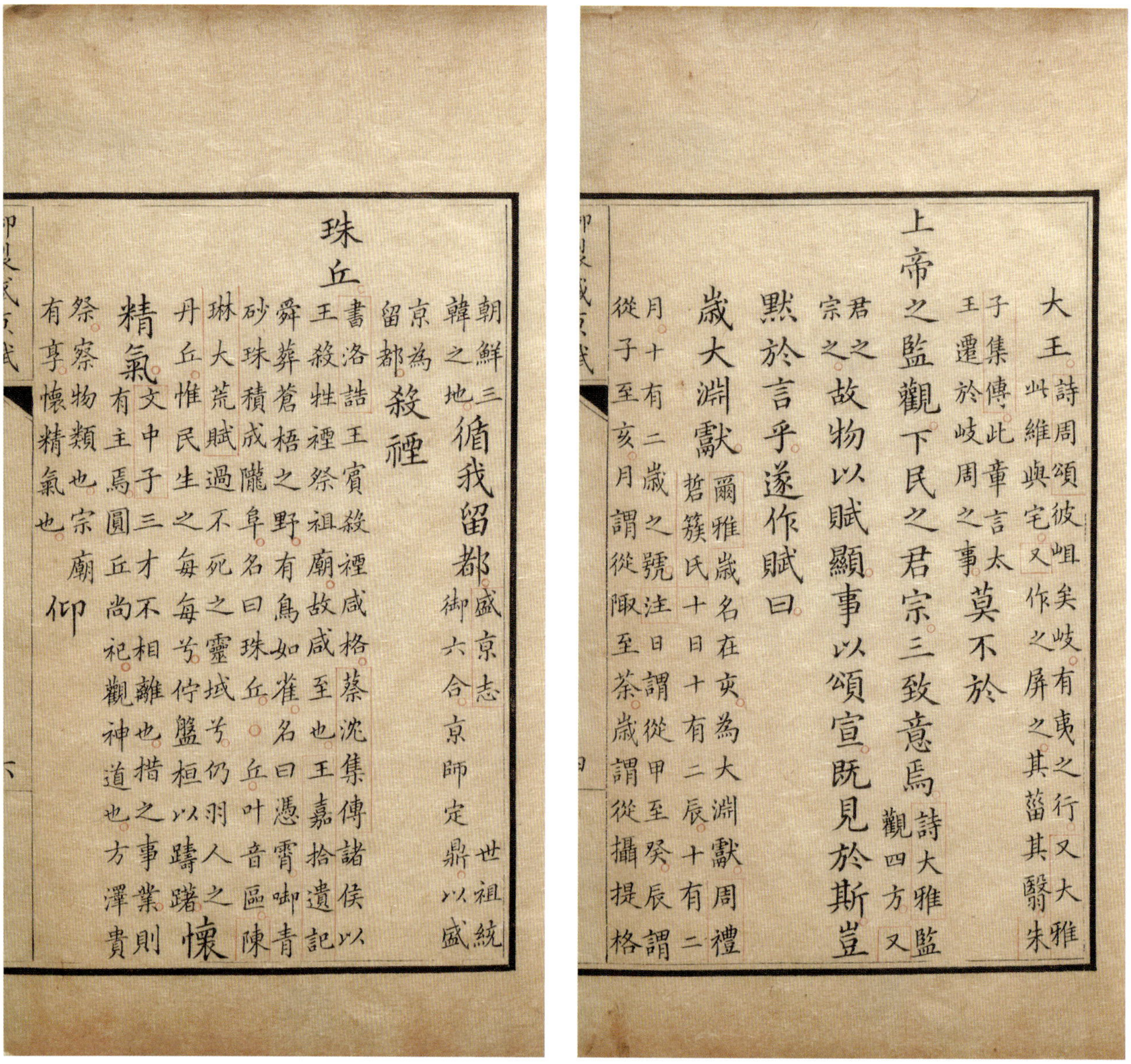

大王詩周頌彼徂矣岐有夷之行又大雅此維與宅又作之屏之其菑其翳朱子集傳此章言太王遷於岐周之事莫不於
上帝之監觀下民之君宗三致意焉詩大雅監觀四方又君之宗之故物以賦顯事以頌宣既見於斯豈默於言乎遂作賦曰
歲大淵獻爾雅歲名在亥為大淵獻周禮哲簇氏十日十有二辰十有二月十有二歲之號注日謂從甲至癸辰謂從子至亥月謂從陬至荼歲謂從攝提格

朝鮮三韓之地循我留都盛京志世祖統御六合京師定鼎以盛京為留都殺禋
珠丘書洛誥王賓殺禋咸格蔡沈集傳諸侯以王殺牲禋祭祖廟故咸至也王嘉拾遺記舜葬蒼梧之野有鳥如雀名曰憑霄啣青砂珠積成隴阜名曰珠丘丘叶音區陳琳大荒賦過不死之靈域兮仍羽人之丹丘惟民生之每每兮佇盤桓以躊躇懷
精氣文中子三才不相離也措之事業則有主焉圓丘尚祀觀神道也方澤貴祭察物類也宗廟有享懷精氣也仰

御製盛京賦一卷

清高宗弘曆撰　清乾隆間武英殿刻
朱墨套印本

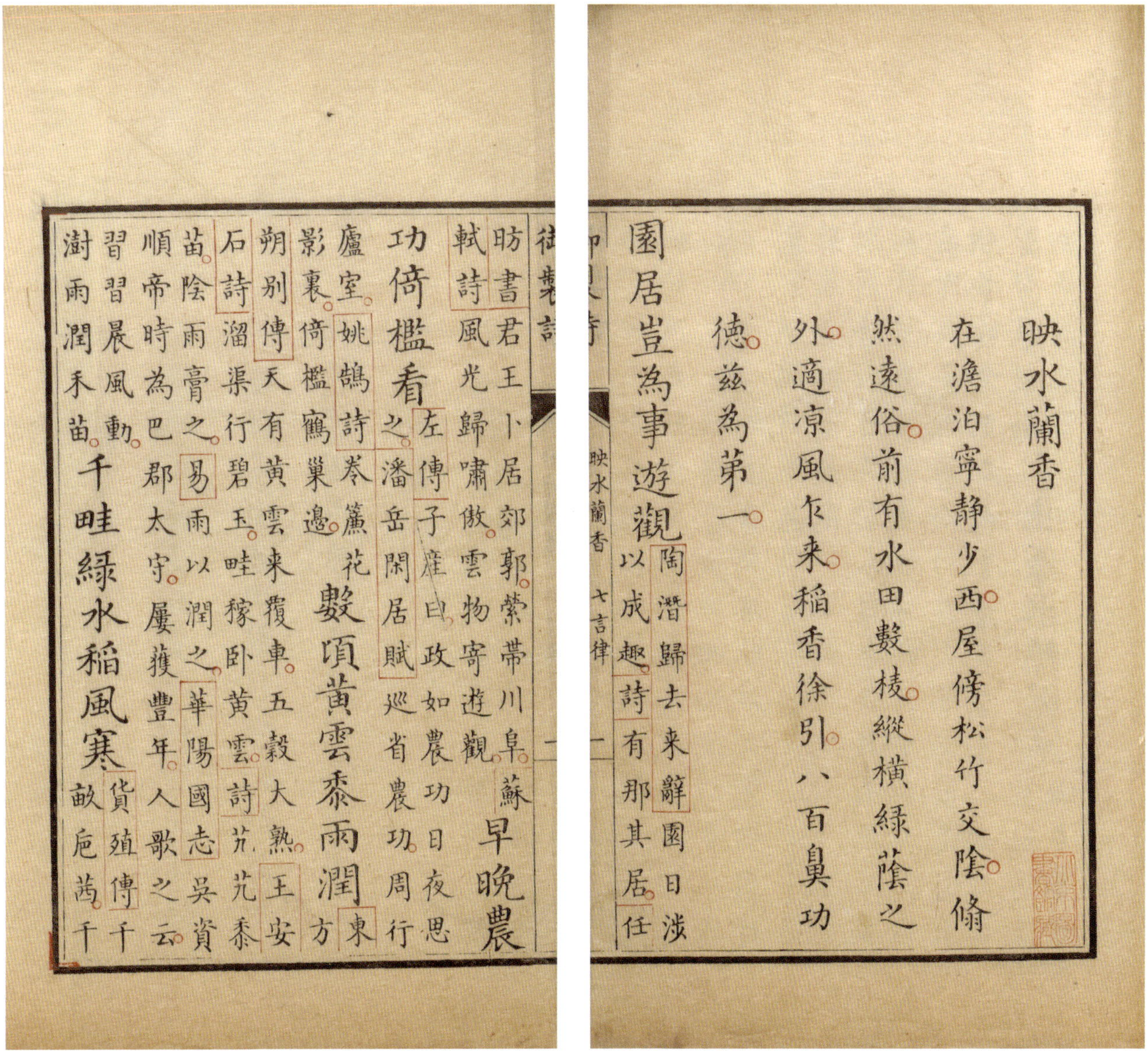

映水蘭香

在澹泊寧静少西屋傍松竹交陰脩然遠俗前有水田數棱縱横緑蔭之外適涼風乍来稲香徐引八百㚖功徳兹為第一

園居豈為事遊觀陶潛歸去来辭園日涉以成趣詩有那其居任昉書君王卜居郊郭縈帶川阜蘇軾詩風光歸嘯傲雲物寄遊觀早晚農功倚檻看左傳子産曰政如農功日夜思之潘岳閑居賦巡省農功周行廬室姚鵠詩叅薰花影裏倚檻鶴巢邊數頃黄雲黍雨潤東方朔別傳天有黄雲来覆車五穀大熟王安石詩溜渠行碧玉畦稼卧黄雲詩芃芃黍苗陰雨膏之易雨以潤之華陽國志吳資順帝時為巴郡太守屢獲豐年人歌之云習習晨風動澍雨潤禾苗千畦緑水稲風寒貨殖傳千畝卮茜千

御製詩 映水蘭香 七言律 一

御製圓明園詩二卷

清世宗胤禛撰　清鄂爾泰、清張廷玉等注
清乾隆間武英殿刻朱墨套印本

甲子生命作
山申向甲子
得壬申金丙
年造得丙申
兌了甲子金
凶。

吉。
不生丙寅火
年造坐得庚
得丙寅火丙
寅山申向木
甲子生亥命

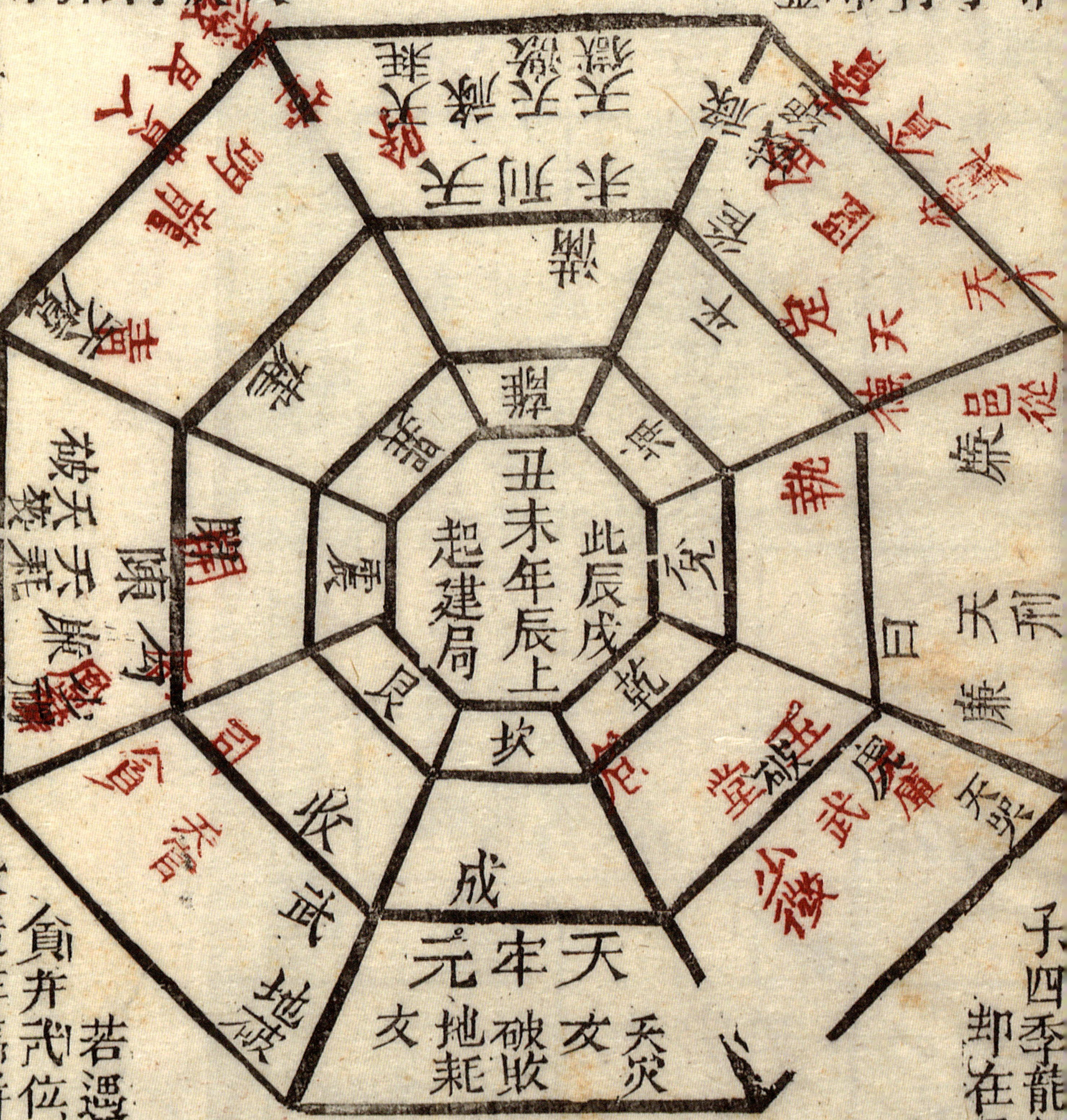

子四季龍行
卽在辰、

若遇田
貟并武位百

年子
差破
乾坤
辰戌
坐向
寅申
年寅
建破
乙辛
子午
坐向
辰戌
年辰
建破
甲庚
寅申
坐向

嘉慶

清代套印本圖錄

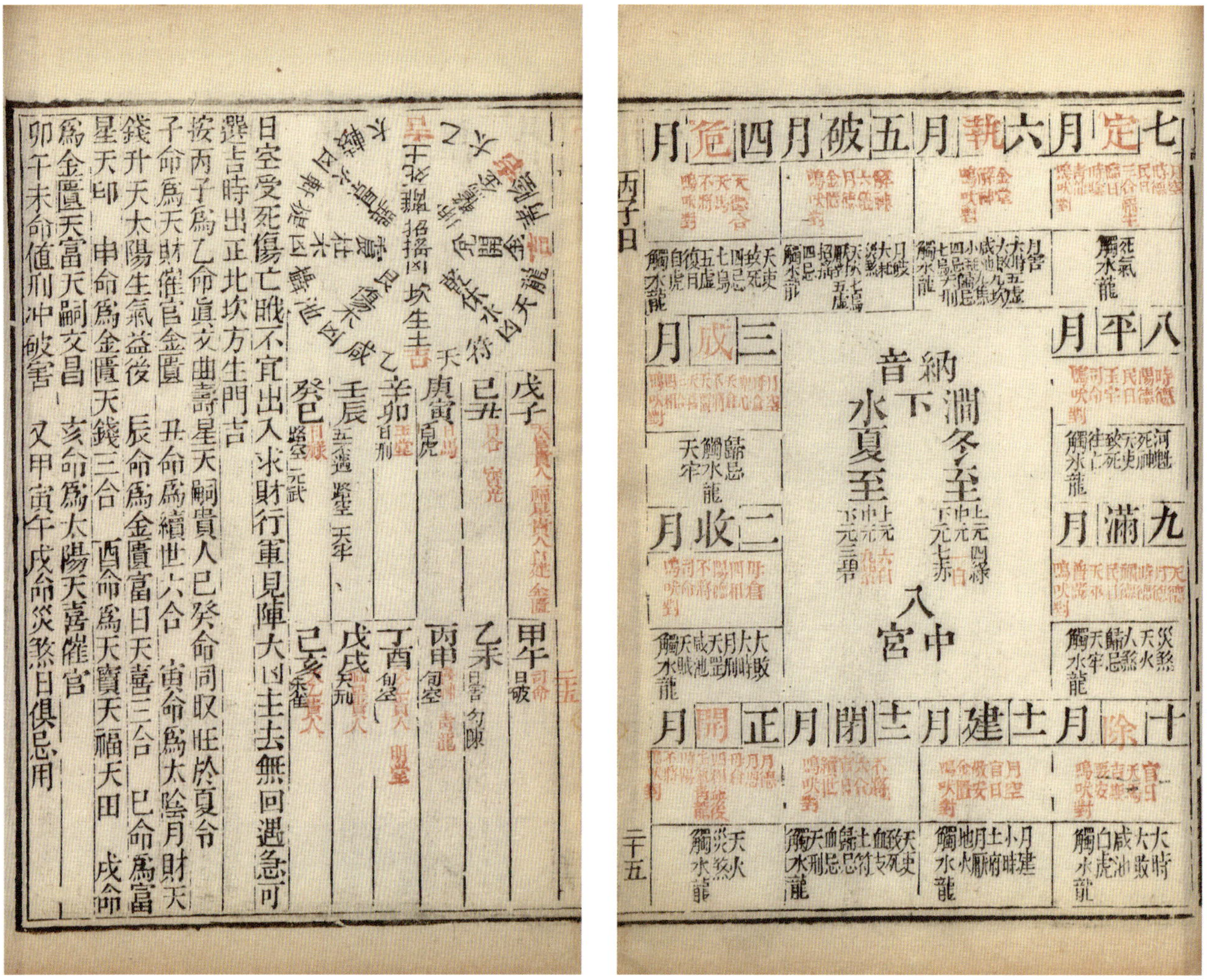

諏吉寶鏡不分卷

清俞榮寬輯　清嘉慶二年（1797）刻
朱墨套印本

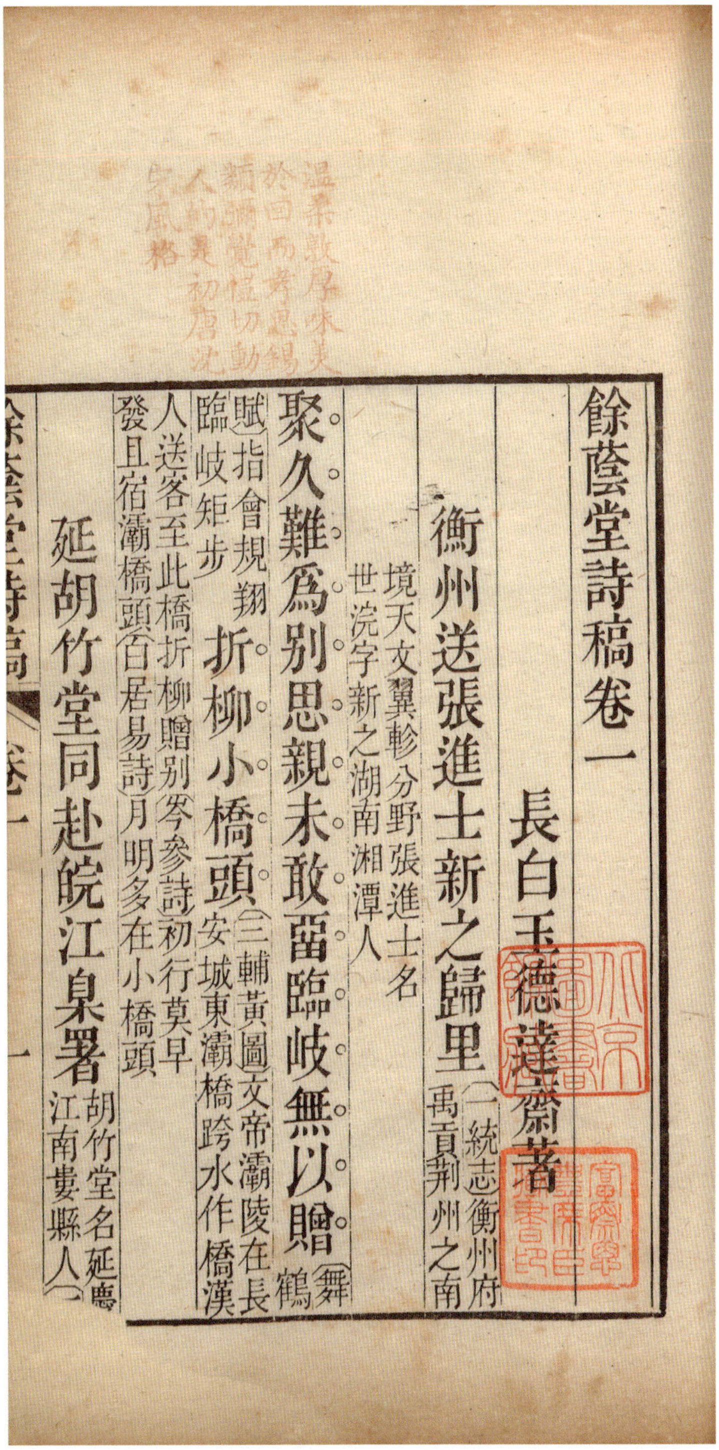
溫柔敦厚味美於回而考思錫類蹣覺悽切動人的是初唐沈宋風格

餘蔭堂詩稿卷一

長白玉德達齋著

衡州送張進士新之歸里（一統志衡州府禹貢荊州之南境天文翼軫分野張進士名世浣字新之湖南湘潭人）

聚久難爲別思親未敢畱臨岐無以贈（舞鶴賦指會規翔臨岐矩步）折柳小橋頭（三輔黃圖文帝灞陵在長安城東灞橋跨水作橋漢人送客至此橋折柳贈別岑參詩初行莫早發且宿灞橋頭白居易詩月明多在小橋頭）

延胡竹堂同赴皖江臬署（胡竹堂名延慶江南婁縣人（一

餘蔭堂詩稿　卷一　一

餘蔭堂詩稿二卷

清玉德撰　清嘉慶四年（1799）江德地刻
朱墨套印本

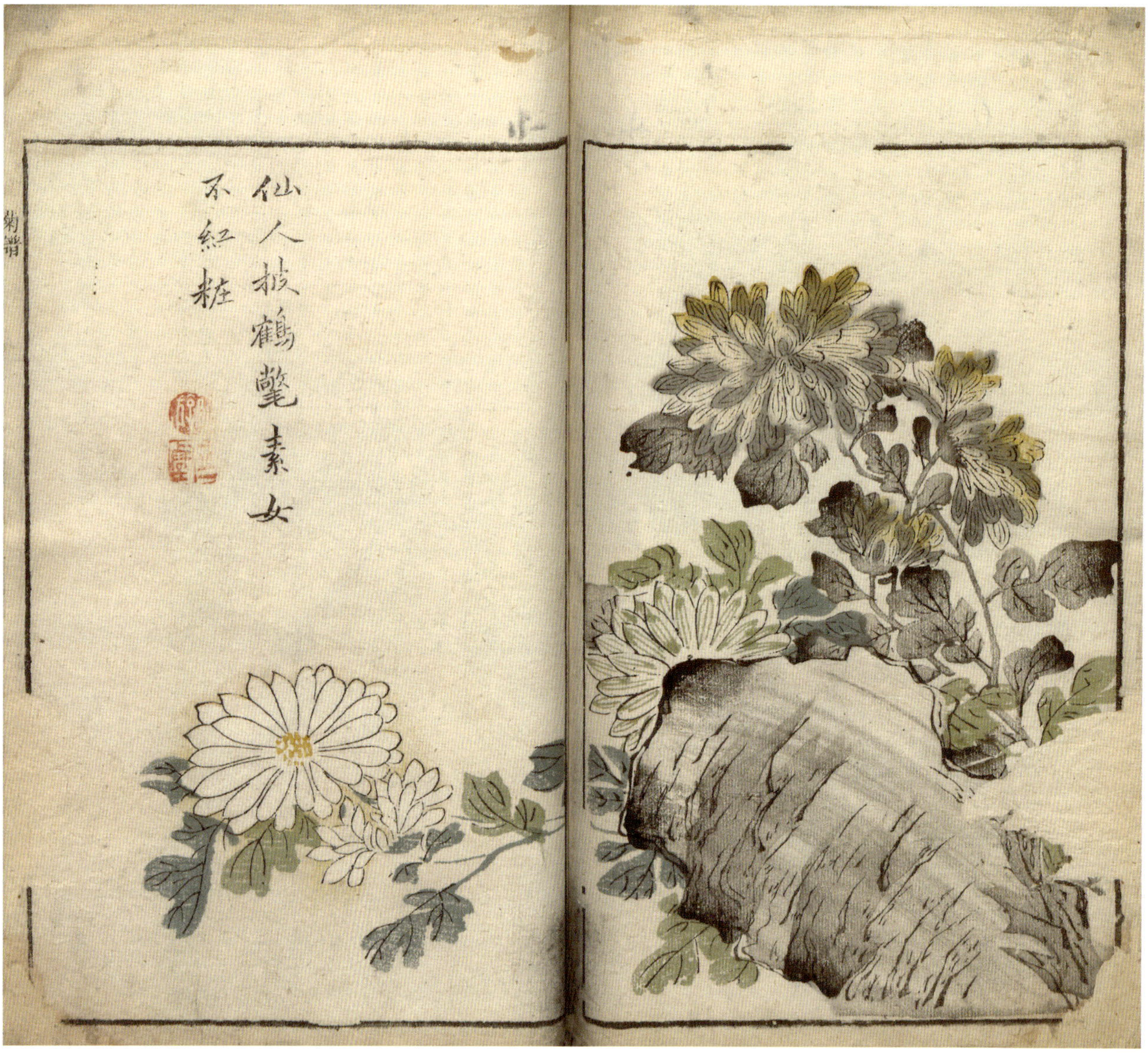
仙人披鶴氅素女不紅粧
菊譜

芥子園畫傳二集八卷

清王槩、清王蓍、清王臬輯　清嘉慶五年（1800）金陵文光堂刻彩色套印本

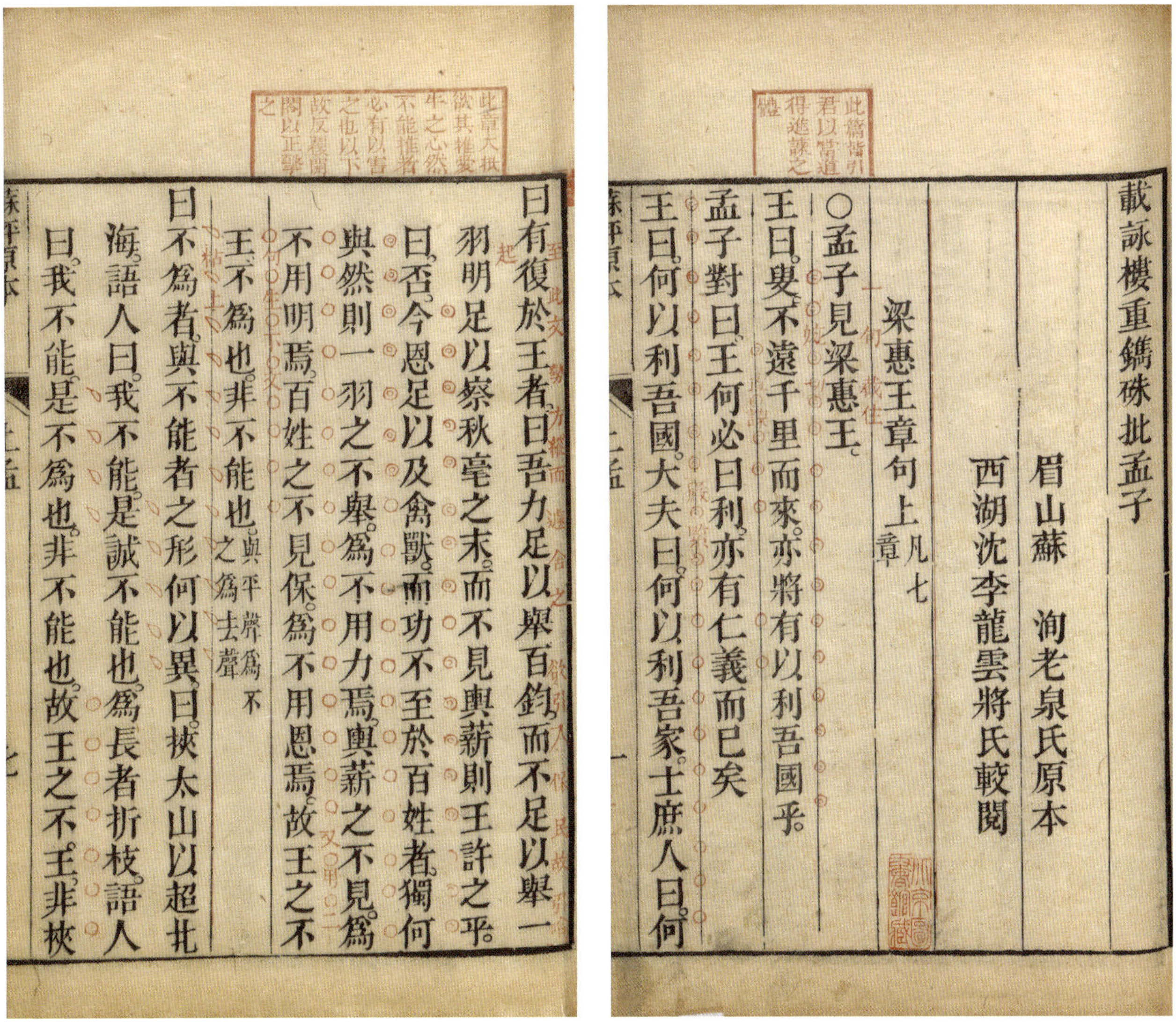
載詠樓重鐫硃批孟子
眉山蘇　洵老泉氏原本
西湖沈李龍雲將氏較閱
梁惠王章句上凡七章
○孟子見梁惠王。
王曰。叟不遠千里而來。亦將有以利吾國乎。
孟子對曰。王何必曰利。亦有仁義而已矣。
王曰何以利吾國。大夫曰何以利吾家。士庶人曰何

曰有復於王者。曰吾力足以舉百鈞。而不足以舉一
羽。明足以察秋毫之末。而不見輿薪。則王許之乎。
曰否。今恩足以及禽獸。而功不至於百姓者。獨何
與。然則一羽之不舉。爲不用力焉。輿薪之不見。爲
不用明焉。百姓之不見保。爲不用恩焉。故王之不
王。不爲也。非不能也。與平聲爲不之爲去聲
曰不爲者。與不能者之形何以異。曰挾太山以超北
海。語人曰我不能。是誠不能也。爲長者折枝。語人
曰我不能。是不爲也。非不能也。故王之不王。非挾

蘇老泉批評孟子真本二卷

宋蘇洵評　清嘉慶八年（1803）慎詒堂刻
朱墨套印本

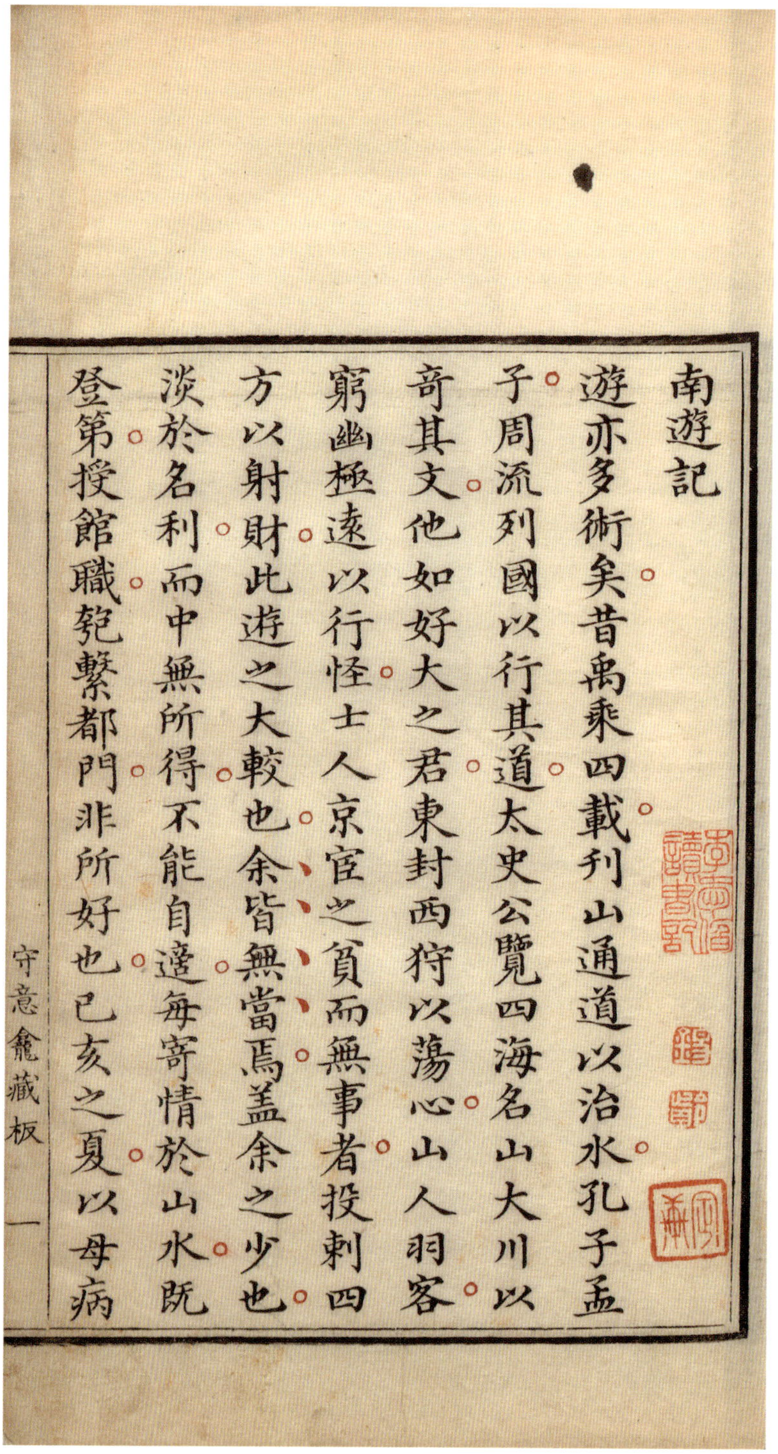

南遊記
遊亦多術矣昔禹乘四載刊山通道以治水孔子孟子周流列國以行其道太史公覽四海名山大川以奇其文他如好大之君東封西狩以蕩心山人羽客窮幽極遠以行怪士人京官之貧而無事者投刺四方以射財此遊之大較也余皆無當焉盖余之少也淡於名利而中無所得不能自遣每寄情於山水既登第授館職匏繫都門非所好也已亥之夏以母病

守意龕藏板　一

南遊記一卷

清孫嘉淦撰　清嘉慶十年（1805）
守意龕刻朱墨套印本

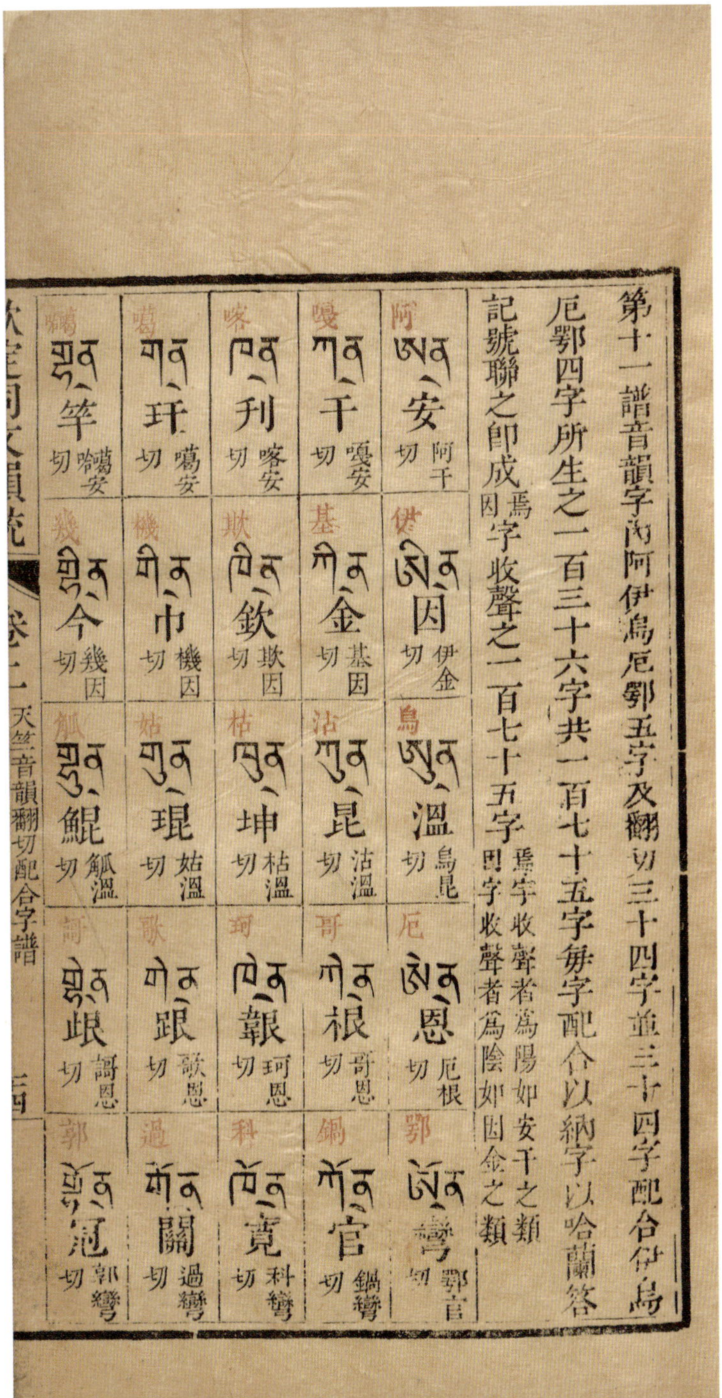

第十一譜音韻字內阿伊烏厄鄂五字及翻切三十四字並三十四字配合伊烏厄鄂四字所生之一百三十六字共一百七十五字每字配合以納字以哈蘭答記號聯之即成一字收聲之一百七十五字（焉字收聲者為陽如安干之類　因字收聲者為陰如因金之類）

阿　安　阿干切	嘎　干　嘎安切	喀　刊　喀安切	噶　玕　噶安切	嘮噶　竿　嘮噶安切
伊　因　伊金切	基　金　基因切	欺　欽　欺因切	機　巾　機因切	幾　今　幾因切
烏　溫　烏昆切	沽　昆　沽溫切	枯　坤　枯溫切	姑　琨　姑溫切	觚　鯤　觚溫切
厄　恩　厄根切	哥　根　哥恩切	珂　䫴　珂恩切	歌　跟　歌恩切	謌　哏　謌恩切
鄂　彎　鄂官切	鍋　官　鍋彎切	科　寬　科彎切	過　關　過彎切	郭　冠　郭彎切

欽定同文韻統　卷二　天竺音韻翻切配合字譜　五

欽定同文韻統六卷

清允禄等輯　清嘉慶十五年（1810）
武英殿刻朱墨套印本

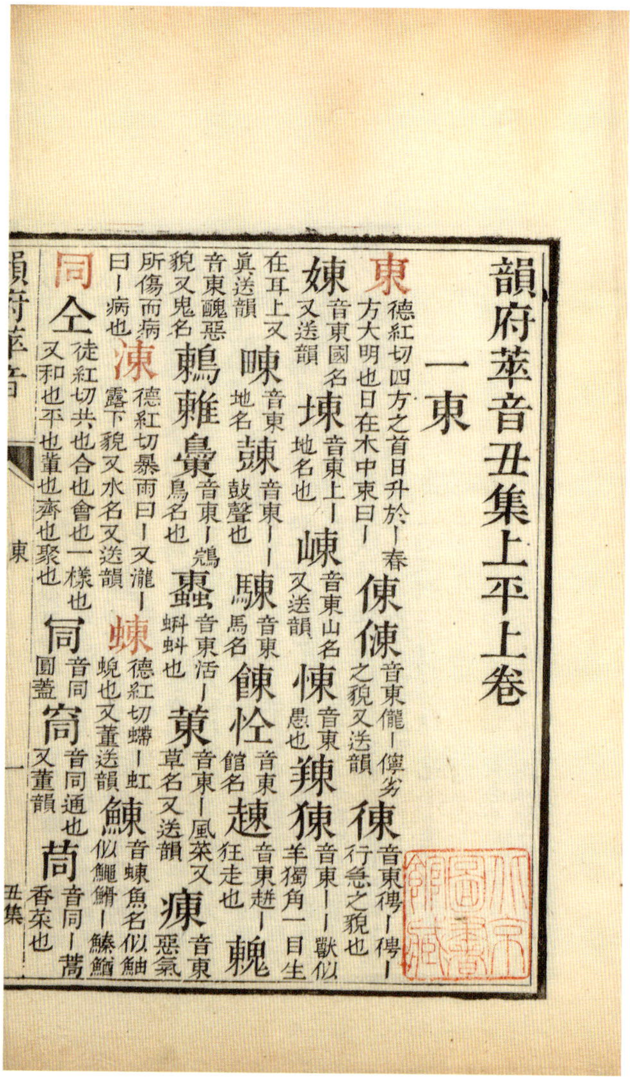

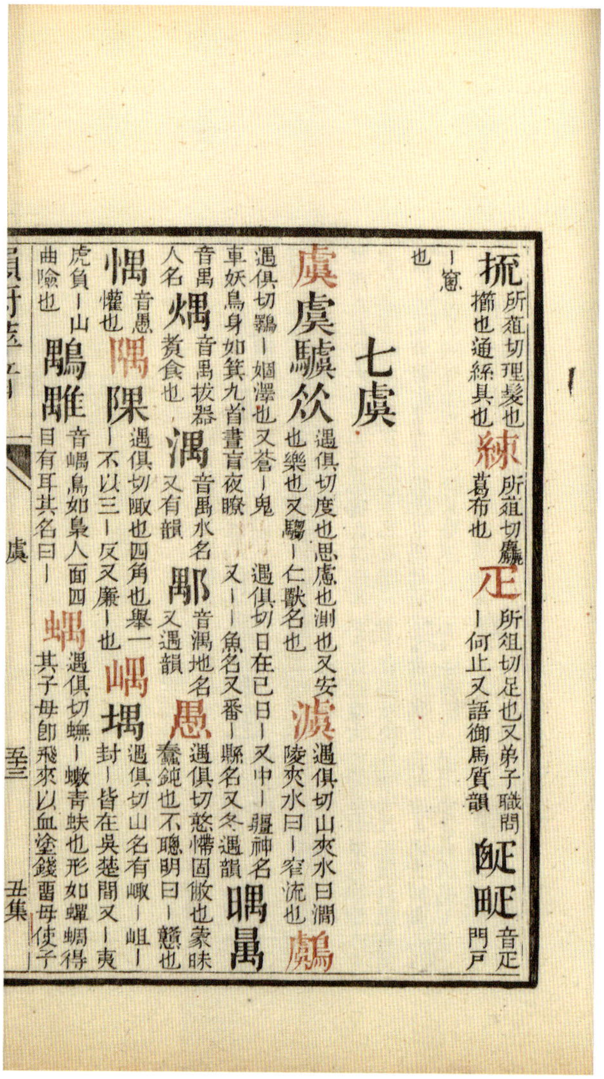

韻府萃音十二卷

清龍柏纂　清嘉慶十五年（1810）心簡齋
廣州刻朱墨套印本

芥子園畫傳二集四種首一卷（青在堂蘭譜不分卷、青在堂竹譜不分卷、青在堂梅譜不分卷、青在堂菊譜不分卷）

清沈心友輯　清王質、清諸升繪　清王安節等編　清嘉慶二十二年（1817）芥子園煥記刻彩色套印本

十竹齋書畫譜（書畫册一卷石譜一卷翎毛譜一卷竹譜一卷
墨華册一卷梅譜一卷果譜一卷蘭譜一卷）

明胡正言輯　清嘉慶二十二年（1817）秀水王槩
芥子園刻彩色套印本

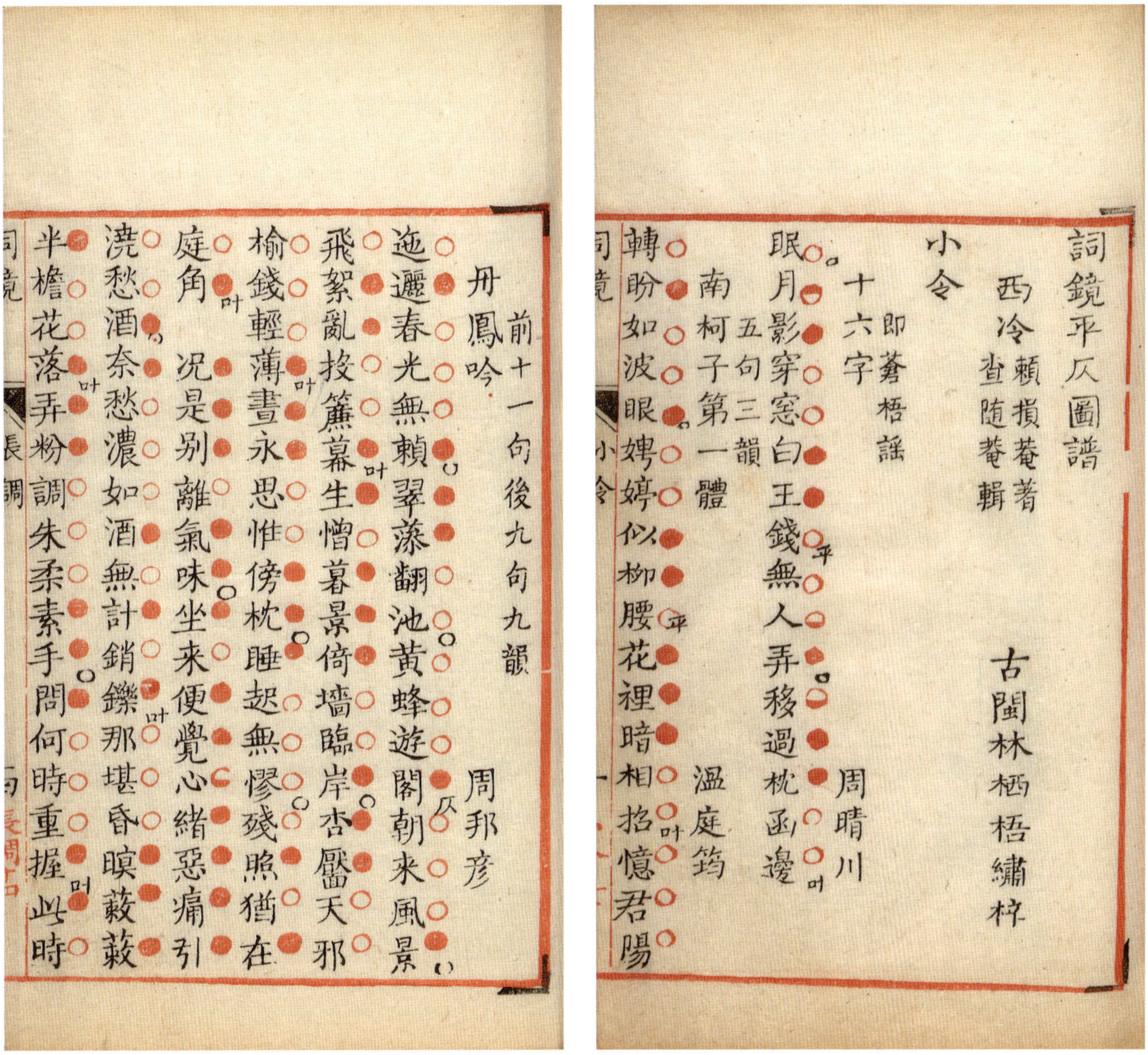
前十一句後九句九韻
冊鳳吟 周邦彥
迤邐春光無賴翠深翻池黃蜂遊閣朝來風景
飛絮亂投簾幕生憎暮景倚墻臨岸杏靨天邪
榆錢輕薄晝永思惟傍枕睡起無憀殘照猶在
庭角況是別離氣味坐來便覺心緒惡痛引
澆愁酒奈愁濃如酒無計銷鑠那堪昏暝蔌蔌
半檐花落弄粉調朱柔素手問何時重握此時
詞鏡平仄圖譜
西泠賴損菴著
查隨菴輯
古閩林栖梧繡梓
小令
十六字 即蒼梧謠 周晴川
眠月影穿窗白玉錢無人弄移過枕函邊
南柯子第一體 五句三韻 溫庭筠
轉盼如波眼娉婷似柳腰花裡暗相招憶君腸

詞鏡平仄圖譜三卷

清賴以邠撰　清查繼超輯　清嘉慶間古閩
林氏刻朱墨套印本

納音 澗下水

冬至 上元 中元 下元 四綠 一白 七赤

夏至 上元 中元 下元 六白 九紫 三碧

入中宮

定 六月 執 五月 破 四月 危

三合 臨日 時陰 青龍 鳴吠對

金堂 解神 鳴吠對

解神 六儀 月德 金匱 鳴吠對

天德合 天馬 不將 鳴吠對

死氣 觸水龍

月害 大時 大敗 咸池 小耗 四忌 七鳥 觸水龍 五虛 九坎 九焦 歸忌 天刑

月破 大耗 災煞 天獄 七鳥 厭對 五虛 招搖 四忌 觸水龍

天吏 致死 四忌 七鳥 五虛 復日 白虎

三月 成

月空 母倉 聖心 天倉 不將 天醫 天喜 三合

歸忌 觸水龍 天牢

二月 收

母倉 四相 陽德 不將 司命 鳴吠對

大敗 大時 月刑 天罡 咸池 天賊 觸水龍

平 月

民日 玉宇 司命 鳴吠對

天吏 致死 往亡 觸水龍

滿 月

福德 民日 天巫 普護 鳴吠對

大煞 歸忌 天牢 觸水龍

開 正月 閉 十二月 建 十一月 除

月德 月恩 母倉 四相 王氣 時陽 青龍

不將 六合 官日 續世 鳴吠對

月空 官日 敬安 金匱 鳴吠對

天馬 吉期 要安 鳴吠對

道光

清代套印本圖錄

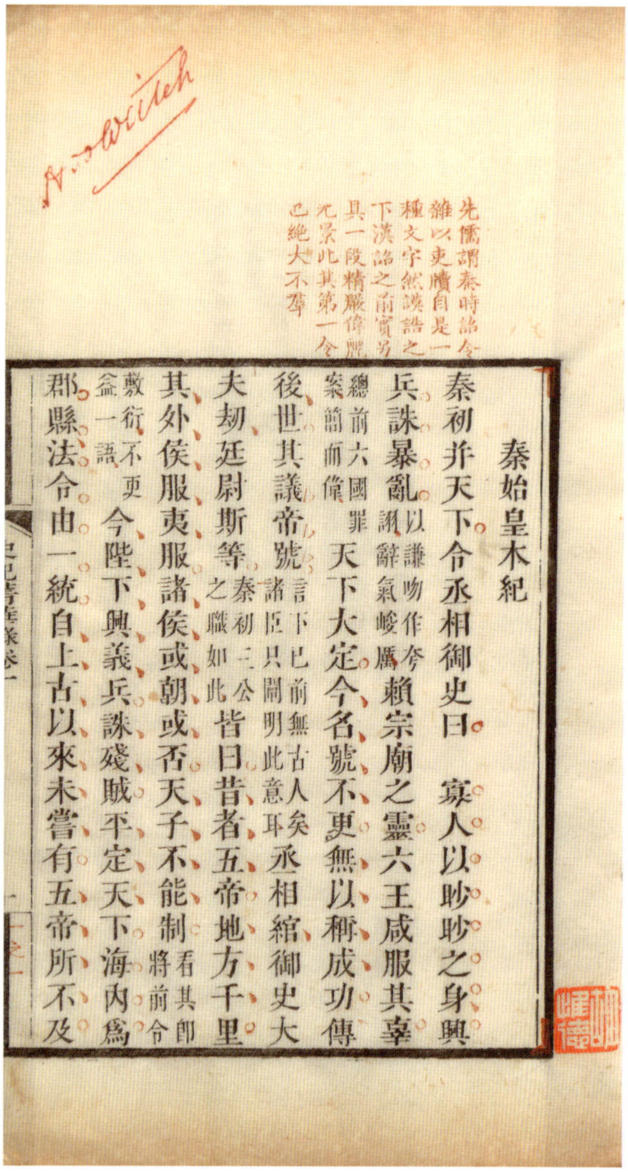
先儒謂秦時詔令雜以吏牘自是一種文字然謨誥之下漢詔之前實另具一段精嚴偉麗光景此其第一令已絕大不羣

秦始皇本紀

秦初并天下令丞相御史曰寡人以眇眇之身興兵誅暴亂（以謙吻作夸調辭氣峻厲）賴宗廟之靈六王咸服其辜（總前六國罪案簡而偉）天下大定今名號不更無以稱成功傳後世其議帝號（言下已前無古人矣諸臣只闡明此意耳）丞相綰御史大夫劫廷尉斯等（秦初三公之職如此）皆曰昔者五帝地方千里其外侯服夷服諸侯或朝或否天子不能制（看其即將前令敷衍不更益一語）今陛下興義兵誅殘賊平定天下海內為郡縣法令由一統自上古以來未嘗有五帝所不及

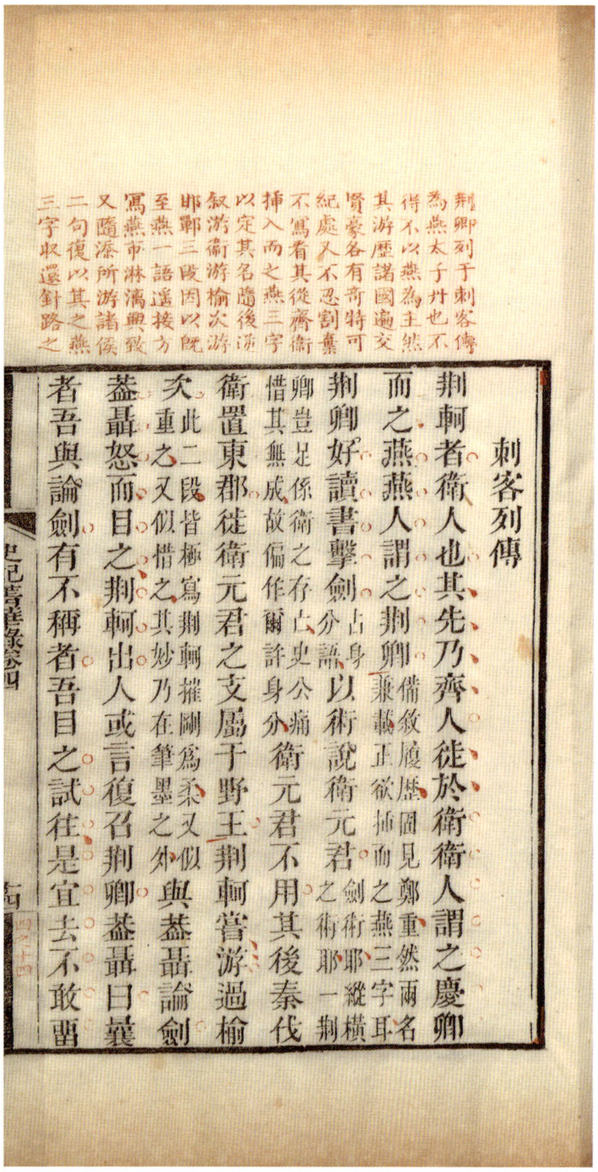
荊卿列于刺客傳為燕太子丹也不得不以燕為主然其游歷諸國遍交賢豪各有奇特可紀處又不忍割棄不寫看其從齊衛插入而之燕三字以定其名隨後逐敘游衛游榆次游邯鄲三段因以既至燕一語遙接方寫燕市淋漓興致又隨添所游諸侯二句復以其之燕三字收還針路之

刺客列傳

荊軻者衛人也其先乃齊人徙於衛衛人謂之慶卿而之燕燕人謂之荊卿（備敘履歷固見鄭重然兩名兼載正欲插而之燕三字耳）荊卿好讀書擊劍（占身分語）以術說衛元君（劍術之術耶縱横之術耶一荊卿豈足係衛之存亡史公痛惜其無成故偏作爾許身分）衛元君不用其後秦伐衛置東郡徙衛元君之支屬于野王荊軻嘗游過榆次（此二段皆極寫荊軻擢剛爲柔又似奕重之又似惜之其妙乃在筆墨之外）與蓋聶論劍蓋聶怒而目之荊軻出人或言復召荊卿蓋聶曰曩者吾與論劍有不稱者吾目之試往是宜去不敢留

史記菁華録六卷

清姚祖恩輯　清道光四年（1824）吴興姚氏扶荔山房刻朱墨套印本

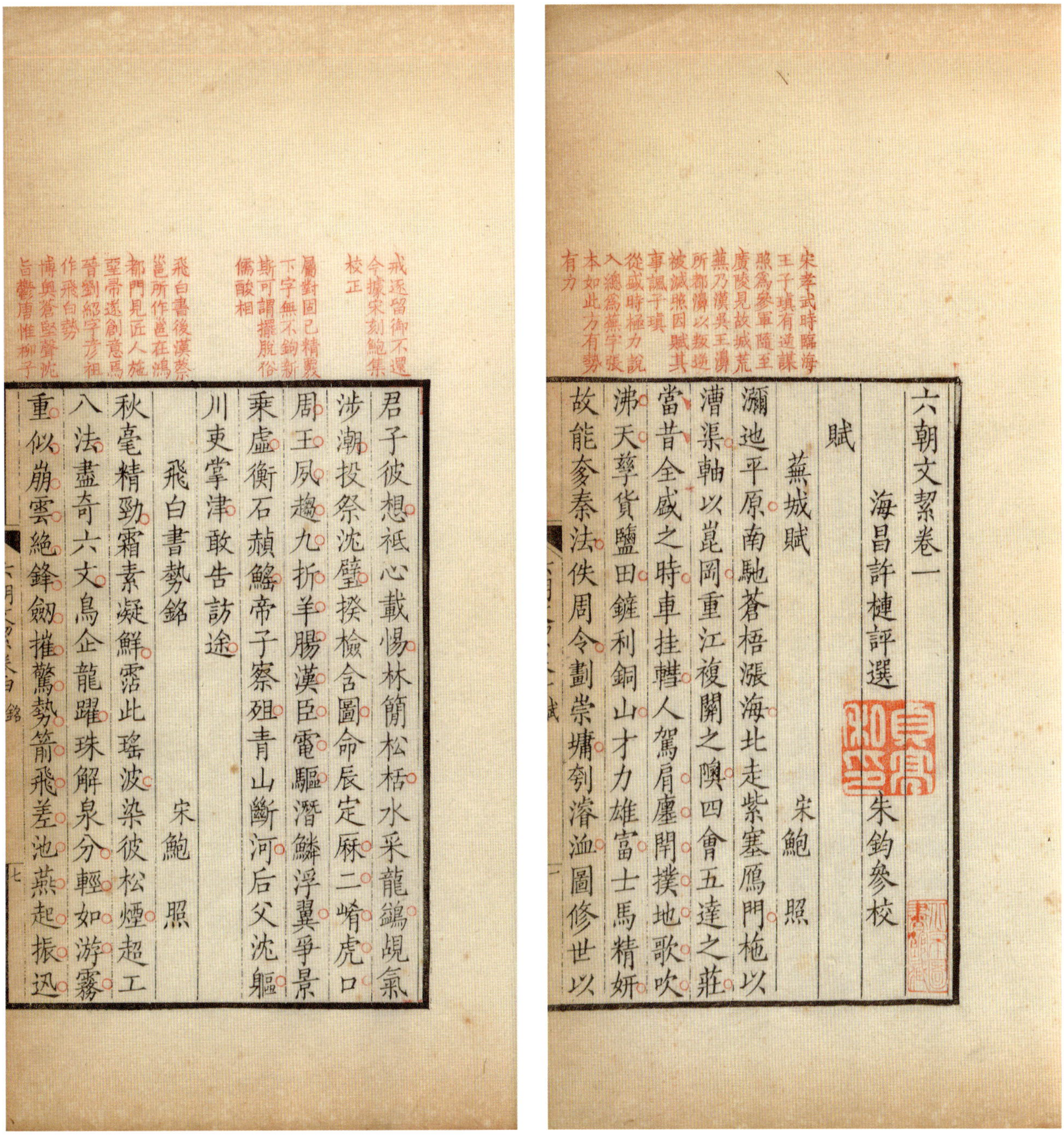

宋孝武時臨海王子頊有逆謀照爲參軍隨至廣陵見故城荒蕪乃漢吳王濞所都濞以叛逆被滅照因賦其事諷子頊
從盛時極力說入總爲蕪字張本如此方有勢有力

六朝文絜卷一　海昌許槤評選　朱鈞參校

賦

蕪城賦　宋　鮑照

瀰迆平原南馳蒼梧漲海北走紫塞鴈門柂以漕渠軸以崑岡重江複關之隩四會五達之莊當昔全盛之時車挂轊人駕肩廛閈撲地歌吹沸天孳貨鹽田鏟利銅山才力雄富士馬精妍故能奓秦法佚周令劃崇墉刳濬洫圖修世以

戒逐留御不還今據宋刻鮑集校正
屬對固已精覈下字無不鉤新斯可謂擺脫俗儒酸相
飛白書後漢蔡邕所作邕在鴻都門見匠人施堊帚遂創意焉晉劉紹字彥祖作飛白勢
博與蒼堅聲沈旨鬱唐惟柳子

君子彼想祗心載惕林簡松梧水采龍鷁峴氣涉潮投祭沈璧揆檢含圖命辰定厤二崤虎口周王夙趨九折羊腸漢臣電驅潛鱗浮翼爭景乘虛衡石頳鰩帝子察殂青山斷河后父沈軀川吏掌津敢告訪途

飛白書勢銘　宋　鮑照

秋毫精勁霜素凝鮮霑此瑤波染彼松煙超工入法盡奇六文烏企龍躍珠解泉分輕如游霧重似崩雲絕鋒劍摧驚勢箭飛差池燕起振迅

六朝文絜四卷

清許槤輯并評　清道光五年（1825）海昌許氏享金寶石齋刻朱墨套印本

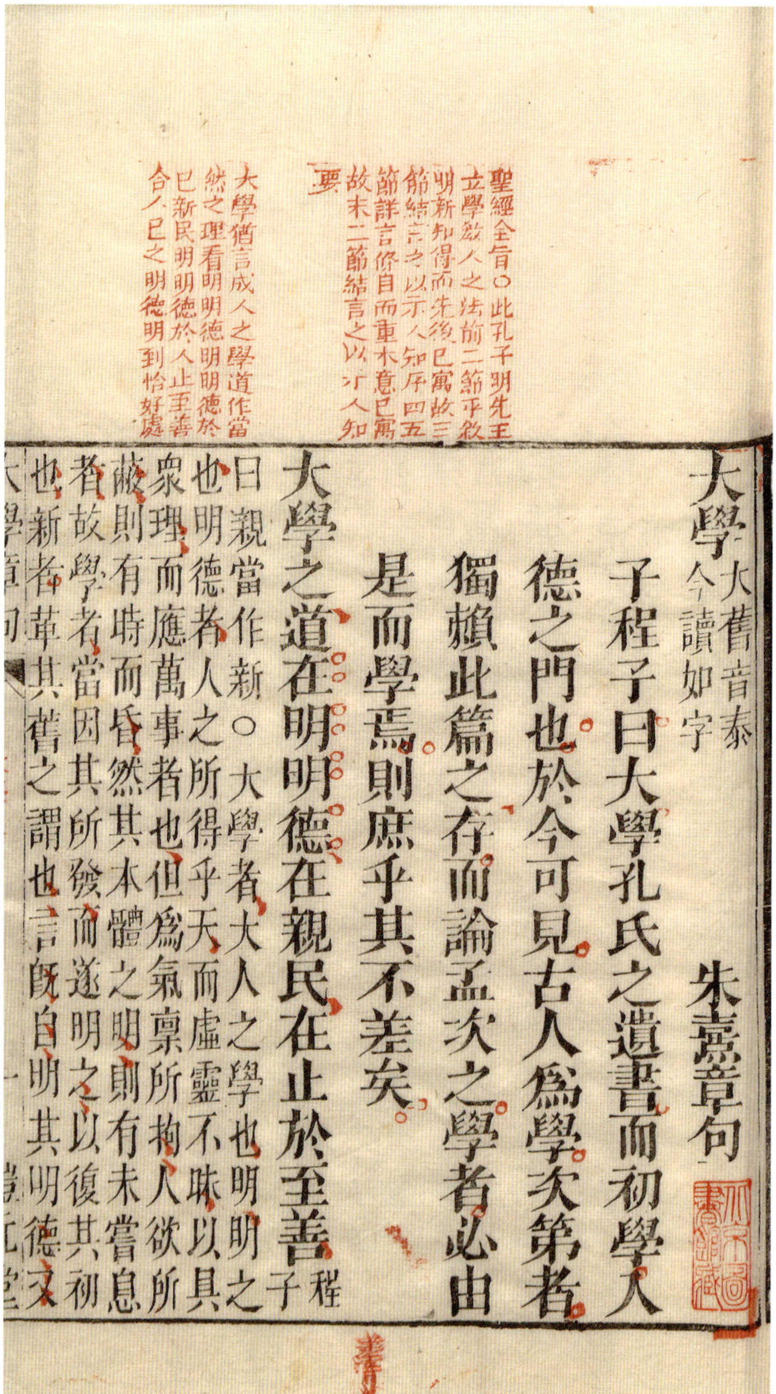
聖經全旨○此孔子明先王立學教人之法前二節平敘明新知得而先後已寓故三節結言之以示人知序四五節詳言條目而重本意已寓故末二節結言之以示人知要

大學猶言成人之學道作當然之理看明明德明德於己新民明明德於人止至善合人已之明德明到恰好處

大學 大舊音泰今讀如字　朱熹章句

子程子曰大學孔氏之遺書而初學入德之門也於今可見古人爲學次第者獨賴此篇之存而論孟次之學者必由是而學焉則庶乎其不差矣

大學之道在明明德在親民在止於至善 程子曰親當作新○大學者大人之學也明明之也明德者人之所得乎天而虛靈不昧以具衆理而應萬事者也但爲氣稟所拘人欲所蔽則有時而昏然其本體之明則有未嘗息者故學者當因其所發而遂明之以復其初也新者革其舊之謂也言旣自明其明德又

新刻批點四書讀本十九卷

宋朱熹撰　清高玲批點　清道光七年（1827）高玲愷元堂刻朱墨套印本

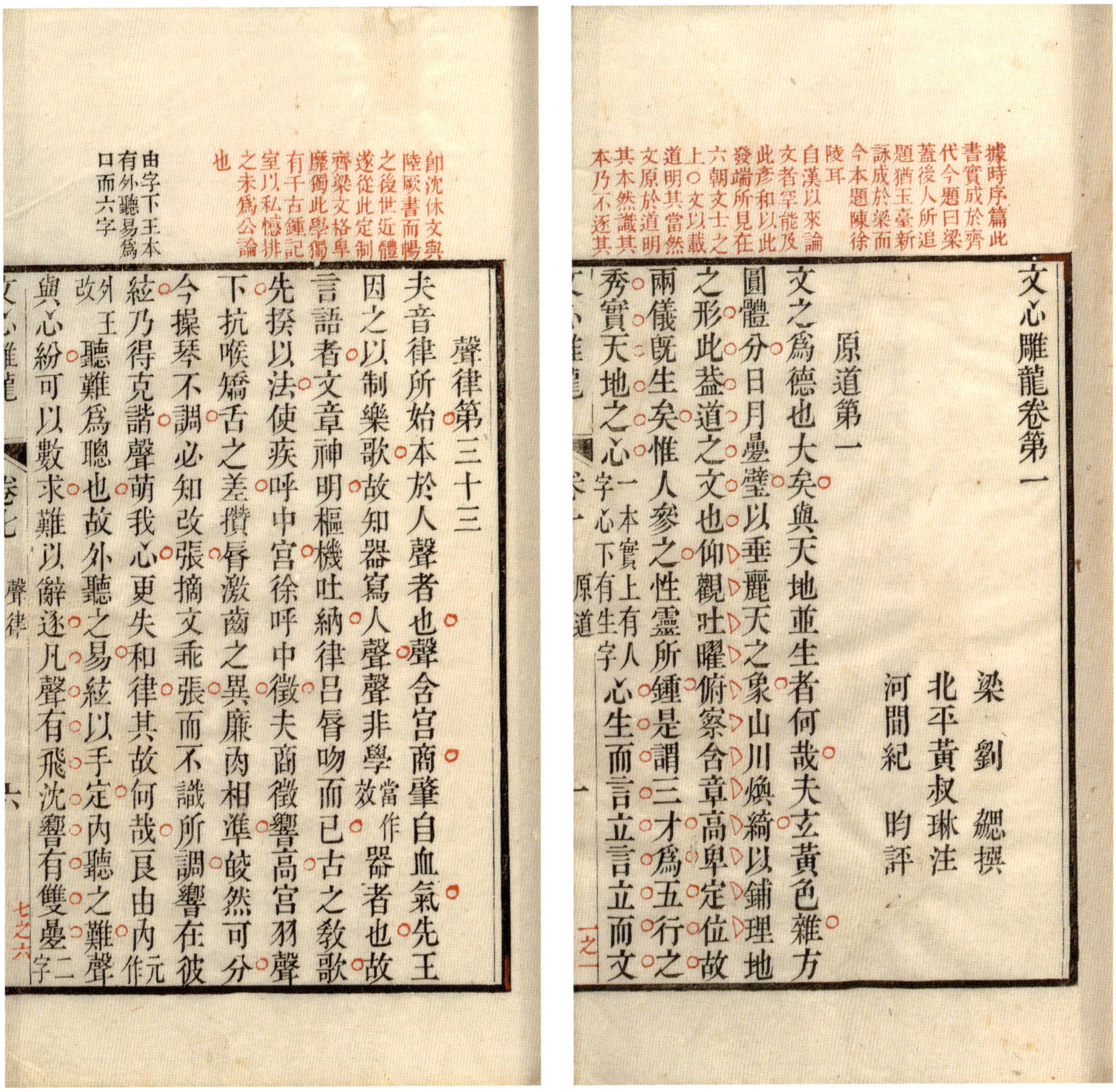

據時序篇此書實成於齊代今題曰梁蓋後人所追題猶玉臺新詠成於梁而今本題陳徐陵耳
自漢以來論文者罕能及此彥和以此發端所見在六朝文士之上○文以載道明其當然文原於道明其本然識其本乃不逐其

文心雕龍卷第一

梁　劉　勰撰
北平黃叔琳注
河間紀　昀評

原道第一

文之爲德也大矣與天地並生者何哉夫玄黃色雜方圓體分日月疊璧以垂麗天之象山川煥綺以鋪理地之形此蓋道之文也仰觀吐曜俯察含章高卑定位故兩儀既生矣惟人參之性靈所鍾是謂三才爲五行之秀實天地之心一本實上有人字心下有生字心生而言立言立而文

文心雕龍　卷一　原道　一之一

即沈休文與陸厥書而暢之後世近體遂從此定制齊梁文格卑靡獨此學獨有千古鍾記室以私憾排之未爲公論也

由字下王本有外聽易爲口而六字

聲律第三十三

夫音律所始本於人聲者也聲含宮商肇自血氣先王因之以制樂歌故知器寫人聲聲非學效當作器者也故言語者文章神明樞機吐納律呂脣吻而已古之教歌先揆以法使疾呼中宮徐呼中徵夫商徵響高宮羽聲下抗喉矯舌之差攢脣激齒之異廉肉相準皎然可分今操琴不調必知改張摘文乖張而不識所調響在彼絃乃得克諧聲萌我心更失和律其故何哉良由內元作外王改聽難爲聰也故外聽之易絃以手定內聽之難聲與心紛可以數求難以辭逐凡聲有飛沈響有雙疊二字

文心雕龍　卷七　聲律　七之六

文心雕龍十卷

南朝梁劉勰撰　清黃叔琳注輯　清紀昀評
清道光十三年（1833）涿州盧坤兩廣節署
刻朱墨套印本

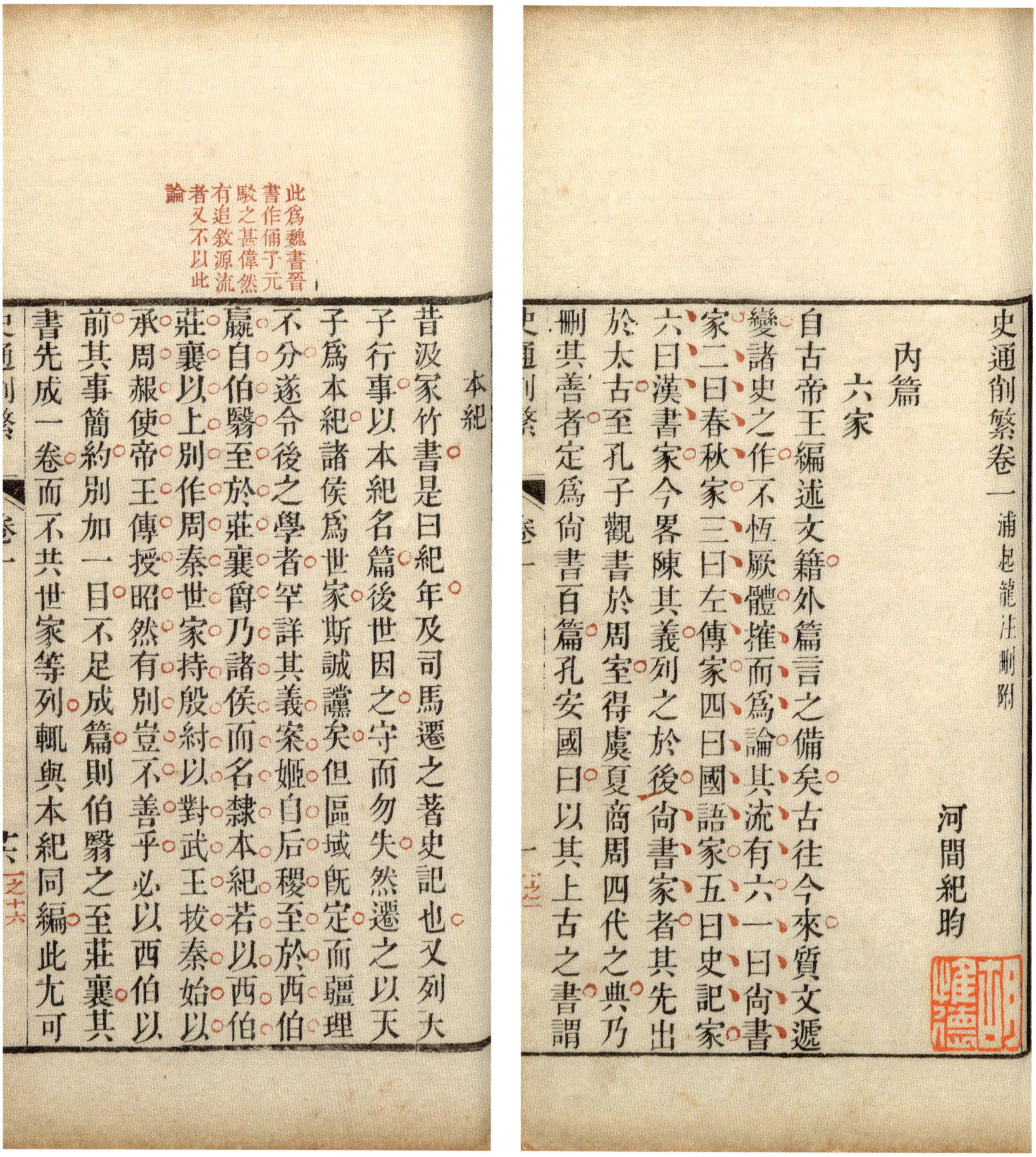
史通削繁卷一 浦起龍注刪附

內篇

六家

河間紀昀

自古帝王編述文籍外篇言之備矣古往今來質文遞變諸史之作不恆厥體榷而爲論其流有六一曰尚書家二曰春秋家三曰左傳家四曰國語家五曰史記家六曰漢書家今畧陳其義列之於後尚書家者其先出於太古至孔子觀書於周室得虞夏商周四代之典乃刪其善者定爲尚書百篇孔安國曰以其上古之書謂

史通削繁 卷一 一

此爲魏書晉書作俑子元駁之甚偉然有追敘源流者又不以此論

本紀

昔汲冢竹書是曰紀年及司馬遷之著史記也又列天子行事以本紀名篇後世因之守而勿失然遷之以天子爲本紀諸侯爲世家斯誠讜矣但區域既定而疆理不分遂令後之學者罕詳其義案姬自后稷至於西伯嬴自伯翳至於莊襄爵乃諸侯而名隸本紀若以西伯莊襄以上別作周秦世家持殷紂以對武王拔秦始以承周赧使帝王傳授昭然有別豈不善乎必以西伯以前其事簡約別加一目不足成篇則伯翳之至莊襄其書先成一卷而不共世家等列輒與本紀同編此尤可

史通削繁 卷一 六

史通削繁四卷

清紀昀撰　清道光十三年（1833）涿州盧坤兩廣節署刻朱墨套印本

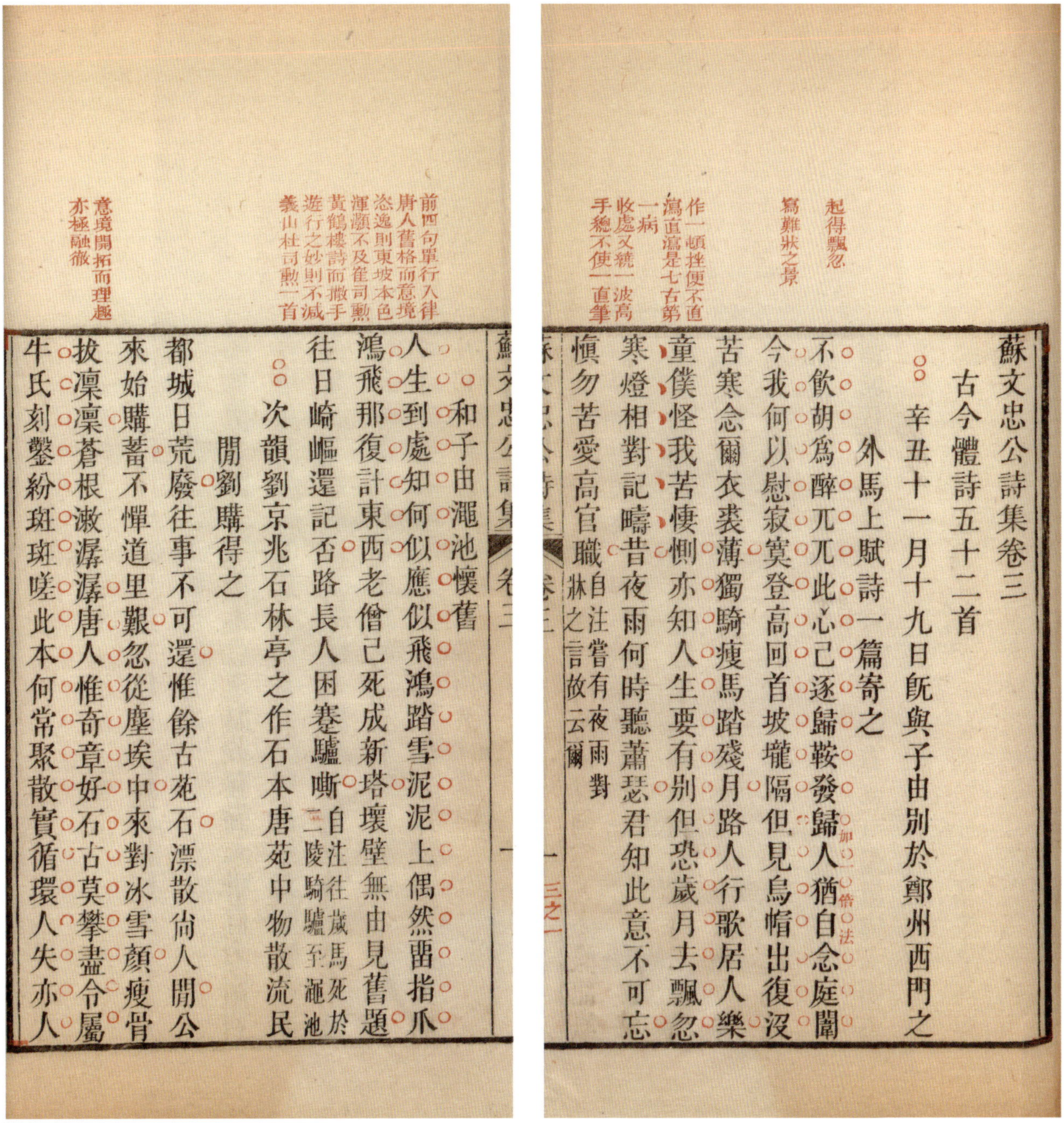
起得飄忽
寫難狀之景
作一頓挫便不直瀉直瀉是七古第一病
收處又繞一波高手總不使一直筆
蘇文忠公詩集卷三
古今體詩五十二首
辛丑十一月十九日旣與子由別於鄭州西門之
外馬上賦詩一篇寄之
不飲胡爲醉兀兀此心已逐歸鞍發歸人猶自念庭闈
加一倍法
今我何以慰寂寞登高回首坡壠隔但見烏帽出復沒
苦寒念爾衣裘薄獨騎瘦馬踏殘月路人行歌居人樂
童僕怪我苦悽惻亦知人生要有別但恐歲月去飄忽
寒燈相對記疇昔夜雨何時聽蕭瑟君知此意不可忘
愼勿苦愛高官職自注嘗有夜雨對牀之言故云爾
蘇文忠公詩集　卷三　一　三之一
前四句單行入律唐人舊格而意境恣逸則東坡本色渾灝不及崔司勳黃鶴樓詩而撒手遊行之妙則不減義山杜司勳一首
意境開拓而理趣亦極融徹
和子由澠池懷舊
人生到處知何似應似飛鴻踏雪泥泥上偶然留指爪
鴻飛那復計東西老僧已死成新塔壞壁無由見舊題
往日崎嶇還記否路長人困蹇驢嘶自注往歲馬死於二陵騎驢至澠池
次韻劉京兆石林亭之作石本唐苑中物散流民
間劉購得之
都城日荒廢往事不可還惟餘古苑石漂散尚人間公
來始購蓄不憚道里艱忽從塵埃中來對冰雪顏瘦骨
拔凜凜蒼根漱潺潺唐人惟奇章好石古莫攀盡令屬
牛氏刻鑿紛斑斑嗟此本何常聚散實循環人失亦人

蘇文忠公詩集五十卷目録二卷

宋蘇軾撰　清紀昀評點　清道光十四年（1834）兩廣節署刻朱墨套印本

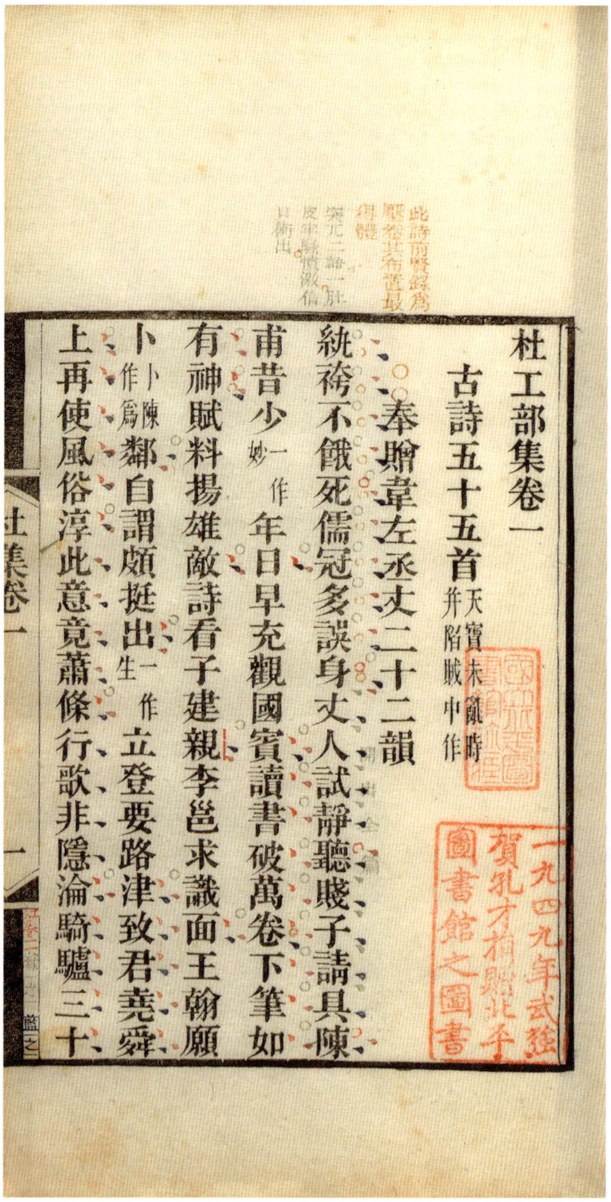

此詩前賢錄爲壓卷其布置最得體
第凡二錄一肚皮牢騷憤激信口衝出

杜工部集卷一

古詩五十五首 天寶未亂時并陷賊中作

奉贈韋左丞丈二十二韻

紈袴不餓死儒冠多誤身丈人試靜聽賤子請具陳甫昔少(一作妙)年日早充觀國賓讀書破萬卷下筆如有神賦料揚雄敵詩看子建親李邕求識面王翰願卜(卜陳作爲)鄰自謂頗挺出(一作生)立登要路津致君堯舜上再使風俗淳此意竟蕭條行歌非隱淪騎驢三十

杜集卷一 一

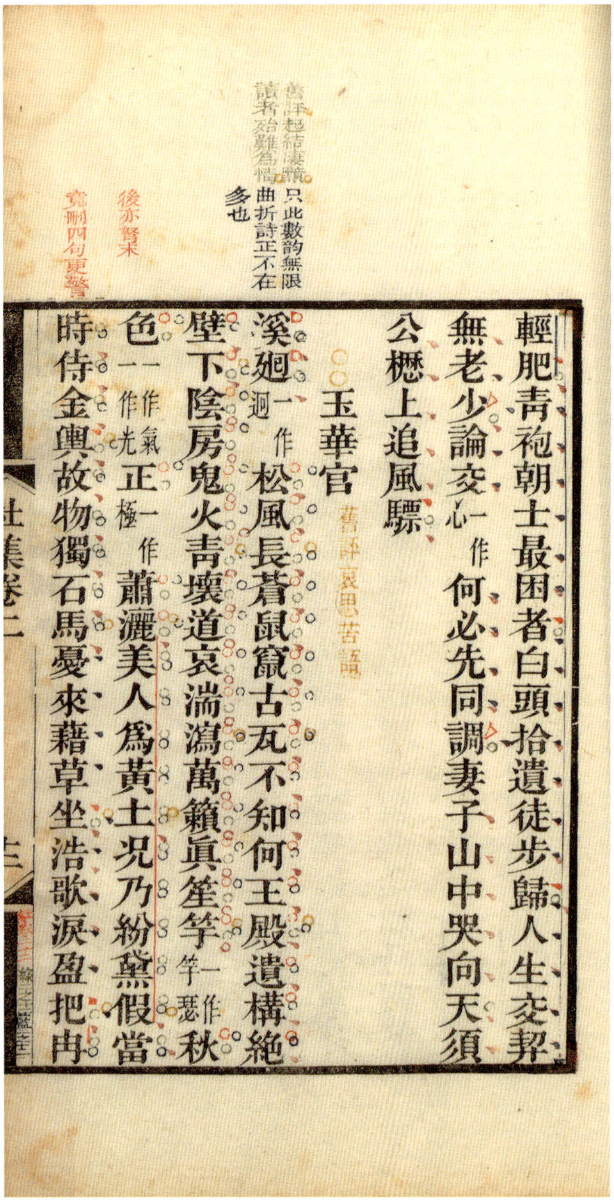

舊評起結淒黯讀者殆難爲情
只此數韻無限曲折詩正不在多也
後亦警末
竟删四句更警

輕肥青袍朝士最困者白頭拾遺徒步歸人生交契無老少論交(一作心)何必先同調妻子山中哭向天須公櫪上追風驃

玉華宮 舊評哀思苦語

溪迴(一作迴)松風長蒼鼠竄古瓦不知何王殿遺構絶壁下陰房鬼火青壞道哀湍瀉萬籟眞笙竽(一作竽瑟)秋色(一作氣一作光)正(一作極)蕭灑美人爲黃土況乃粉黛假當時侍金輿故物獨石馬憂來藉草坐浩歌淚盈把冉

杜集卷二 三

杜工部集二十卷首一卷

唐杜甫撰　清盧坤輯評　清道光十四年（1834）芸葉盦刻五色套印本

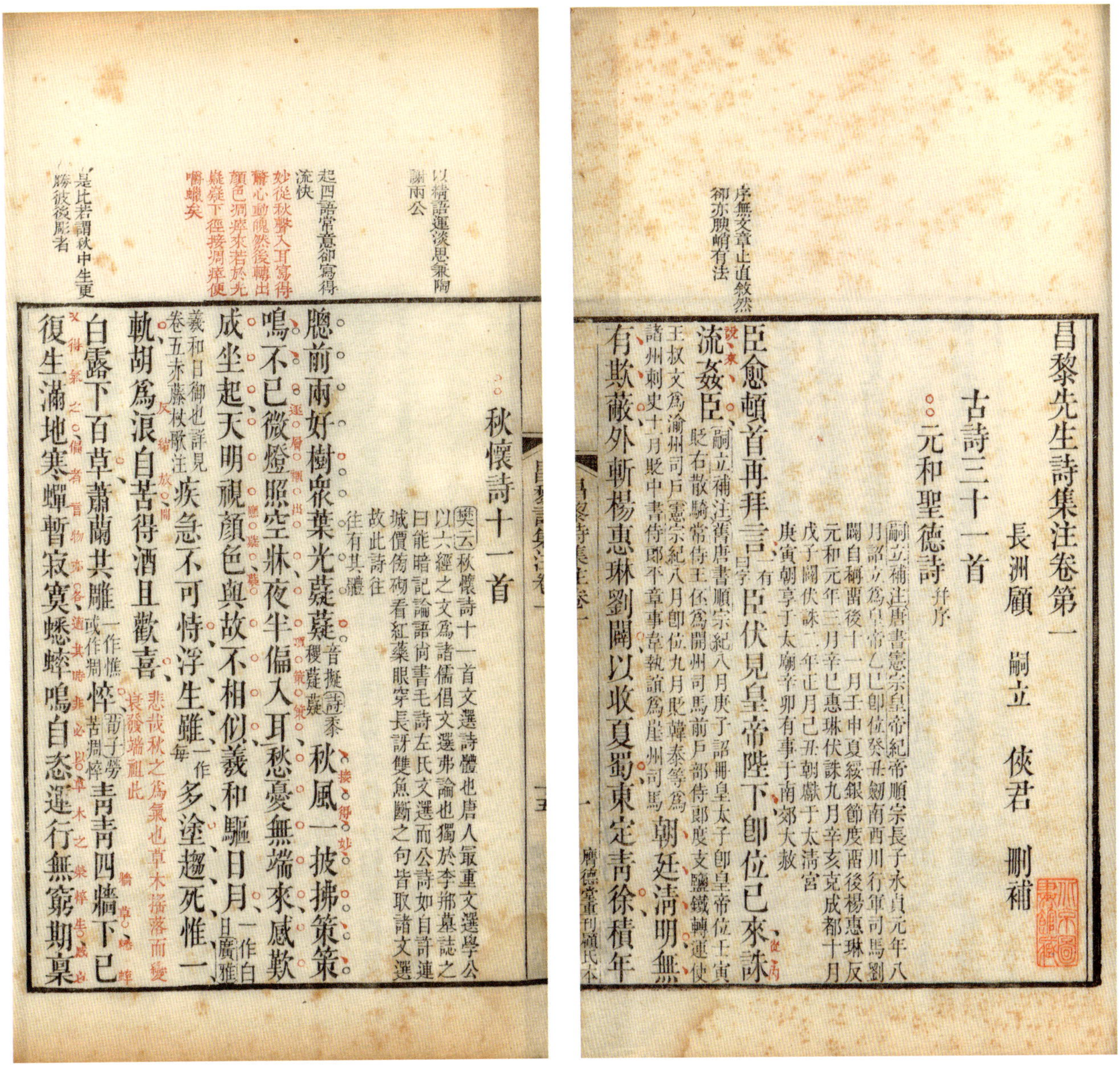

序無文章止直敘然卻亦腴峭有法

昌黎先生詩集注卷第一

長洲顧嗣立俠君刪補

古詩三十一首

元和聖德詩并序

嗣立補注唐書憲宗皇帝紀帝順宗長子永貞元年八月詔立爲皇帝乙巳即位癸丑劍南西川行軍司馬劉闢自稱留後十一月壬申夏綏銀節度留後楊惠琳反元和元年三月辛巳惠琳伏誅九月辛亥克成都十月戊子闢伏誅二年正月己丑朝獻于太清宮庚寅朝享于太廟辛卯有事于南郊大赦

臣愈頓首再拜言有曰字臣伏見皇帝陛下即位已來誅流姦臣嗣立補注舊唐書順宗紀八月庚子詔冊皇太子即皇帝位壬寅貶右散騎常侍王伾爲開州司馬前戶部侍郎度支鹽鐵轉運使王叔文爲渝州司戶憲宗紀八月即位九月貶韓泰等爲諸州刺史十一月貶中書侍郎平章事韋執誼爲崖州司馬朝廷清明無有欺蔽外斬楊惠琳劉闢以收夏蜀東定青徐積年

昌黎詩集注卷一　一

賡德堂重刊顧氏本

以精語運淡思兼陶謝兩公

起四語常意卻寫得流快

妙從秋聲入耳寫得觸心動魄然後轉出顏色凋瘁來若於先蕤蕤下徑接凋瘁便嚼蠟矣

是比若謂秋中生更勝彼後彫者

秋懷詩十一首

樊云秋懷詩十一首文選詩體也唐人最重文選學公以六經之文爲諸儒倡文選弗論也獨於李郱墓誌之曰能暗記論語尚書毛詩左氏文選而公詩如自許連城價傷砌看紅藥眼穿長訝雙魚斷之句皆取諸文選故此詩往往有其體

窗前兩好樹衆葉光蕤蕤音擬詩黍稷蕤蕤秋風一披拂策策鳴不已微燈照空牀夜半偏入耳愁憂無端來感歎成坐起天明視顏色與故不相似義和驅日月一作白日廣雅義和日御也詳見卷五赤藤杖歌注疾急不可恃浮生雖一作每多塗趨死惟一軌胡爲浪自苦得酒且歡喜

悲哉秋之爲氣也草木搖落而變衰發端祖此

白露下百草蕭蘭共雕一作憔或作凋悴荀子勞苦凋悴青青四牆下已復生滿地寒螿暫寂寞蟋蟀鳴自恣運行無窮期稟

又得氣之偏者言物亦各適其時非必以草木之榮悴告感也

昌黎先生詩集注十一卷年譜一卷

唐韓愈撰　清顧嗣立刪補　清道光十六年（1836）賡德堂刻朱墨套印本

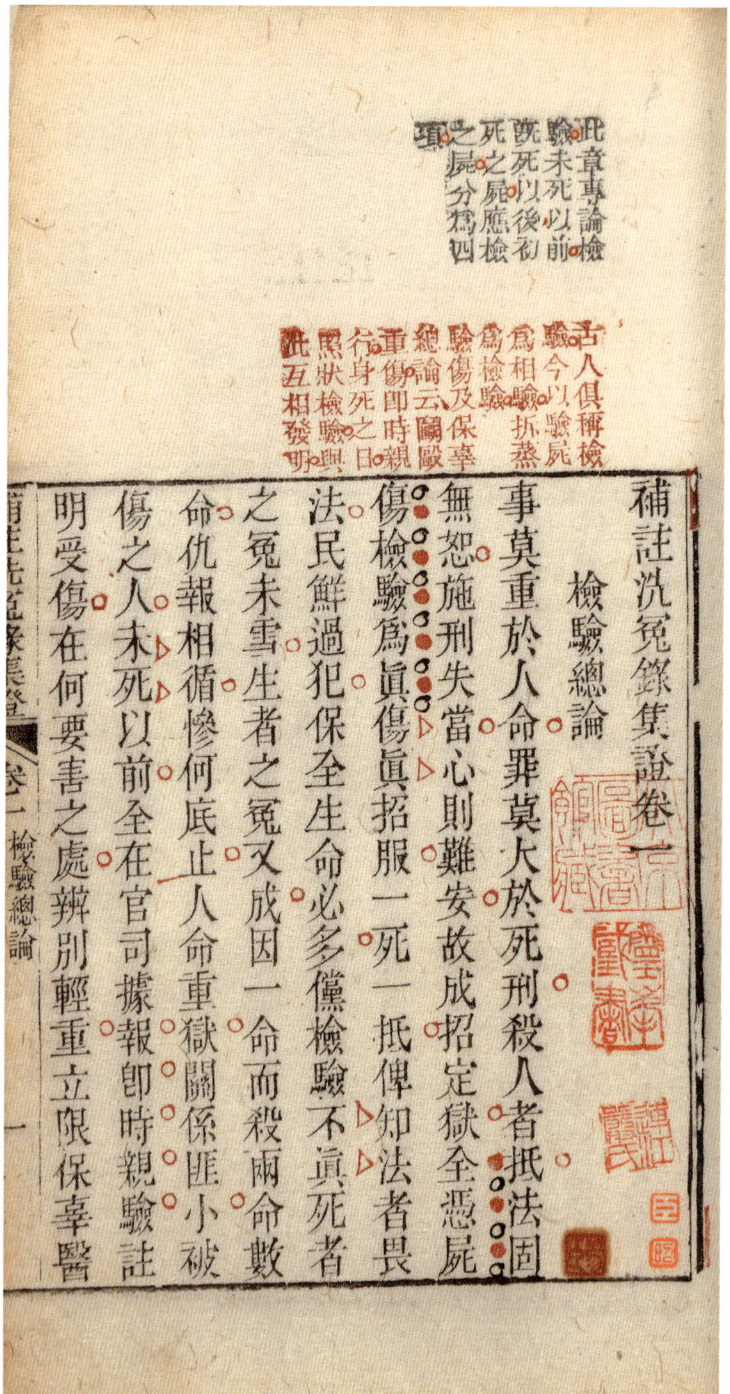

此章專論檢
驗未死以前
既死以後初
之屍應檢
死之屍分爲
項之屍分爲四

古人俱兩檢
驗今以驗屍
爲相驗拆蒸
爲檢及驗屍圖
總論云保辜
重論即時親
行身死之日
照狀檢驗
此五相發明

補註洗冤錄集證卷一

檢驗總論

事莫重於人命罪莫大於死刑殺人者抵法固
無恕施刑失當心則難安故成招定獄全憑屍
傷檢驗爲眞傷眞招服一死一抵俾知法者畏
法民鮮過犯保全生命必多儻檢驗不眞死者
之冤未雪生者之冤又成因一命而殺兩命數
命仇報相循慘何底止人命重獄關係匪小被
傷之人未死以前全在官司據報即時親驗註
明受傷在何要害之處辨別輕重立限保辜醫

清匕□□錄集證 │ 卷一 檢驗總論 │ 一

**補注洗冤錄集證四卷檢骨圖格一卷附
作吏要言一卷**

清王又槐輯　清李觀瀾補輯　清阮其新補注
作吏要言清葉鎮撰　清道光二十三年
（1843）江都鍾淮刻三色套印本

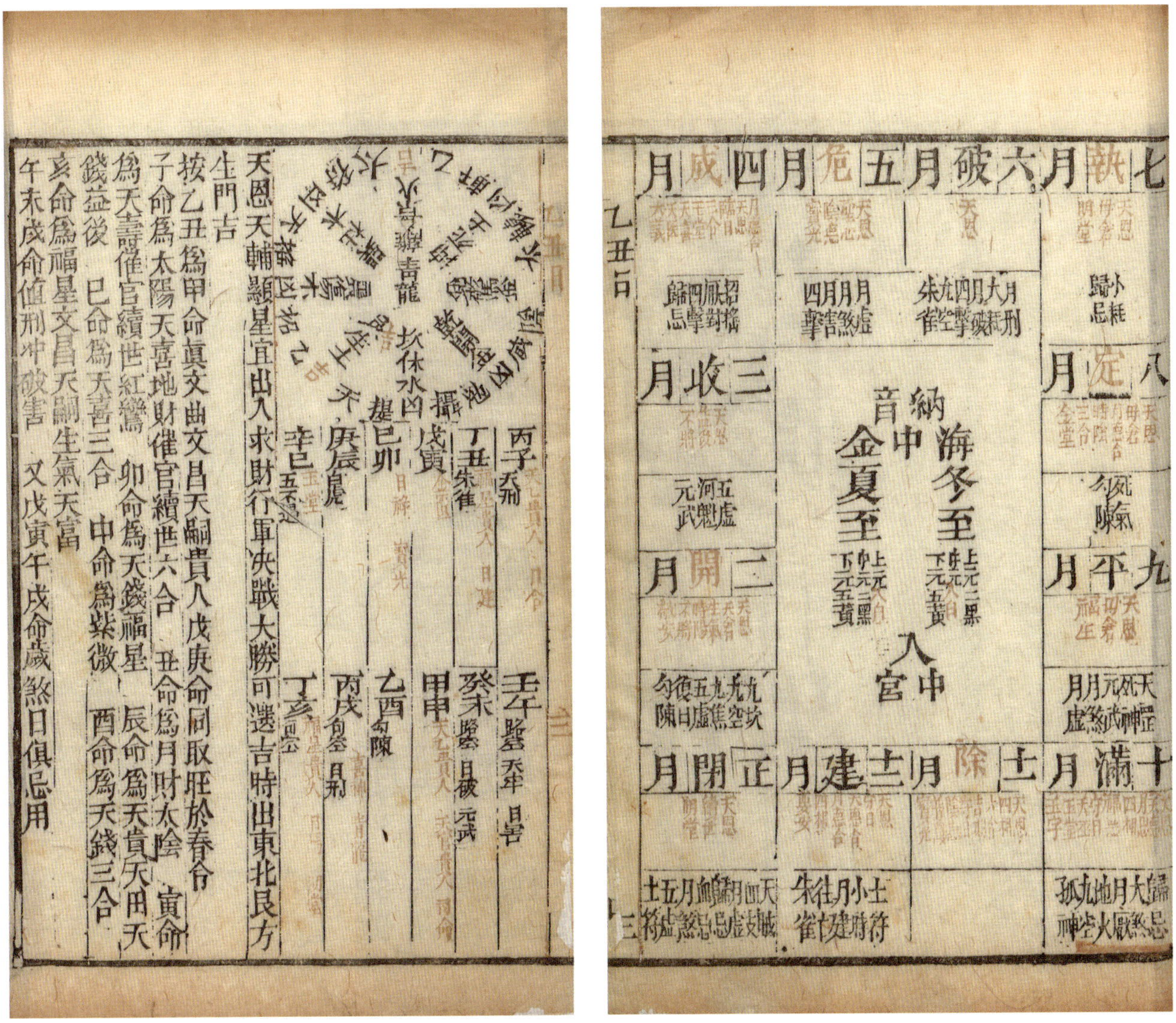

諏吉寶鏡不分卷

清俞榮寬輯　清道光二十三年（1843）
文德堂刻朱墨套印本

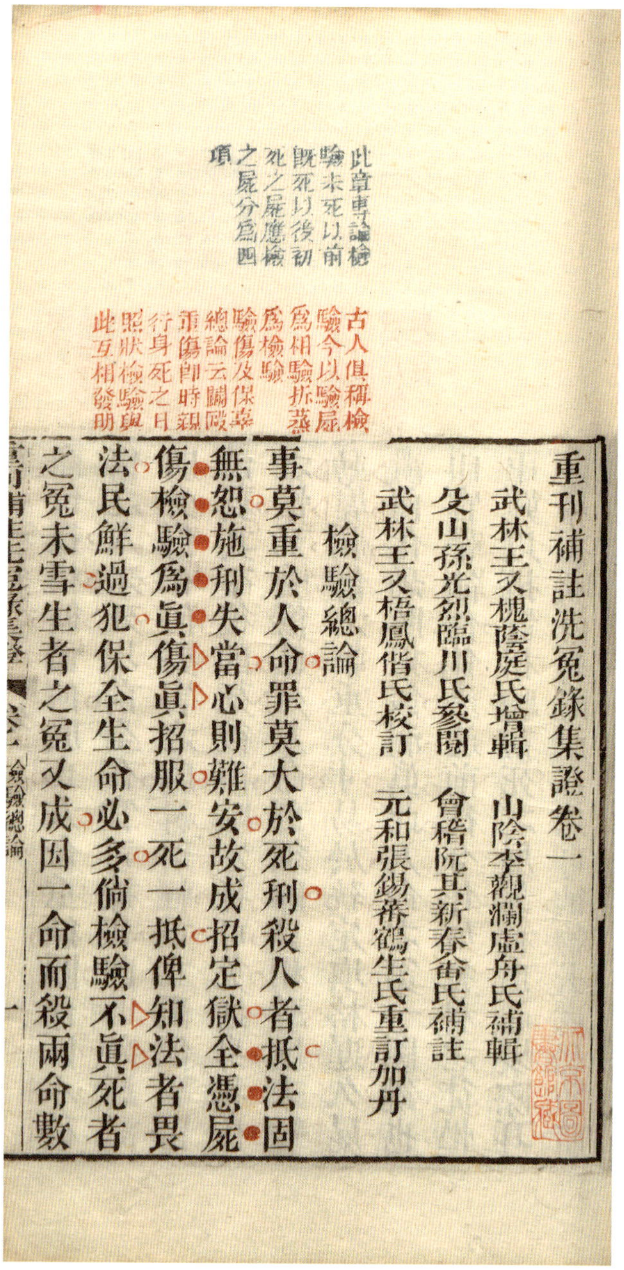
重刊補註洗冤錄集證卷一
武林王又槐蔭庭氏增輯　山陰李觀瀾虚舟氏補輯
及山孫光烈臨川氏參閱　會稽阮其新春畬氏補註
武林王又梧鳳偕氏校訂　元和張錫蕃鶴生氏重訂加丹
檢驗總論
事莫重於人命罪莫大於死刑殺人者抵法固無恕施刑失當心則難安故成招定獄全憑屍傷檢驗為眞傷眞招服一死一抵俾知法者畏法民鮮過犯保全生命必多倘檢驗不眞死者之冤未雪生者之冤又成因一命而殺兩命數
此章專論檢驗未死以前既死以後初死之屍應檢之屍分為四項
古人俱稱檢驗今以驗屍為相驗拆蒸為檢驗傷及保辜總論云闘毆並傷即時親行身死之日照牒檢驗與此互相發明

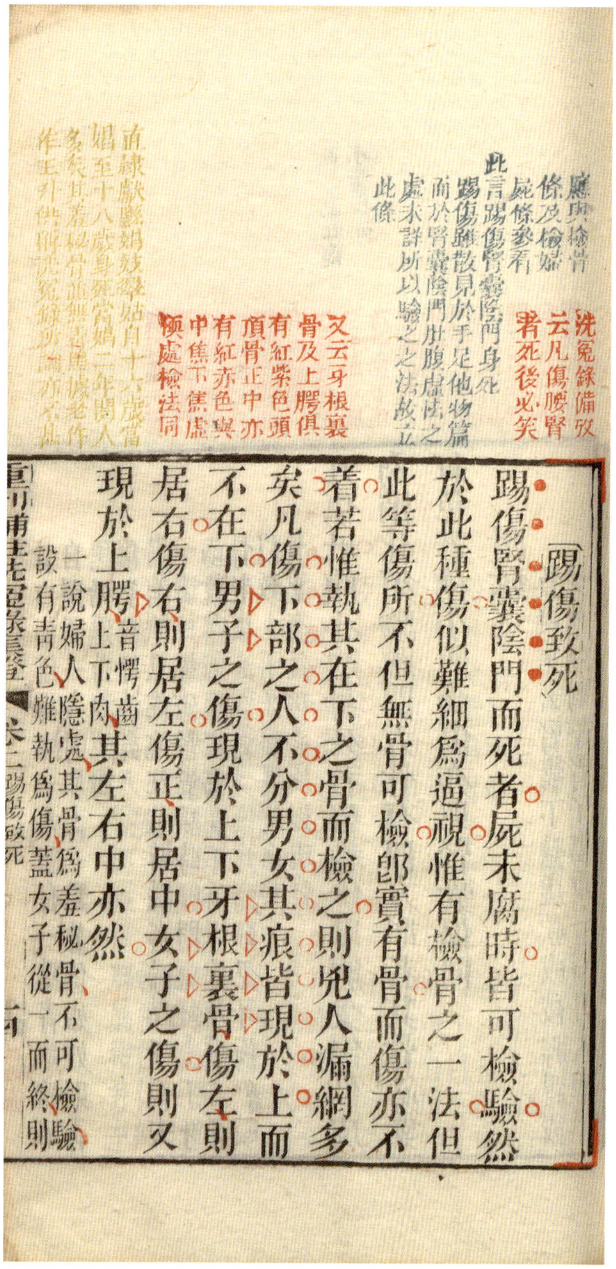
踢傷致死
踢傷腎囊陰門而死者屍未腐時皆可檢驗然於此種傷似難細為逼視惟有檢骨之一法但此等傷所不但無骨可檢卽實有骨而傷亦不着若惟執其在下之骨而檢之則兇人漏網多矣凡傷下部之人不分男女其痕皆現於上而不在下男子之傷現於上下牙根裏骨傷左則居右傷右則居左傷正則居中女子之傷則又現於上腭音愕齒上下肉其左右中亦然
一說婦人隱處其骨為羞秘骨不可檢驗設有青色難執為傷蓋女子從一而終則
屍與檢骨條及檢婦屍條參看
此言踢傷腎囊陰門身死而踢傷雖散見於手足他物篇而於腎囊陰門肚腹虛怯之處未詳所以驗之之法故立此條
洗冤錄備攷云凡傷腰腎者死後必笑
又云牙根裏骨及上腭俱有紅紫色頭顱骨正中亦有紅赤色與中焦下焦虛怯處檢法同

重刊補注洗冤録集證六卷

清王又槐輯　清李觀瀾補輯　清阮其新補注

清道光二十四年（1844）刻四色套印本

秋柳

野風蕭瑟韻吹老青青色韻一夜郵亭寒測韻送別無枝共折韻愁煞江頭未歸客韻

任狼藉韻天涯路南北韻全不管讀錦香。

陌韻當年手植今如此句看意態婆娑句晚

鴉成陣句難遣樓中怨笛韻

祖子野應喚奈何了

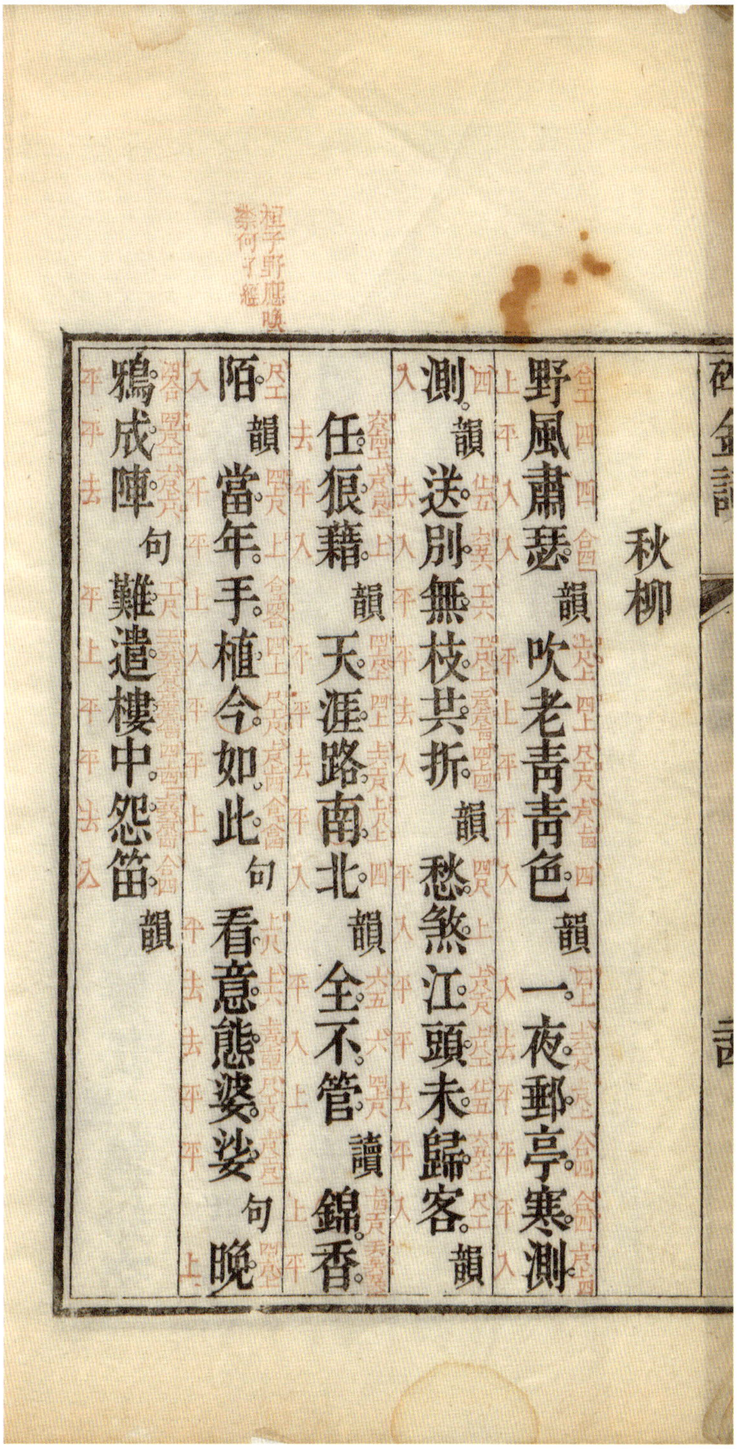

碎金詞一卷

清謝元淮撰　清道光二十四年（1844）刻
朱墨套印本

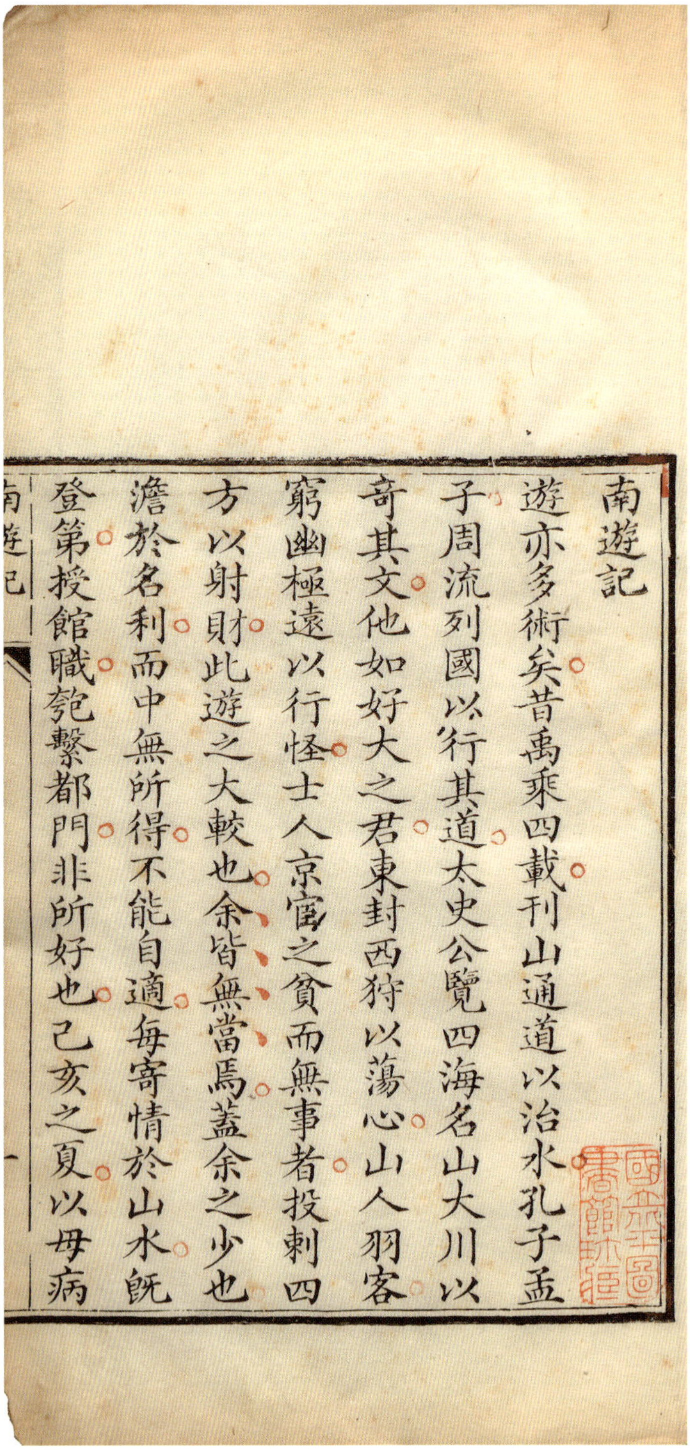

南遊記

遊亦多術矣昔禹乘四載刊山通道以治水孔子孟子周流列國以行其道太史公覽四海名山大川以奇其文他如好大之君東封西狩以蕩心山人羽客窮幽極遠以行怪士人京宦之貧而無事者投刺四方以射財此遊之大較也余皆無當焉蓋余之少也澹於名利而中無所得不能自適每寄情於山水旣登第授館職匏繫都門非所好也己亥之夏以母病

南遊記　一

南遊記一卷

清孫嘉淦撰　清道光二十四年（1844）刻
朱墨套印本

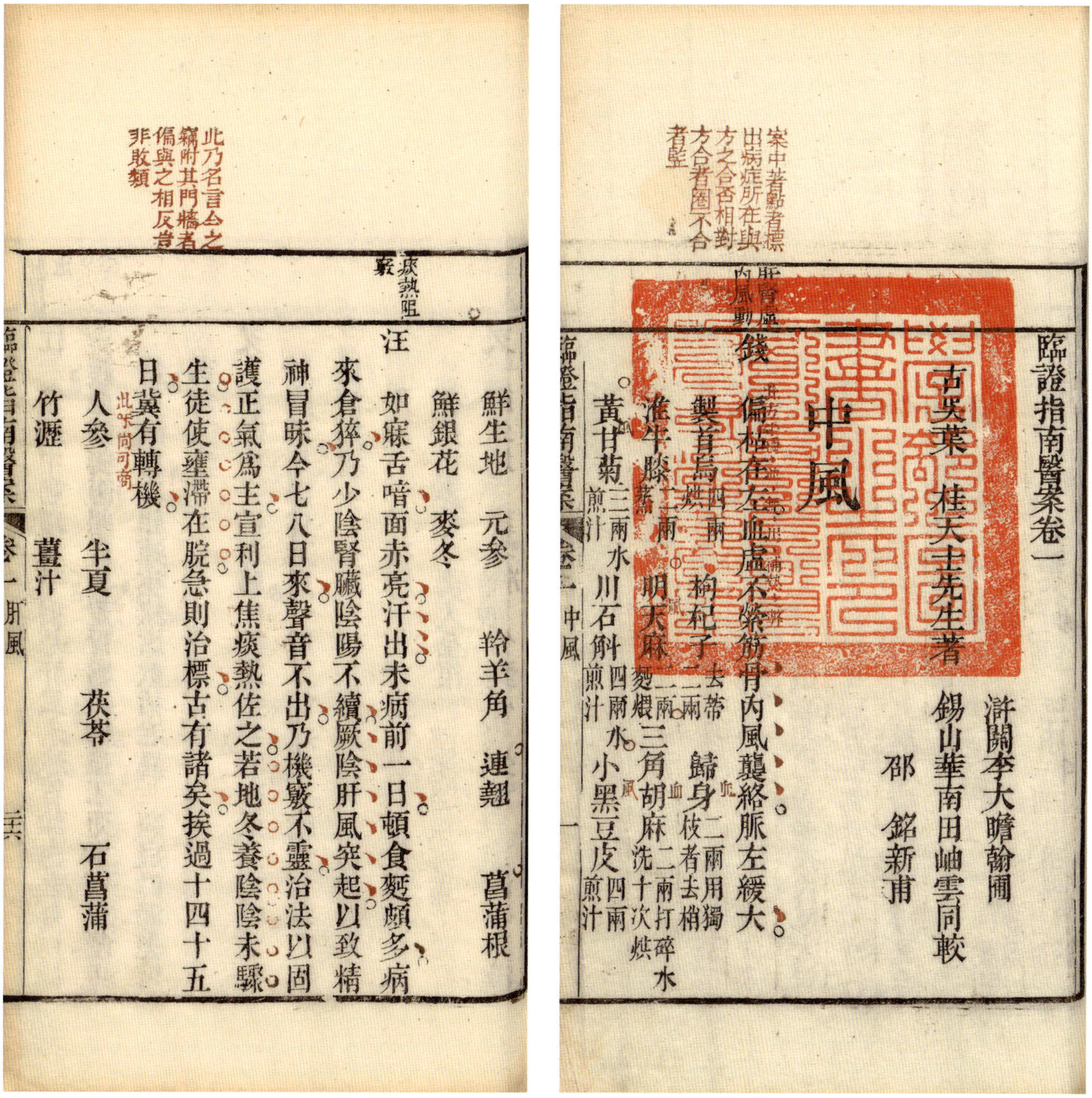

右葉（上欄朱文）：

案中著齡者標
出病症所在與
內風動
方文合否相對
方之合者圈不合
者堅

臨證指南醫案卷一

許關李大曉翰闡
錫山華南田岫雲同較
邵　銘新甫

古吳葉　桂天士先生著

中風

錢　偏枯在左血虛不榮筋骨內風襲絡脈左緩大

製首烏烘　枸杞子去蒂　明天麻煨

淮牛膝蒸　鯖魚膠枝者去梢二兩打碎水

黃甘菊　三角胡麻洗十次烘

黃甘菊三兩水川石斛煎汁　四兩水小黑豆皮煎汁

左葉（上欄朱文）：

此乃名醫公之
輯附其門牆者
偏與之相反者
非敢頻

痰熱區

汪

鮮生地　元參　羚羊角　連翹

鮮銀花　麥冬　菖蒲根

如麻舌喑面赤亮汗出未病前一日頓食麵頗多病
來倉猝乃少陰腎臟陰陽不續厥陰肝風突起以致精
神冒昧令七八日來聲音不出乃機竅不靈治法以固
護正氣為主宣利上焦痰熱佐之若地冬養陰陰未驟
生徒使壅滯在脘急則治標古有諸矣挨過十四十五
日冀有轉機

人參　半夏　茯苓　石菖蒲

竹瀝　薑汁　此下尚可用

臨證指南醫案十卷種福堂公選溫熱論醫案四卷

清葉桂撰　清徐大椿評　清道光二十四年
（1844）蘇州經鉏堂刻朱墨套印本

金魚圖譜不分卷

清句曲山農撰　清道光二十八年（1848）
景行書屋刻彩色套印本

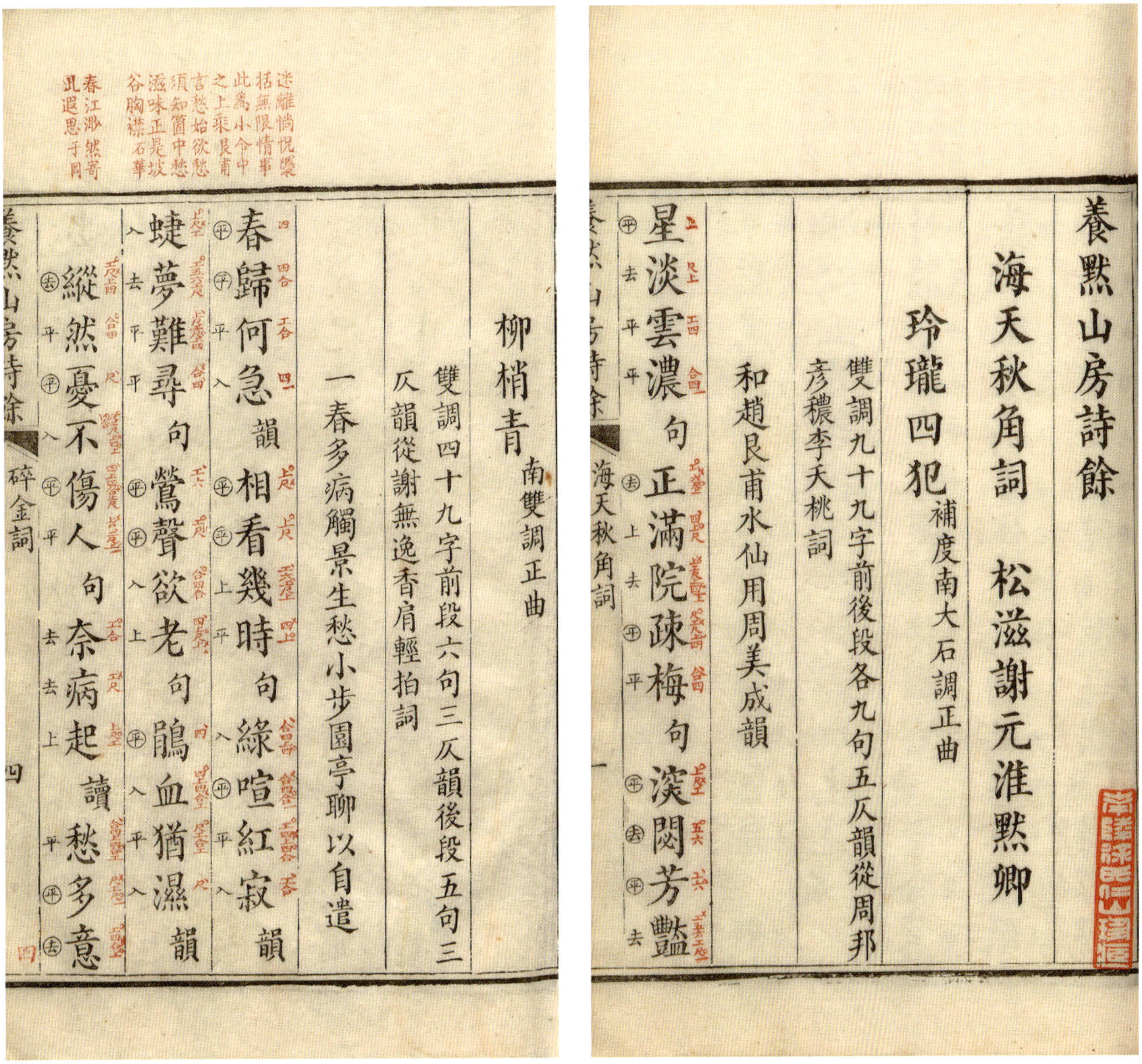
養默山房詩餘
海天秋角詞　松滋謝元淮默卿
玲瓏四犯　補度南大石調正曲
雙調九十九字前後段各九句五仄韻從周邦彥穠李夭桃詞
和趙艮甫水仙用周美成韻
星淡雲濃句正滿院踈梅句溪閟芳豔
養默山房詩餘　海天秋角詞　一

迷離惝怳隱括無限情事此為小令中之上乘艮甫言愁始欲愁須知箇中愁滋味正是坡谷胸襟　石華
春江渺然寄風遐思于岡
柳梢青　南雙調正曲
雙調四十九字前段六句三仄韻後段五句三仄韻從謝無逸香肩輕拍詞
一春多病觸景生愁小步園亭聊以自遣
春歸何急韻相看幾時句綠喧紅寂韻蛺夢難尋句鶯聲欲老句鶗血猶濕韻縱然憂不傷人句奈病起讀愁多意
養默山房詩餘　碎金詞　四

養默山房詩餘三卷

清謝元淮撰　清道光二十八年（1848）刻

朱墨套印本

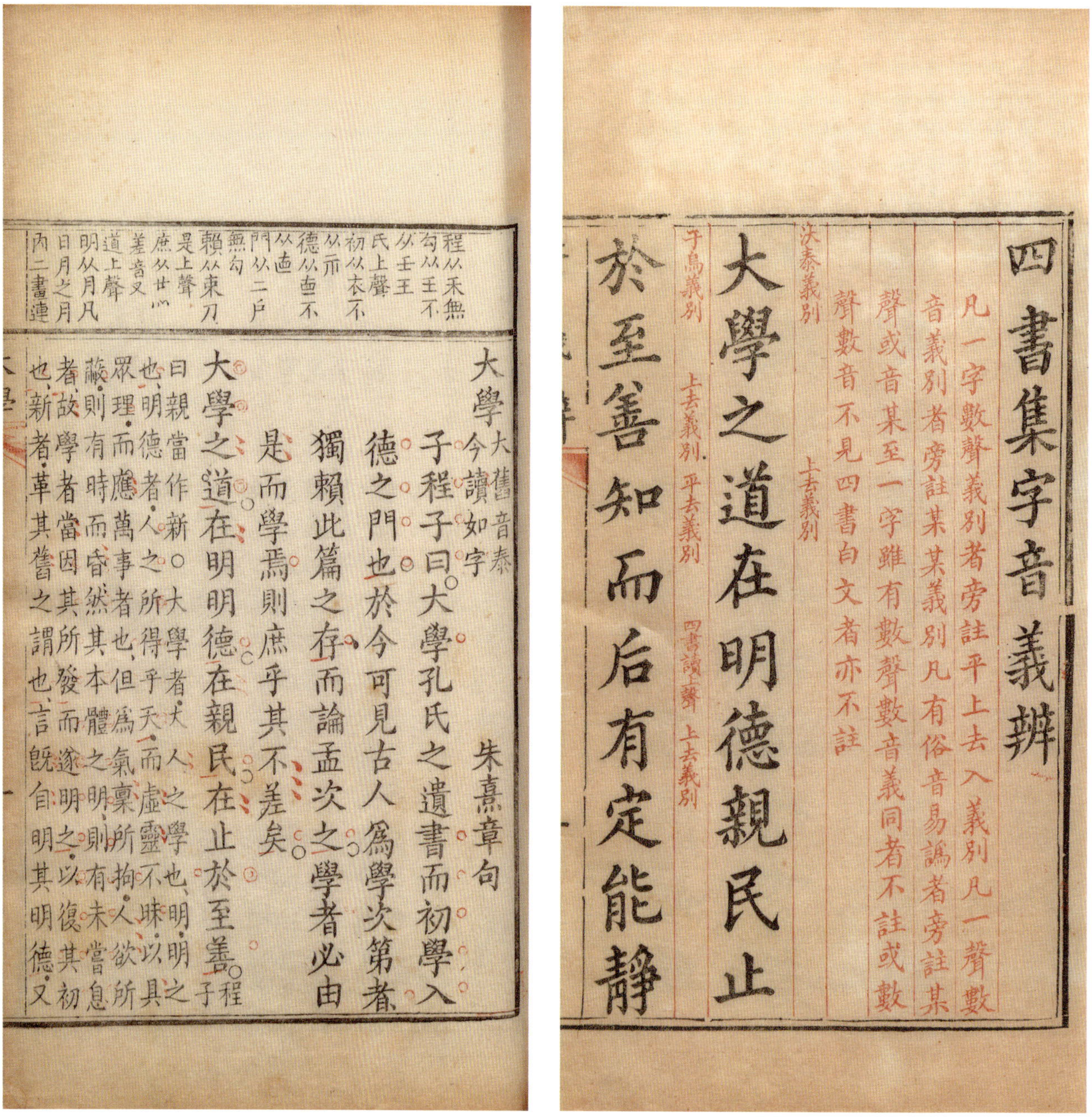

四書集注正篆釋文合刻十九卷

清萬青銓輯　清王簀山訂　清道光二十八年（1848）萬氏刻朱墨套印本

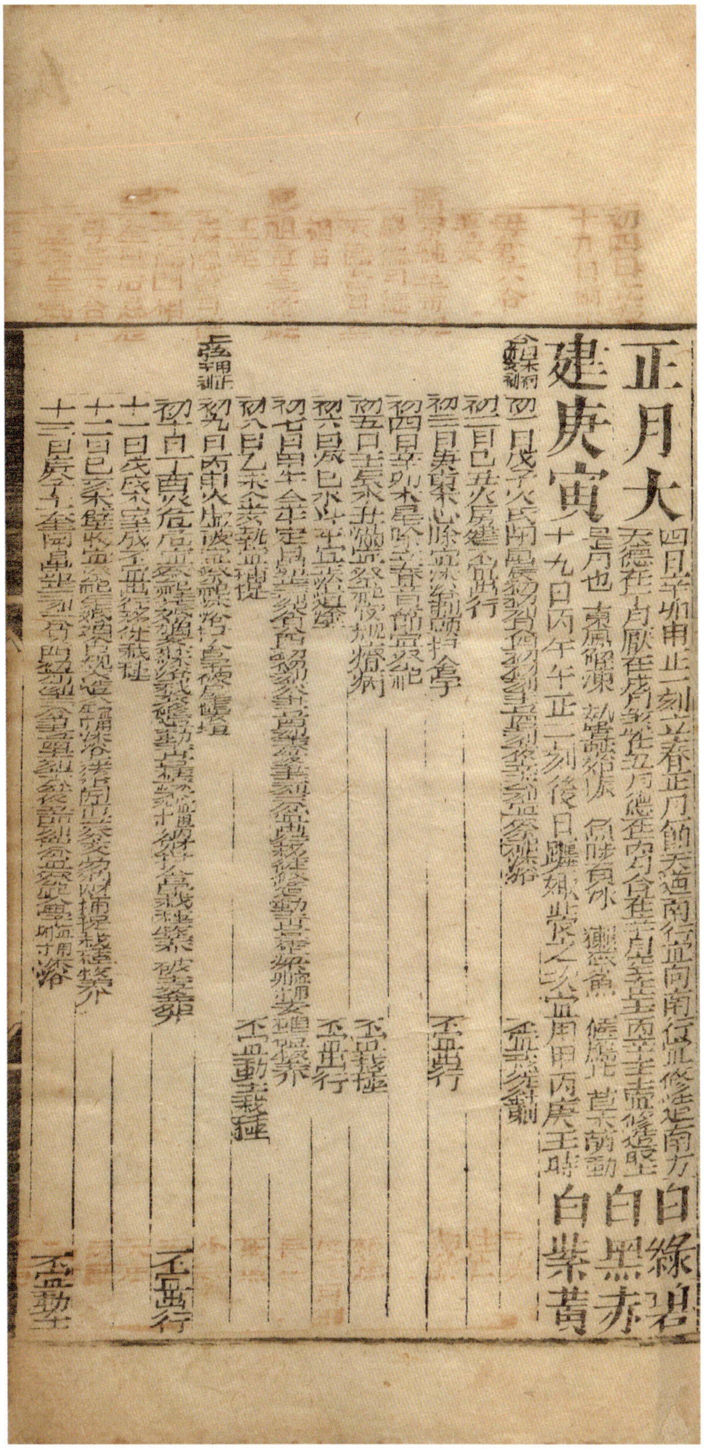

大清咸豐元年歲次辛亥時憲書一卷

清欽天監編　清道光三十年（1850）刻
朱墨套印本

咸豐

清代套印本圖錄

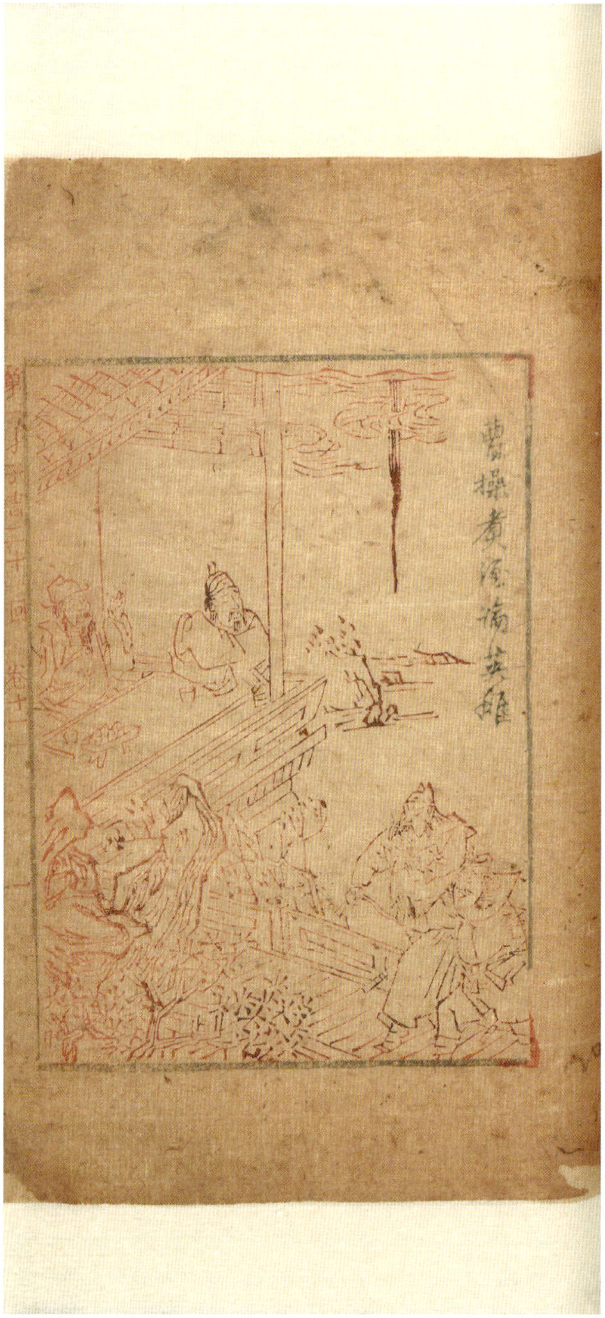

第一才子書六十卷一百二十回

明羅本撰　清毛宗崗評定　清咸豐三年（1853）善成堂刻朱緑套印本

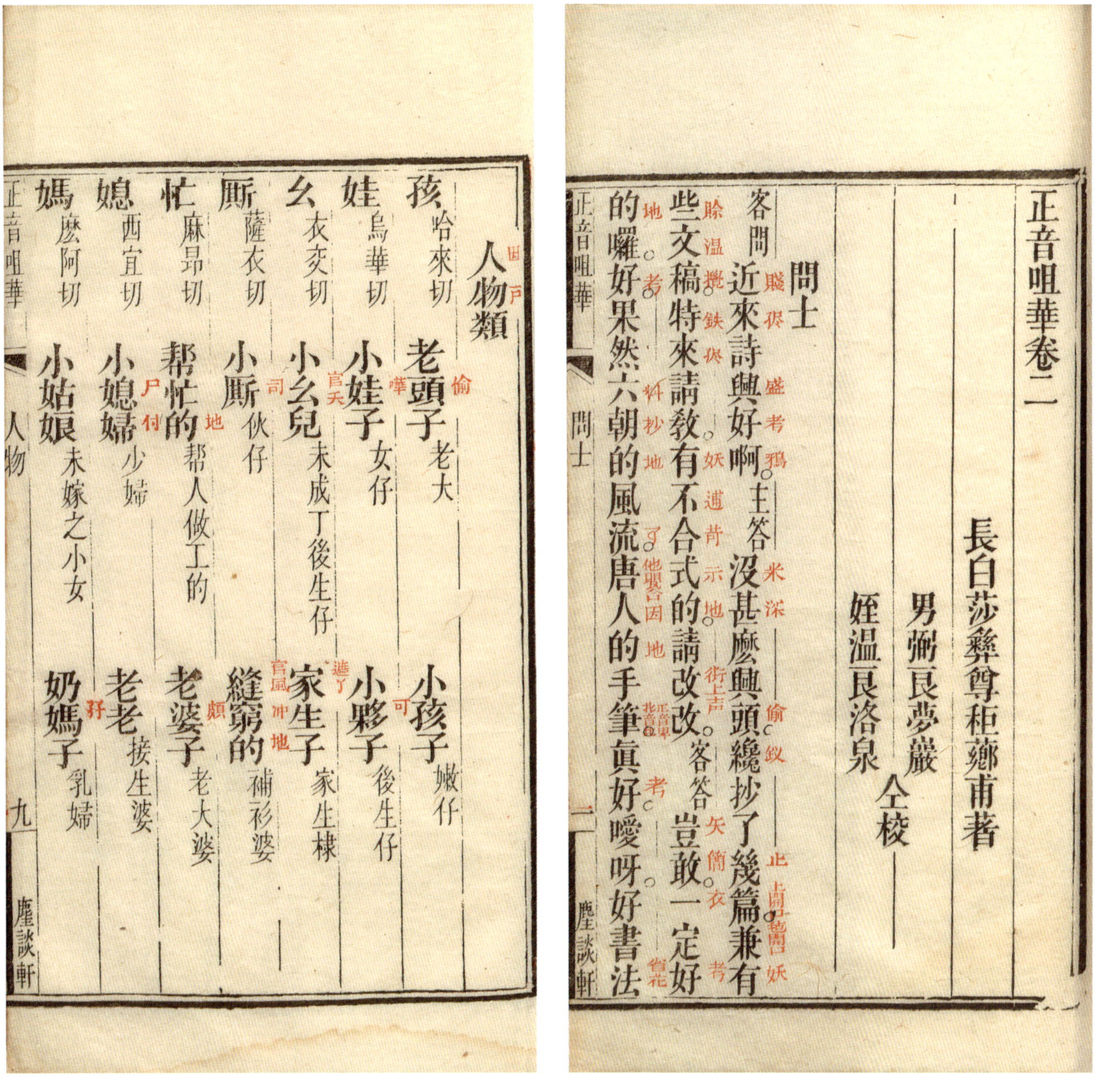
正音咀華卷二

長白莎彝尊秬薌甫著
男錫良夢巖
姪温良洛泉 仝校

問士

客問 近來詩興好啊。主答 沒甚麽興頭纔抄了幾篇兼有些文稿特來請教有不合式的請改改。客答 豈敢一定好的囉好果然六朝的風流唐人的手筆真好嘜呀好書法

正音咀華 問士 二 麈談軒

人物類

孩 哈來切 老頭子 老大 小孩子 嫐仔
娃 烏華切 小娃子 女仔 小夥子 後生仔
幺 衣交切 小幺兒 未成丁後生仔 家生子 家生棣
廝 薩衣切 小廝 伙仔 縫窮的 補衫婆
忙 麻昂切 帮忙的 帮人做工的 老婆子 老大婆
媳 西宜切 小媳婦 少婦 老老 接生婆
媽 麽阿切 小姑娘 未嫁之小女 奶媽子 乳婦

正音咀華 人物 九 麈談軒

正音咀華三卷附正音咀華續編一卷

清莎彝尊撰　清咸豐三年（1853）麈談軒刻
朱墨套印本

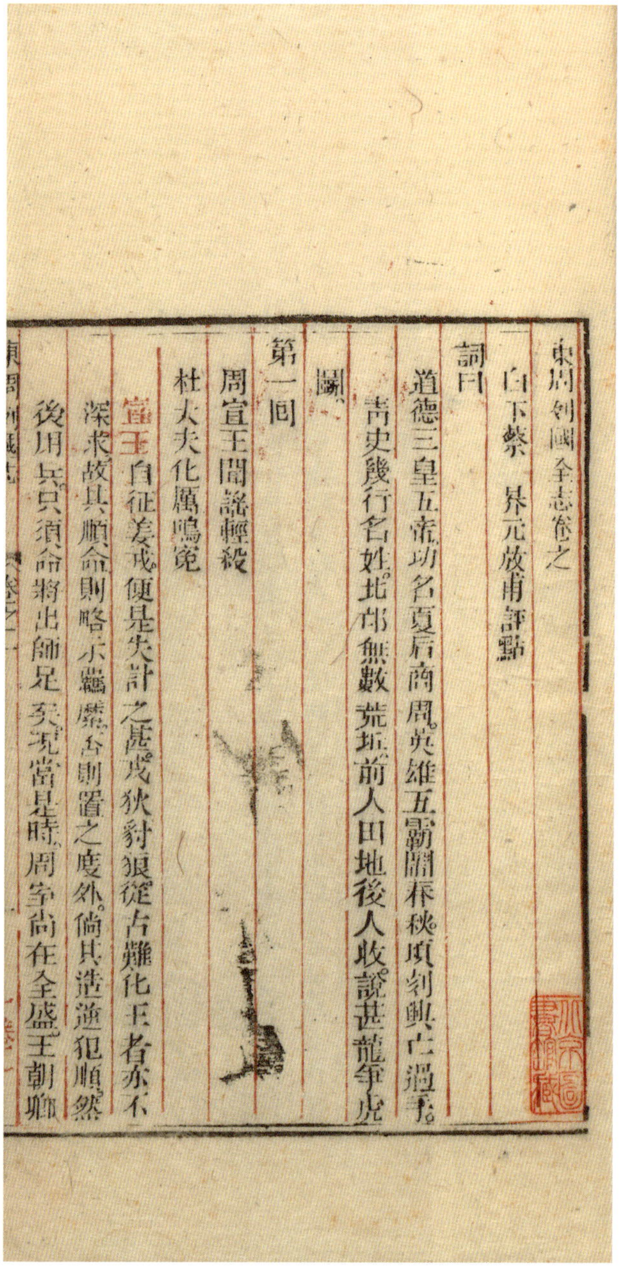

東周列國全志卷之一
白下蔡 昇元 放甫評點
詞曰
道德三皇五帝，功名夏后商周。英雄五霸鬧春秋，頃刻興亡過手。
青史幾行名姓，北邙無數荒丘。前人田地後人收，說甚龍爭虎
鬭。
第一回
周宣王聞謠輕殺
杜大夫化厲鳴冤
宣王自征姜戎，便是失計之處。戎狄豺狼，從古難化，王者亦不
深求。故其順命則略示羈縻，否則置之度外。倘其猖獗犯順，然
後用兵，只須命將出師足矣。況當是時，周室尚在全盛，王朝卿

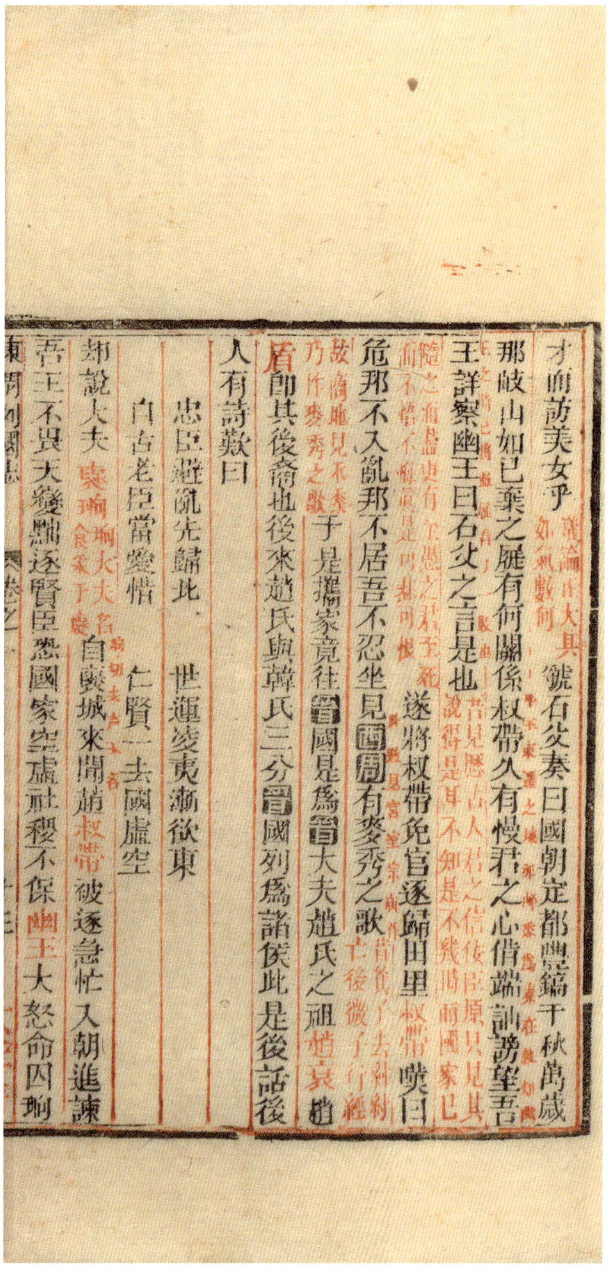

才貌訪美女乎 號石父奏曰：國朝定都豐鎬，千秋萬歲
那岐山如已棄之屣，有何關係？叔帶久有慢君之心，借端誹謗，望吾
王詳察。幽王曰：石父之言是也。
遂將叔帶免官，逐歸田里。叔帶嘆曰：
危邦不入，亂邦不居。吾不忍坐見宗周有麥秀之歌。
於是攜家竟往晉國，是為晉大夫趙氏之祖，趙衰、趙
盾即其後裔也。後來趙氏與韓氏三分晉國，列為諸侯。此是後話。後
人有詩歎曰：
忠臣避亂先歸北，世運凌夷漸欲東。
自古老臣當愛惜，仁賢一去國虛空。
卻說大夫褒珦自褒城來，聞叔帶被逐，急忙入朝進諫：
吾王不畏天變，黜逐賢臣，恐國家空虛，社稷不保。幽王大怒，命囚珦

東周列國全志二十三卷一百八回

清蔡奡評點　清咸豐四年（1854）
書成山房刻朱墨套印本

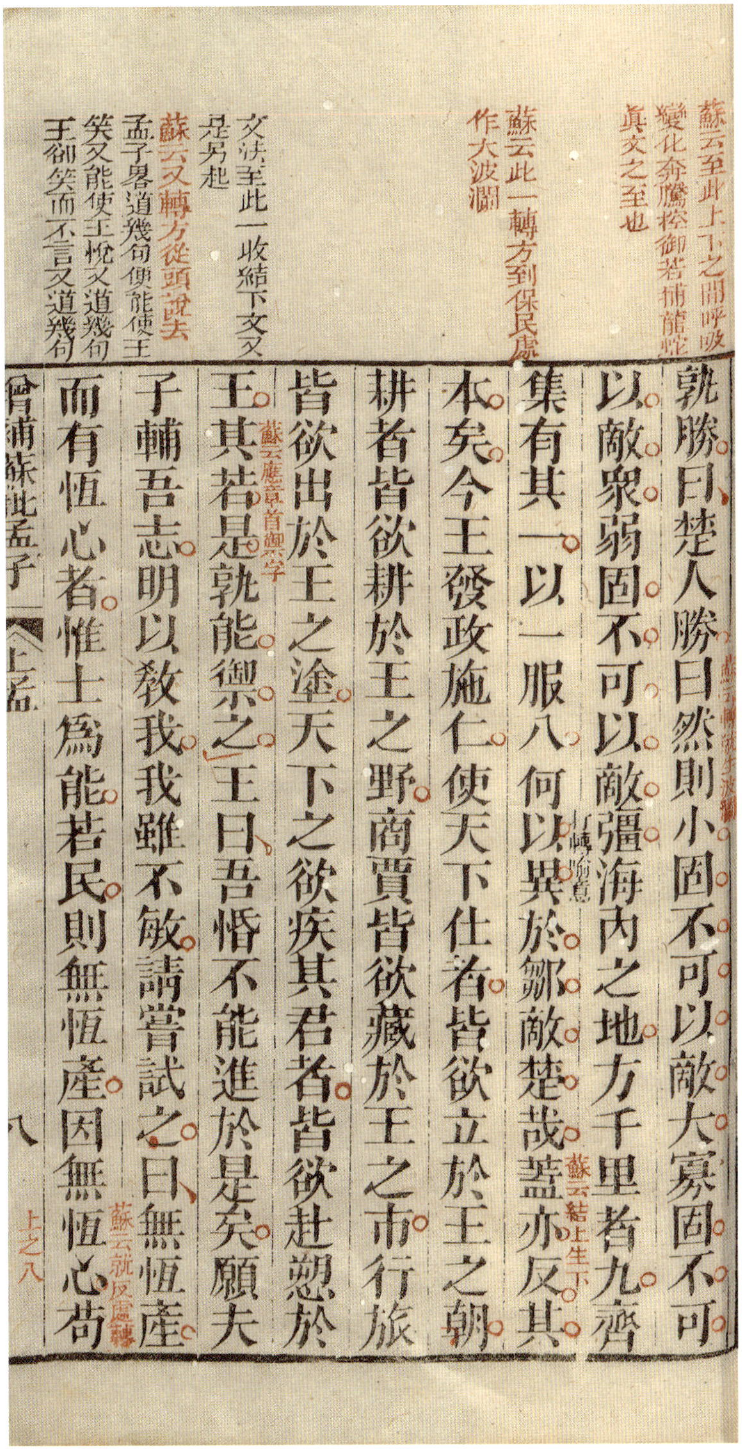

蘇云至此上下之間呼吸變化奔騰控御若捕龍蛇真文之至也

蘇云此一轉方到保民處作大波瀾

文法至此一收結下文又是另起

蘇云又轉方從頭說去

孟子畧道幾句便能使王笑又能使王悦又道幾句王御笑而不言又道幾句

孰勝曰楚人勝曰然則小固不可以敵大寡固不可以敵衆弱固不可以敵彊海内之地方千里者九齊集有其一以一服八何以異於鄒敵楚哉蓋亦反其本矣今王發政施仁使天下仕者皆欲立於王之朝耕者皆欲耕於王之野商賈皆欲藏於王之市行旅皆欲出於王之塗天下之欲疾其君者皆欲赴愬於王其若是孰能禦之王曰吾惛不能進於是矣願夫子輔吾志明以教我我雖不敏請嘗試之曰無恒產而有恒心者惟士爲能若民則無恒產因無恒心苟

蘇云轉入生波瀾

蘇云結上生下

蘇云應章首禦字

蘇云就反處轉

增補蘇批孟子一 上孟 八

上之八

增補蘇批孟子二卷孟子年譜一卷

宋蘇洵撰　清趙大浣增補　清咸豐六年（1856）刻朱墨套印本

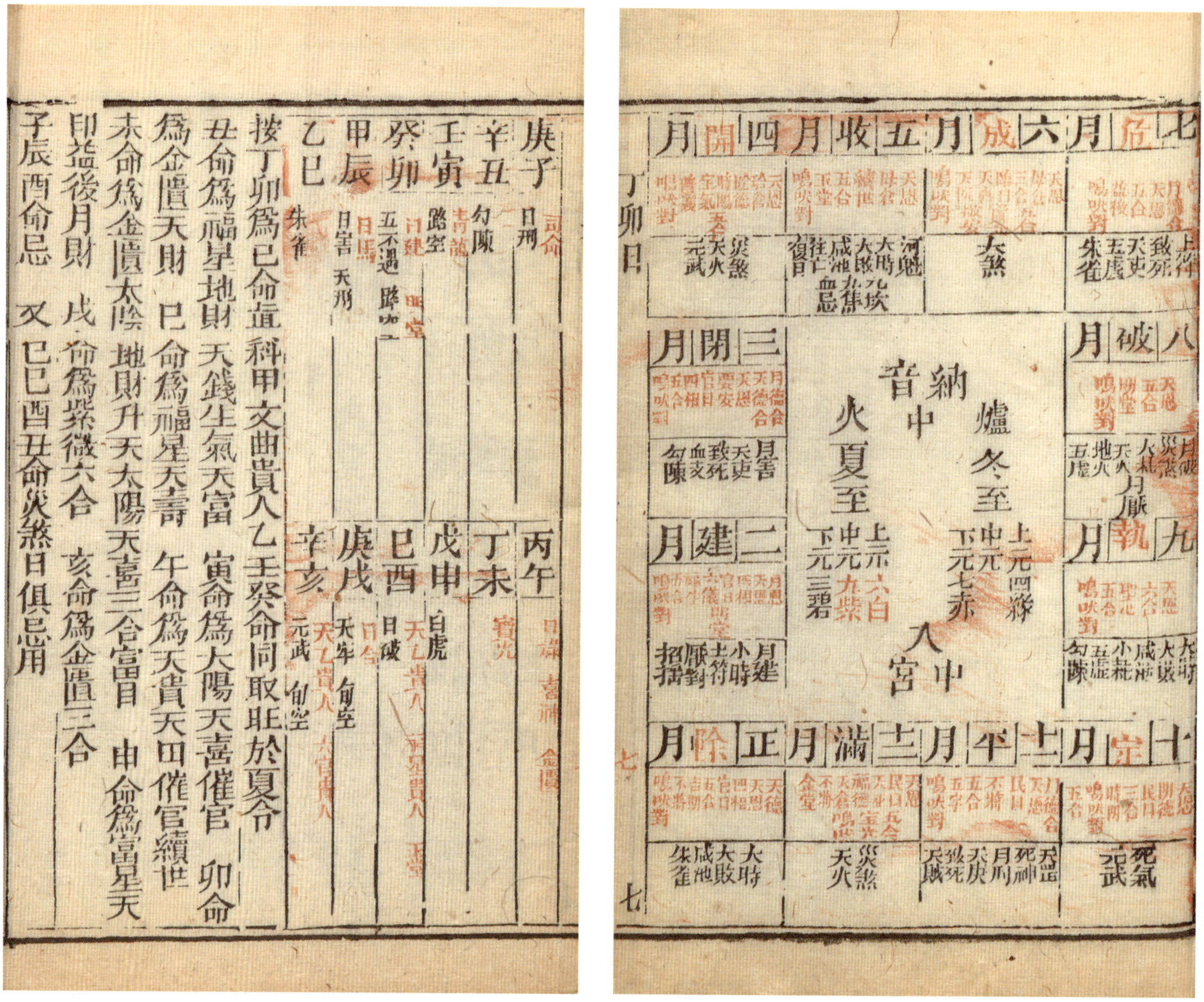

諏吉便覽不分卷

清俞榮寬輯　清咸豐八年（1858）
東粵三元堂刻朱墨套印本

同治

清代套印本圖録

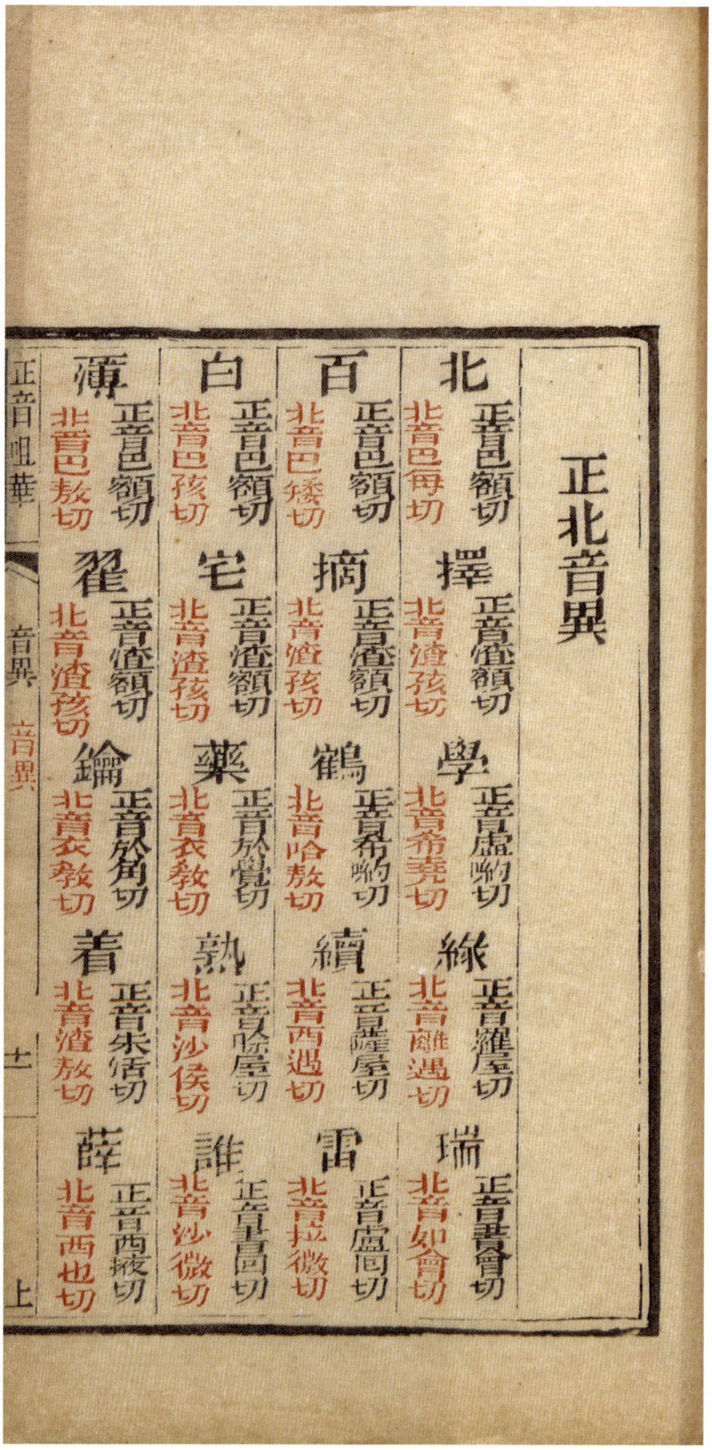
正北音異

北　正音巴額切　北音巴每切
擇　正音查額切　北音渣孩切
學　正音虛喲切　北音希堯切
綠　正音羅屋切　北音離遇切
瑞　正音書會切　北音如會切

百　正音巴額切　北音巴矮切
摘　正音查額切　北音渣孩切
鶴　正音希喲切　北音哈敖切
續　正音薩屋切　北音西遇切
雷　正音盧回切　北音拉微切

白　正音巴額切　北音巴孩切
宅　正音查額切　北音渣孩切
藥　正音於覺切　北音衣敎切
熟　正音師屋切　北音沙侯切
誰　正音書回切　北音沙微切

薄　正音巴額切　北音巴敖切
翟　正音查額切　北音渣孩切
鑰　正音於角切　北音衣敎切
着　正音朱活切　北音渣敖切
薛　正音西掖切　北音西也切

正音咀華　音異　音異　十一　上

正音咀華三卷附正音咀華續編一卷

清莎彝尊撰　清同治六年（1867）塵談軒刻
朱墨套印本

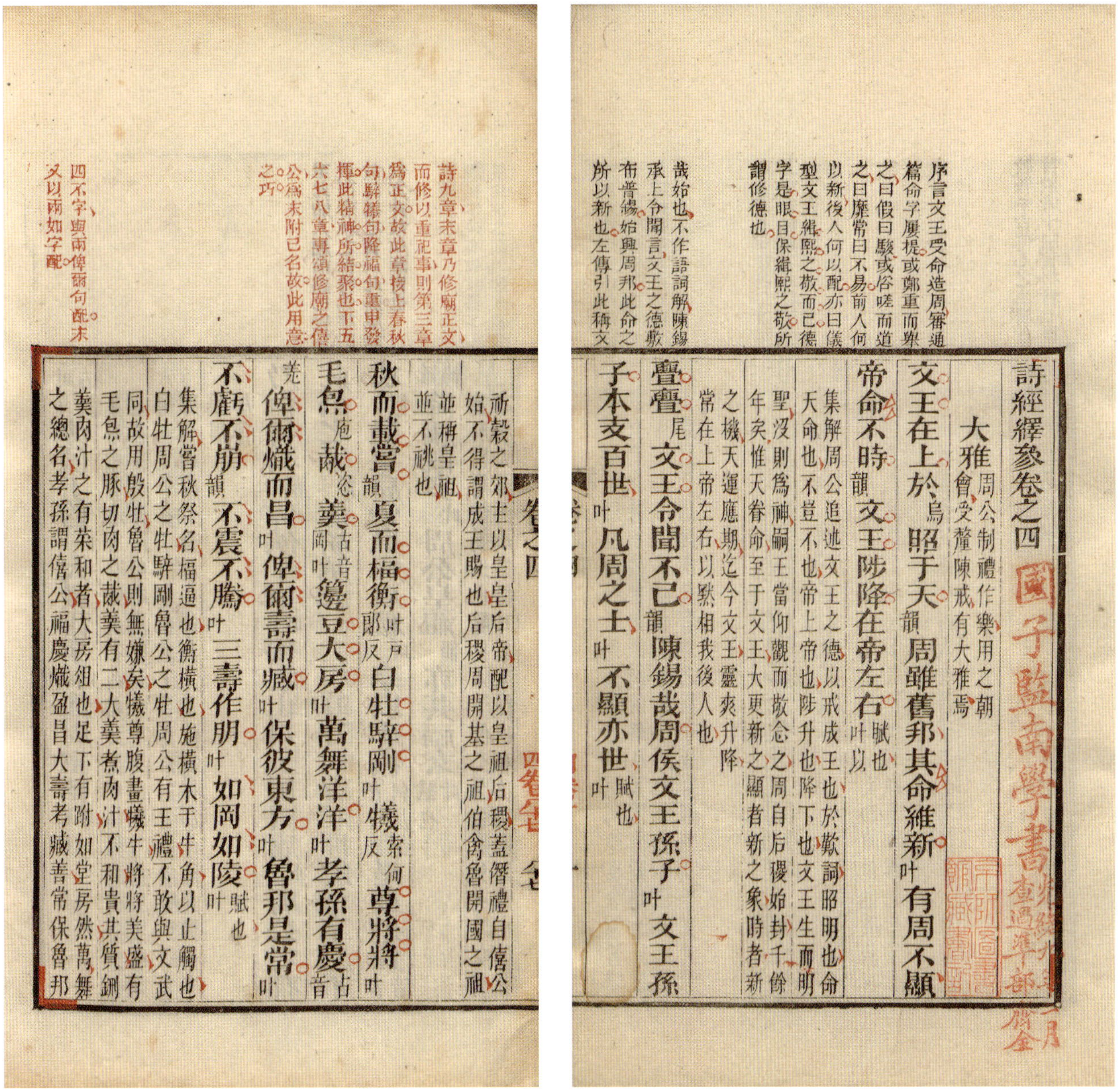

序言文王受命造周篇通篇命字屢提或鄭重而舉之曰假曰駿或俗嗟而道之曰靡常曰不易前人何以新後人何以配亦曰儀型文王緝熙之敬而已德字是眼目保緝熙之敬所謂修德也

哉始也不作語詞解陳錫承上令聞言文王之德敷布普錫始與周邦此命之所以新也左傳引此稱文

詩經繹參卷之四

大雅 周公制禮作樂用之朝會受釐陳戒有大雅焉

文王在上於烏 昭于天韻 周雖舊邦其命維新叶 有周不顯

帝命不時韻 文王陟降在帝左右叶以 賦也

集解周公追述文王之德以戒成王也於歎詞昭明也命天命也不豈不也帝上帝也陟升也降下也文王生而明聖沒則爲神嗣王當仰觀而敬念之周自后稷始封千餘年矣惟天眷命至于文王大更新之顯者新之象時者新之機天運應期迄今文王靈爽升降常在上帝左右以默相我後人也

亹亹尾 文王令聞不已韻 陳錫哉周侯文王孫子叶 文王孫子本支百世叶 凡周之士叶 不顯亦世叶 賦也

詩九章末章乃修廟正文而修以重祀事則第三章爲正文故此章接上春秋句騂犧句降福句重申發揮此精神所結聚也下五六七八章專頌修廟之僖公爲末附已名故此用意之巧

四不字與兩俾爾句配末又以兩如字配

祈穀之郊主以皇皇后帝配以皇祖后稷蓋僭禮自僖公始不得謂成王賜也后稷周開基之祖伯禽魯開國之祖並稱皇祖

並不祧也

秋而載嘗韻 夏而楅衡叶戶郎反 白牡騂剛叶 犧索何反 尊將將叶

毛炰庖 胾恣 羹古音岡叶 籩豆大房叶 萬舞洋洋叶 孝孫有慶古音羌

俾爾熾而昌叶 俾爾壽而臧叶 保彼東方叶 魯邦是常叶

不虧不崩韻 不震不騰叶 三壽作朋叶 如岡如陵叶 賦也

集解嘗秋祭名楅逼也衡橫也施橫木于牛角以止觸也白牡周公之牡騂剛魯公之牡周公有王禮不敢與文武同故用殷牡魯公則無嫌矣犧尊畫犧牛將將美盛有毛炰之豚切肉之胾羹有二大羹煮肉汁不和貴其質鉶羹肉汁之有菜和者大房俎也足下有跗如堂房然萬舞之總名孝孫謂僖公福慶熾盛昌大壽考臧善常保魯邦

詩經繹參四卷

清鄧翔撰　清同治七年（1868）孔廣陶等刻

朱墨套印本

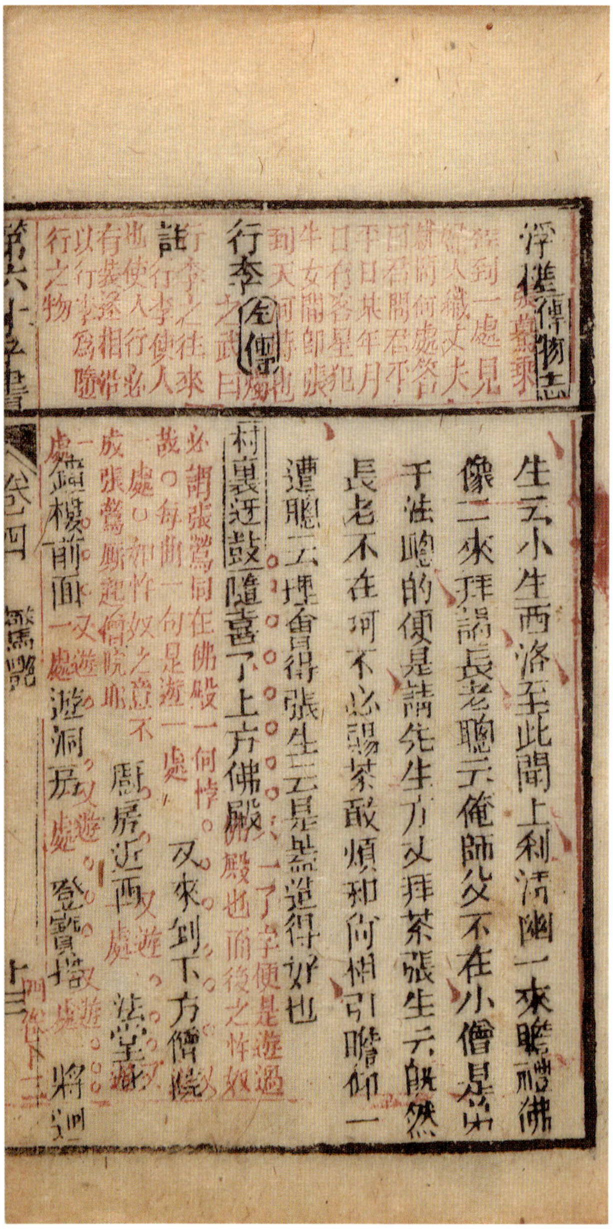
生云小生西洛至此聞上刹清幽一來瞻禮佛
像二來拜謁長老聰云俺師父不在小僧是弟
子法聰的便是請先生方丈拜茶張生云既然
長老不在呵不必賜茶敢煩和尚相引瞻仰一
遭聰云理會得張生云是甚是道得好也
村裏迓鼓
隨喜了上方佛殿
又來到下方僧院
廚房近西
法堂北
第六才子書
卷四

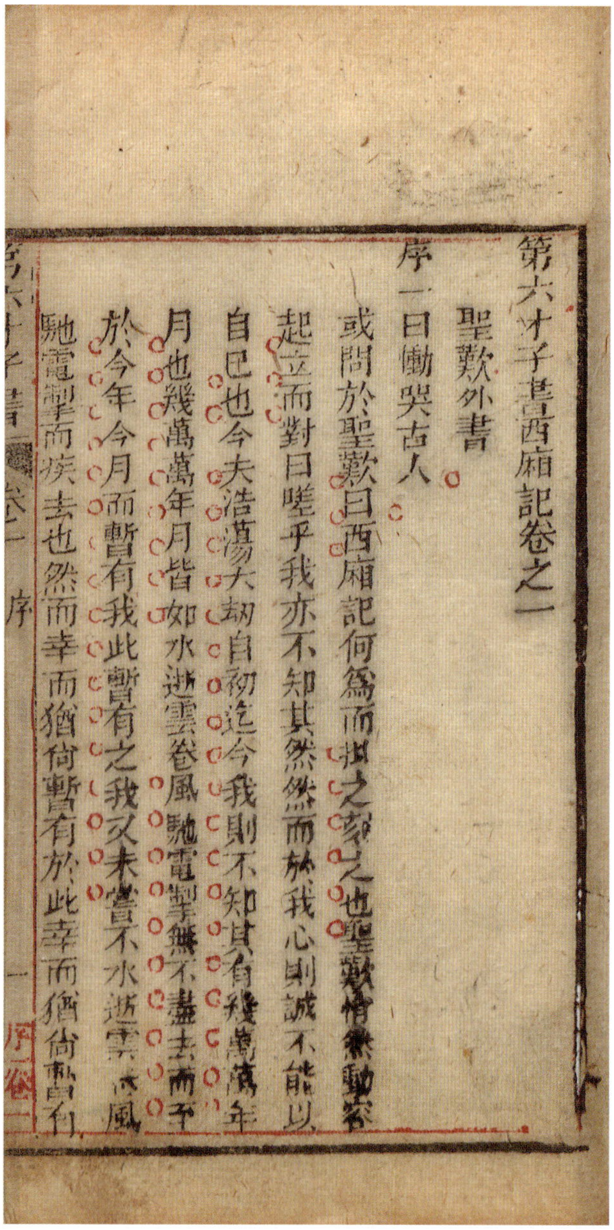
第六才子書西廂記卷之一
聖歎外書
序一曰慟哭古人
或問於聖歎曰西廂記何爲而批之刻之也聖歎悄然動容
起立而對曰嗟乎我亦不知其然然而於我心則誠不能以
自已也今夫浩蕩大劫自初迄今我則不知其有幾萬萬年
月也幾萬萬年月皆如水逝雲卷風馳電掣無不盡去而至
於今年今月而暫有我此暫有之我又未嘗不水逝雲卷風
馳電掣而疾去也然而幸而猶尚暫有於此幸而猶尚暫有
第六才子書 卷一 序 一

第六才子書西廂記八卷

元王實甫撰　清金人瑞評點　清同治八年
（1869）味蘭軒刻朱墨套印本

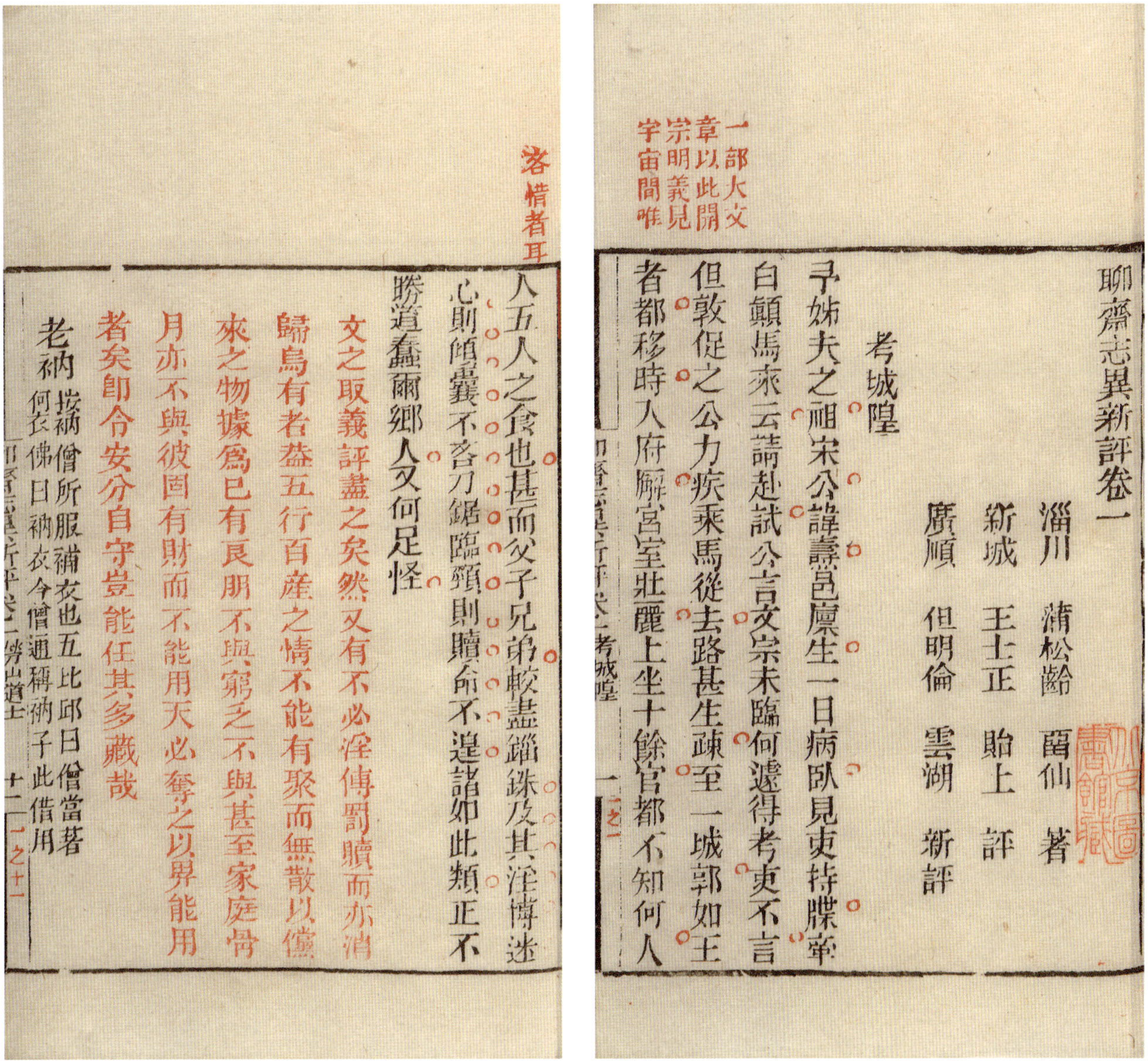
一部大文章以此開宗明義見宇宙間唯

聊齋志異新評卷一
淄川　蒲松齡　留仙　著
新城　王士正　貽上　評
廣順　但明倫　雲湖　新評
考城隍
予姊夫之祖宋公諱燾邑廩生一日病臥見吏持牒牽
白顚馬來云請赴試公言文宗未臨何遽得考吏不言
但敦促之公力疾乘馬從去路甚生疎至一城郭如王
者都移時入府廨宮室壯麗上坐十餘官都不知何人

聊齋志異新評卷之一　考城隍　一之一

洛情者耳

人五人之食也甚而父子兄弟較盡錙銖及其淫博迷
心則傾囊不吝刀鋸臨頸則贖命不遑諸如此類正不
勝道蠢爾鄉人又何足怪
文之取義評盡之矣然又有不必淫傳罰贖而亦消
歸烏有者蓋五行百產之情不能有聚而無散以儻
來之物據爲已有良朋不與窮乏不與甚至家庭骨
月亦不與彼固有財而不能用天必奪之以畀能用
者矣卽令安分自守豈能任其多藏哉
老衲　披衲僧所服補衣也五比邱曰僧當著何衣佛曰衲衣今僧通稱衲子此借用

聊齋志異新評卷之一　勞山道士　十二　一之十一

聊齋志異新評十六卷

清蒲松齡撰　清王士禛評　清吕湛恩注
清但明倫新評　清同治八年（1869）羊城
青雲樓刻朱墨套印本

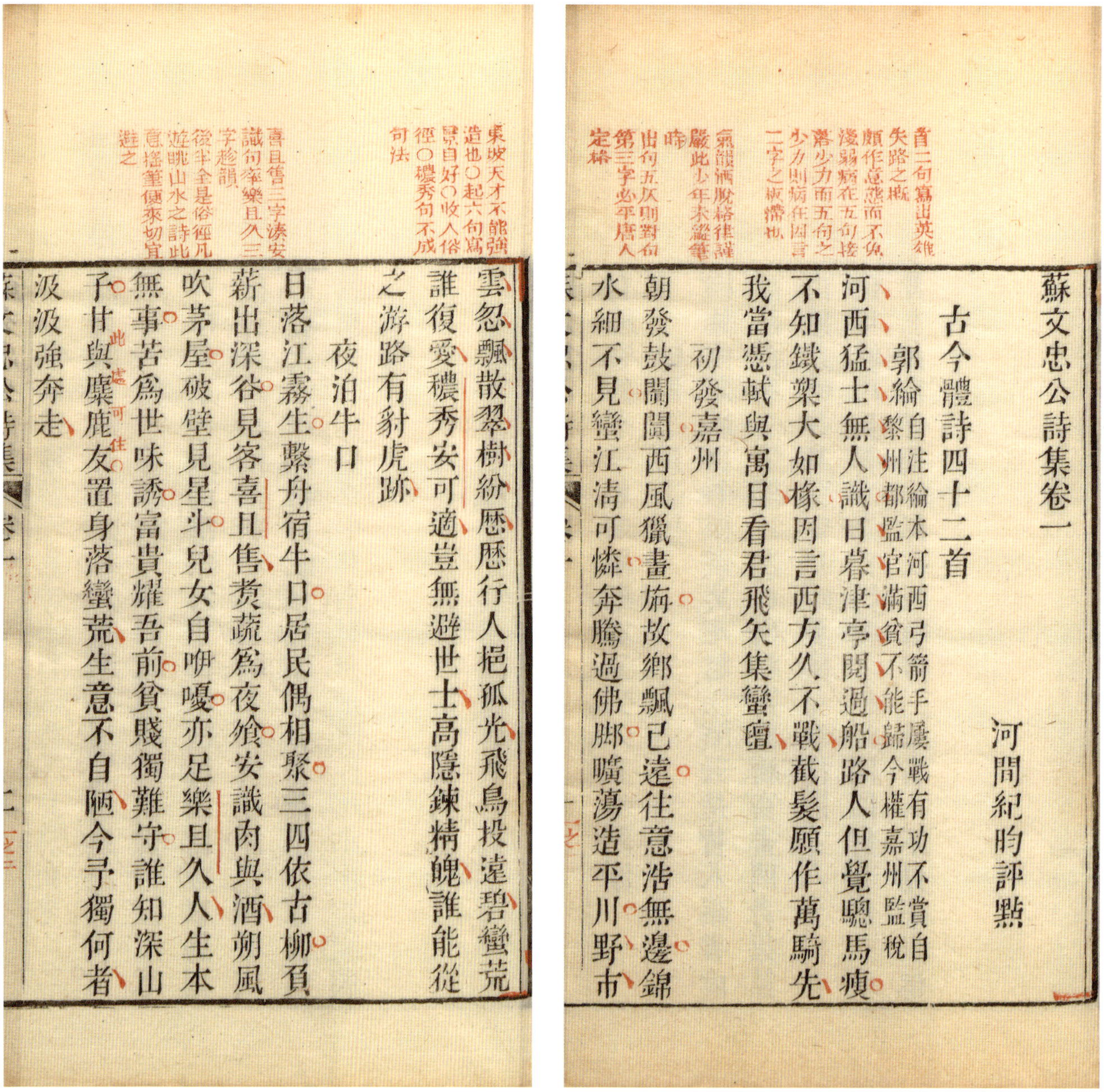

蘇文忠公詩集卷一

河間紀昀評點

古今體詩四十二首

郭綸 自注綸本河西弓箭手屢戰有功不賞自黎州都監官滿貧不能歸今權嘉州監稅

河西猛士無人識日暮津亭閱過船路人但覺驄馬瘦不知鐵槊大如椽因言西方久不戰截髮願作萬騎先我當憑軾與寓目看君飛矢集蠻氊

首二句寫出英雄失路之概頗作意態而不俗淺弱病在五句接落少力而五句之少力則病在因言二字之板滯也

初發嘉州

朝發鼓闐闐西風獵畫旆故鄉飄已遠往意浩無邊錦水細不見蠻江清可憐奔騰過佛腳曠蕩造平川野市

氣韻灑脫格律謹嚴此少年未縱筆時

出句五仄則對句第三字必平唐人定格

雲忽飄散翠樹紛歷歷行人挹孤光飛鳥投遠碧蠻荒誰復愛穠秀安可適豈無避世士高隱鍊精魄誰能從之游路有豺虎跡

東坡天才不能強造也○起六句寫景自好○收入俗徑○穠秀句不成句法

夜泊牛口

日落江霧生縈舟宿牛口居民偶相聚三四依古柳負薪出深谷見客喜且售煑蔬爲夜飧安識肉與酒朔風吹茅屋破壁見星斗兒女自咿嚘亦足樂且久人生本無事苦爲世味誘富貴耀吾前貧賤獨難守誰知深山子甘與麋鹿友置身落蠻荒生意不自陋今予獨何者汲汲強奔走

喜且售三字湊安識句率樂且久三字趁韻

後半全是俗徑凡遊眺山水之詩此意搖筆便來切宜避之

蘇文忠公詩集五十卷目録二卷

宋蘇軾撰　清紀昀評點　清同治八年（1869）

韻玉山房粵東省城刻朱墨套印本

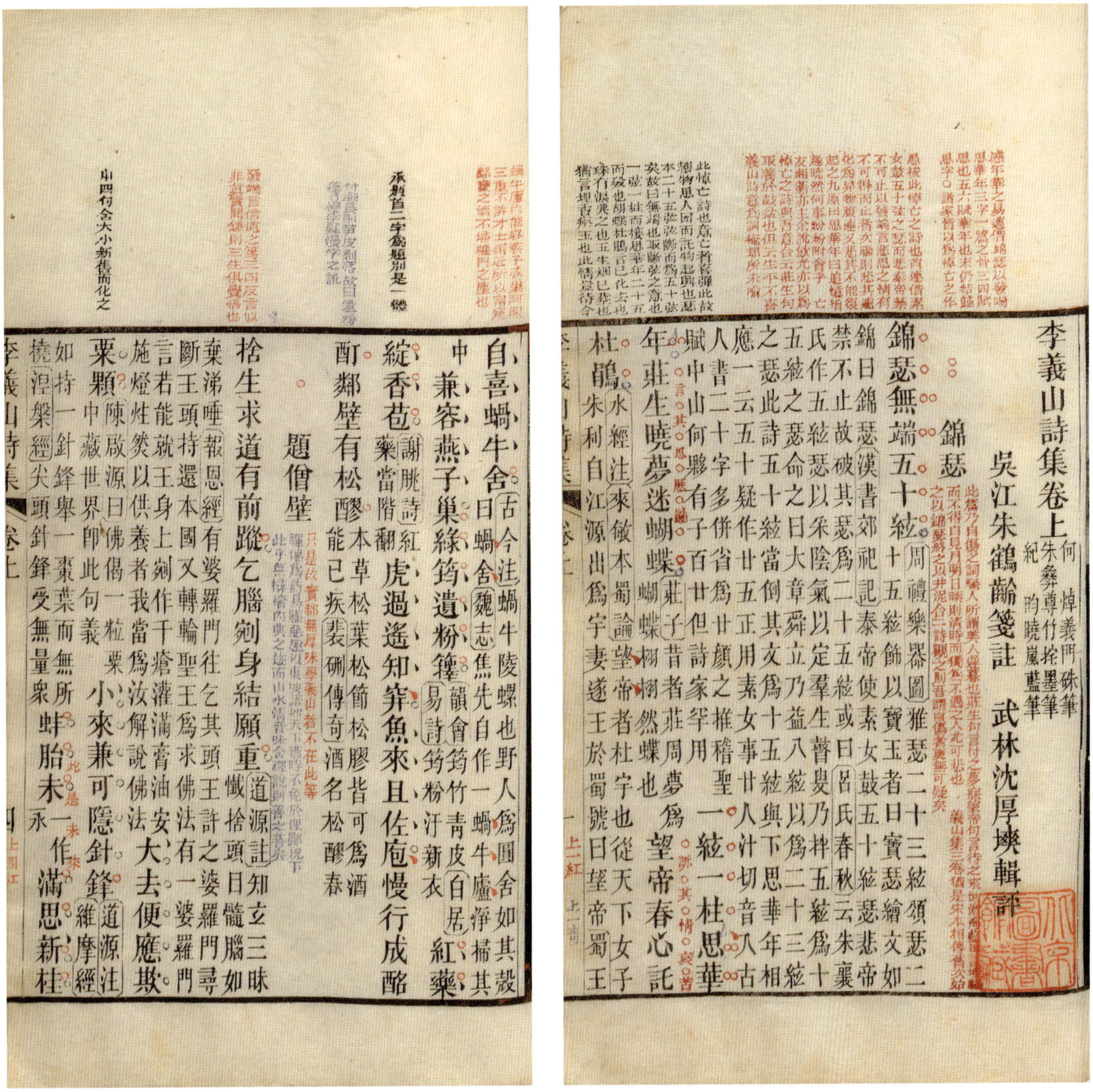
李義山詩集卷上 何焯義門硃筆 朱彝尊竹垞墨筆 紀昀曉嵐藍筆
吳江朱鶴齡箋註 武林沈厚塽輯評
錦瑟
錦瑟無端五十絃 周禮樂器圖雅瑟二十三絃頌瑟二十五絃飾以寶玉者曰寶瑟繪文如錦曰錦瑟 漢書郊祀記泰帝使素女鼓五十絃瑟悲帝禁不止故破其瑟為二十五絃或曰 呂氏春秋云朱襄氏作五絃瑟以來陰氣以定羣生瞽叟乃拌五絃為十五絃之瑟命之曰大章舜立乃益八絃以為二十三絃之瑟此詩五十絃當倒其文為十五絃與下思華年相應一云五十疑作廿五正用素女事廿八汁切音入古人書二十字多併省為廿顏之推稽聖賦中山何夥有子百廿但詩家罕用 一絃一柱思華年 莊生曉夢迷蝴蝶 莊子昔者莊周夢為蝴蝶栩栩然蝶也 望帝春心託杜鵑 水經注來敏本蜀論望帝者杜宇也從天下女子朱利自江源出為宇妻遂王於蜀號曰望帝蜀王

自喜蝸牛舍 古今注蝸牛陵螺也野人為圓舍如其殼曰蝸舍 魏志焦先自作一蝸牛廬淨掃其中 兼容燕子巢 綠筠遺粉籜 韻會筠竹青皮 白居易詩筠粉汗新衣 紅藥綻香苞 謝朓詩紅藥當階翻 虎過遙知穽 魚來且佐庖 慢行成酩酊 鄰壁有松醪 本草松葉松節松膠皆可為酒能已疾 裴硎傳奇酒名松醪春
題僧壁
捨生求道有前蹤 乞腦剜身結願重 道源註知玄三昧懺捨頭目髓腦如棄涕唾 報恩經有婆羅門往乞其頭王許之婆羅門尋斷王頭持還本國又轉輪聖王為求佛法有一婆羅門言若能就王身上剜作千瘡灌滿膏油安施燈炷然以供養者我當為汝解說佛法 大去便應欺粟顆 陳啟源曰佛偈一粒粟中藏世界即此句義 小來兼可隱針鋒 道源注維摩經如持一針鋒舉一棗葉而無所嬈 涅槃經尖頭針鋒受無量衆 蚌胎未一作滿思新桂

李義山詩集三卷李義山詩譜一卷諸家詩評一卷

唐李商隱撰　清朱鶴齡箋注　清沈厚塽輯評　清同治九年（1870）廣州倅署刻三色套印本

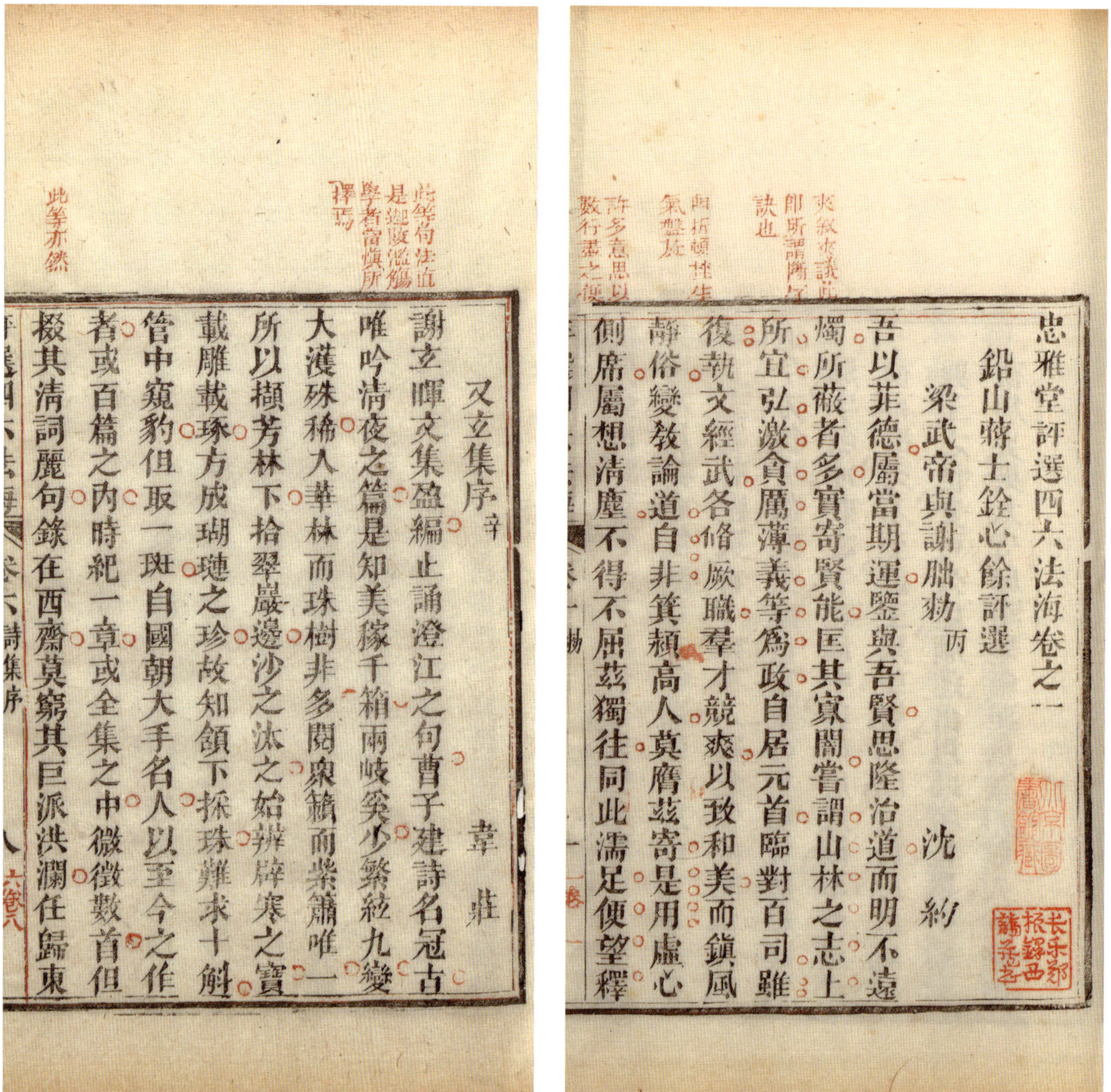
忠雅堂評選四六法海卷之一
鉛山蔣士銓心餘評選
梁武帝與謝朏勑 丙 沈約
吾以菲德屬當期運鑒與吾賢思隆治道而明不遠
燭所蔽者多實寄賢能匡其寡闇嘗謂山林之志上
所宜弘激貪厲薄義等爲政自居元首臨對百司雖
復執文經武各修厥職羣才競爽以致和美而鎮風
靜俗變教論道自非箕潁高人莫膺茲寄是用虛心
側席屬想清塵不得不屈茲獨往同此濡足便望釋
夾敘夾議此即所謂隔句訣也
兩折頓挫生氣盤旋
許多意思以數行盡之
又玄集序 辛 韋莊
謝玄暉文集盈編止誦澄江之句曹子建詩名冠古
唯吟清夜之篇是知美稼千箱兩岐奚少繁絃九變
大濩殊稀入華林而珠樹非多閱衆籟而紫簫唯一
所以擷芳林下拾翠巖邊沙之汰之始辨辟寒之寶
載雕載琢方成瑚璉之珍故知頷下採珠難求十斛
管中窺豹但取一斑自國朝大手名人以至今之作
者或百篇之內時紀一章或全集之中微微數首但
掇其清詞麗句錄在西齋莫窮其巨派洪瀾任歸東
此等句法直是迦陵濫觴學者當慎所擇焉
此筆亦然

忠雅堂評選四六法海八卷

清蔣士銓評選　清同治十年（1871）藏園刻
朱墨套印本

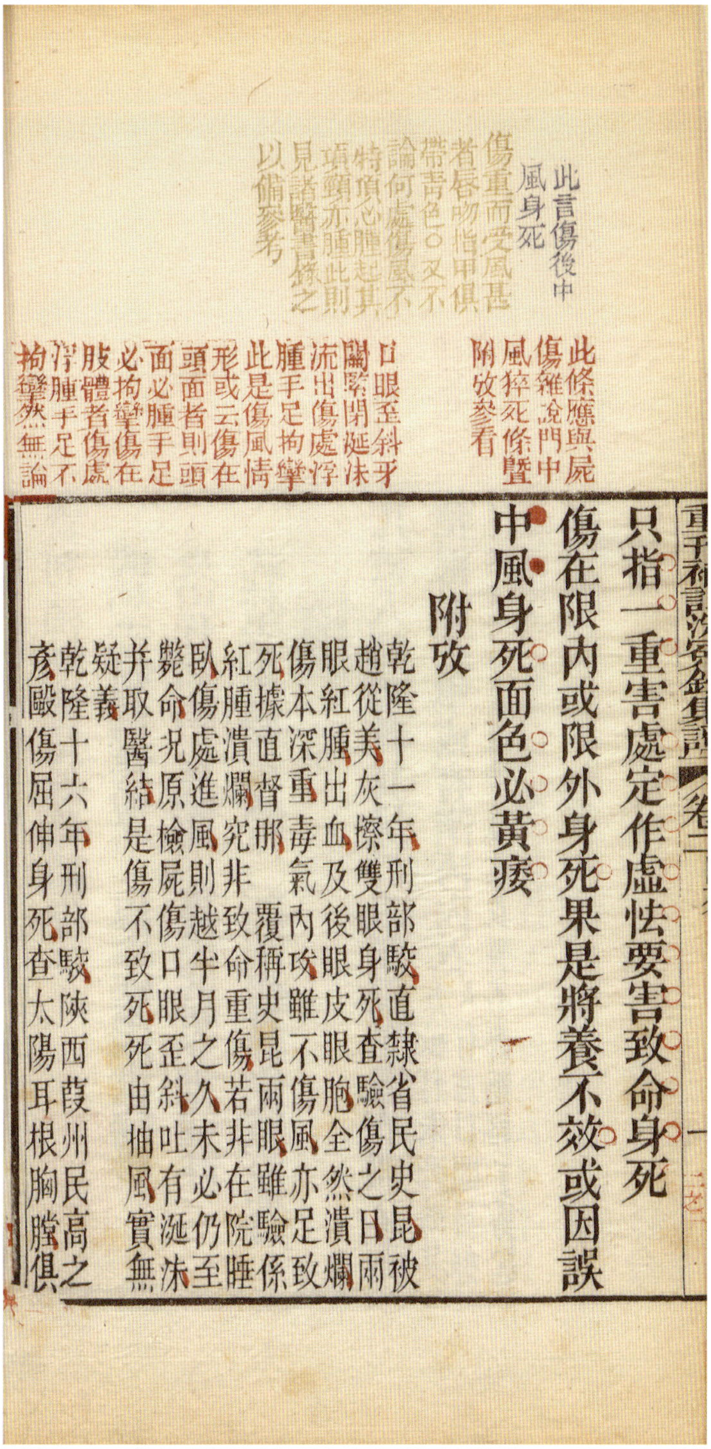
此言傷後中風身死
傷重而受風甚者唇吻指甲俱帶青色○又不論何處傷風不特項必腫起其項頸亦腫此則見諸醫書條之以備參考

此條應與屍傷雜說門中風猝死條暨附攷參看
口眼歪斜牙關緊閉涎沫流出傷處浮腫手足拘攣此是傷風情形或云傷在頭面者則頭面必腫手足必拘攣傷在肢體者傷處浮腫手足不拘攣然無論

重刊補註洗冤錄集證　卷二

只指一重害處定作虛怯要害致命身死
傷在限內或限外身死果是將養不效或因誤
中風身死面色必黃瘦
附攷
乾隆十一年刑部駁直隸省民史昆趙從美灰擦雙眼身死查驗傷之日兩眼紅腫出血及後眼皮眼胞全然潰爛傷本深重毒氣內攻雖不傷風亦足致死據直督那　覆稱史昆兩眼雖驗係紅腫潰爛究非致命重傷若非在院睡臥傷處進風則越半月之久未必仍至斃命况原檢屍傷口眼歪斜吐有涎沫并取醫結是傷不致死死由抽風實無疑義
乾隆十六年刑部駁陝西葭州民高之彥毆傷屈伸身死查太陽耳根胸膛俱

重刊補注洗冤録集證六卷

清王又槐輯　清李觀瀾補輯　清阮其新補注
清同治十一年（1872）刻四色套印本

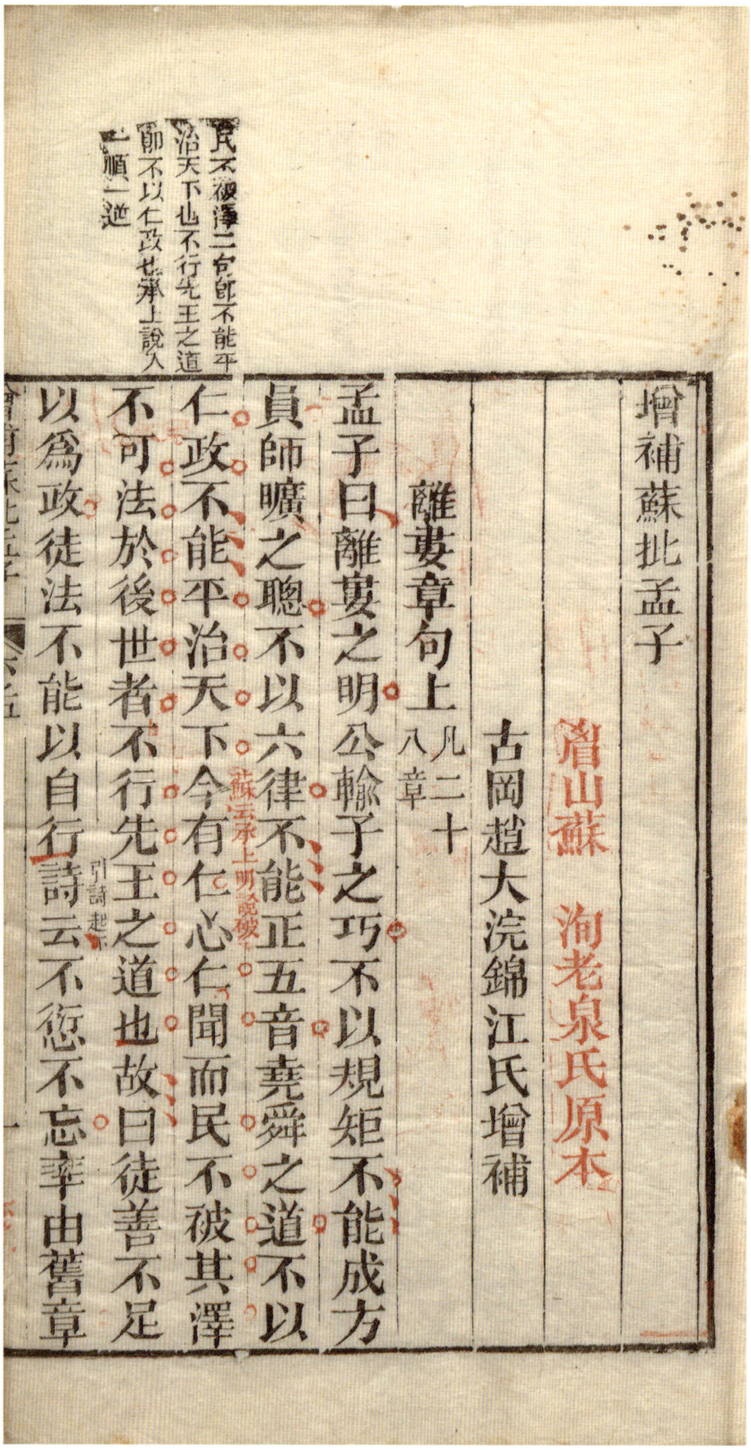

民不被澤二句即不能平治天下也不行先王之道即不以仁政也承上說入一順一逆

增補蘇批孟子

眉山蘇　洵老泉氏原本

古岡趙大浣錦江氏增補

離婁章句上 凡二十八章

孟子曰離婁之明公輸子之巧不以規矩不能成方員師曠之聰不以六律不能正五音堯舜之道不以仁政不能平治天下今有仁心仁聞而民不被其澤不可法於後世者不行先王之道也故曰徒善不足以為政徒法不能以自行詩云不愆不忘率由舊章

蘇云承上明說破

引詩起

增補蘇批孟子二卷孟子年譜一卷

宋蘇洵撰　清趙大浣增補　清同治十二年（1873）敦仁堂刻朱墨套印本

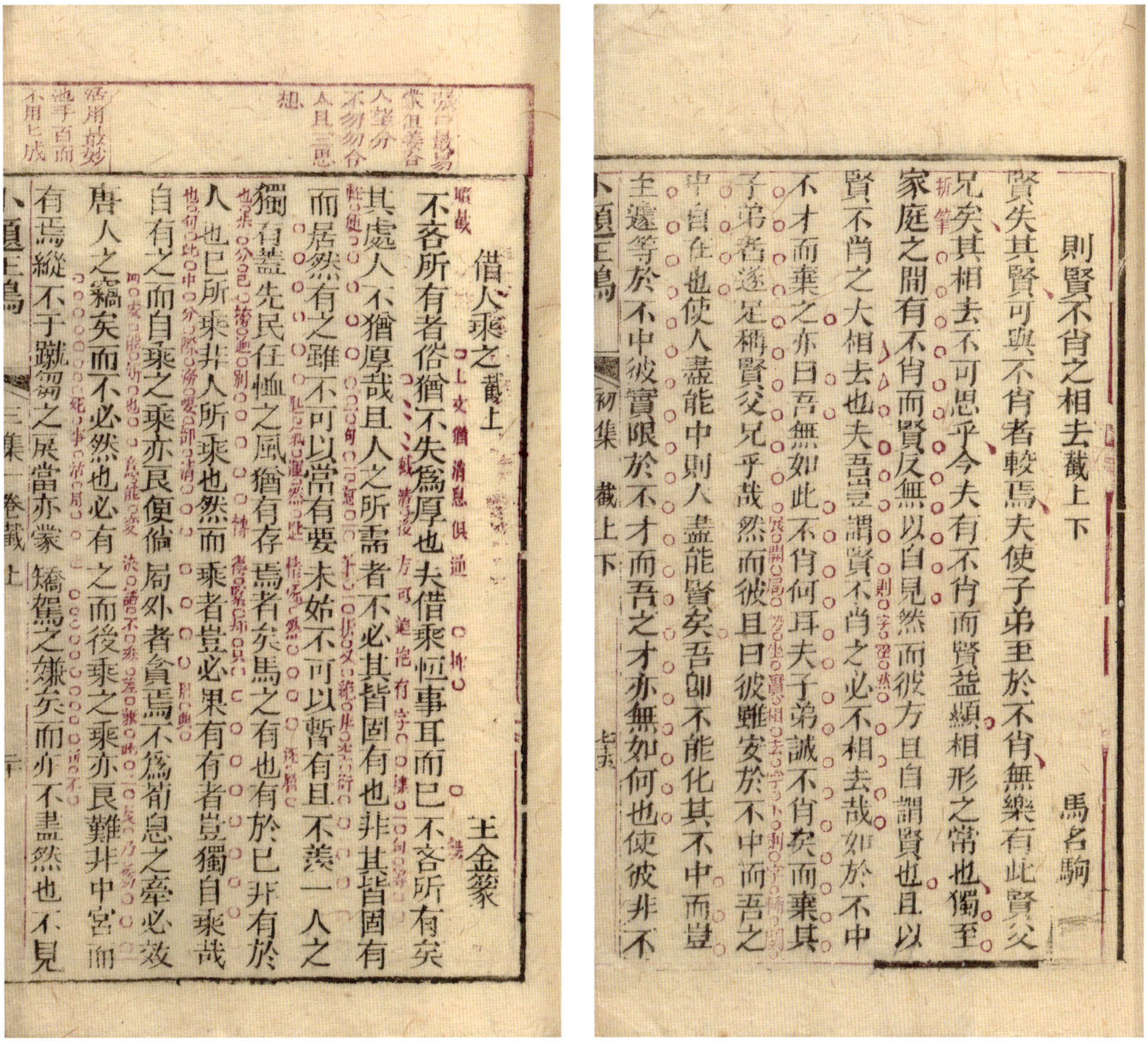
則賢不肖之相去　截上下
馬名駒
賢失其賢可與不肖者較焉夫使子弟至於不肖無樂有此賢父
兄矣其相去不可思乎今夫有不肖而賢益顯相形之常也獨至
家庭之間有不肖而賢反無以自見然而彼方且自謂賢也且以
賢不肖之大相去也夫吾豈謂賢不肖之必不相去哉如於不中
不才而棄之亦曰吾無如此不肖何耳夫子弟誠不肖矣而棄其
子弟者遂足稱賢父兄乎哉然而彼且曰彼雖安於不中而吾之
中自在也使人盡能中則人盡能賢矣吾即不能化其不中而豈
至遽等於不中彼實限於不才而吾之才亦無如何也使彼非不
小題正鵠　初集　截上下
借人乘之　截上
王金篆
不吝所有者俗猶不失爲厚也夫借乘恒事耳而已不吝所有矣
其處人不猶厚哉且人之所需者不必其皆固有也非其皆固有
而居然有之雖不可以常有要未始不可以暫有且不羨一人之
獨有蓋先民任恤之風猶有存焉者矣馬之有也有於已幷有於
人也已所乘非人所乘也然而乘者豈必果有有者豈獨自乘哉
自有之而自乘之乘亦艮便倘局外者貪焉不爲荀息之牽必效
唐人之竊矣而不必然也必有之而後乘之乘亦艮難非中宮而
有焉縱不于蹴芻之屍當亦蒙鷸鴐之嫌矣而亦不盡然也不見
小題正鵠　三集一卷　截上

塾課小題正鵠初集不分卷二集二卷三集三卷

清李元度輯　訓蒙草詳注一卷　清路德撰　清李元度注

清同治十二年（1873）二友堂刻朱墨套印本

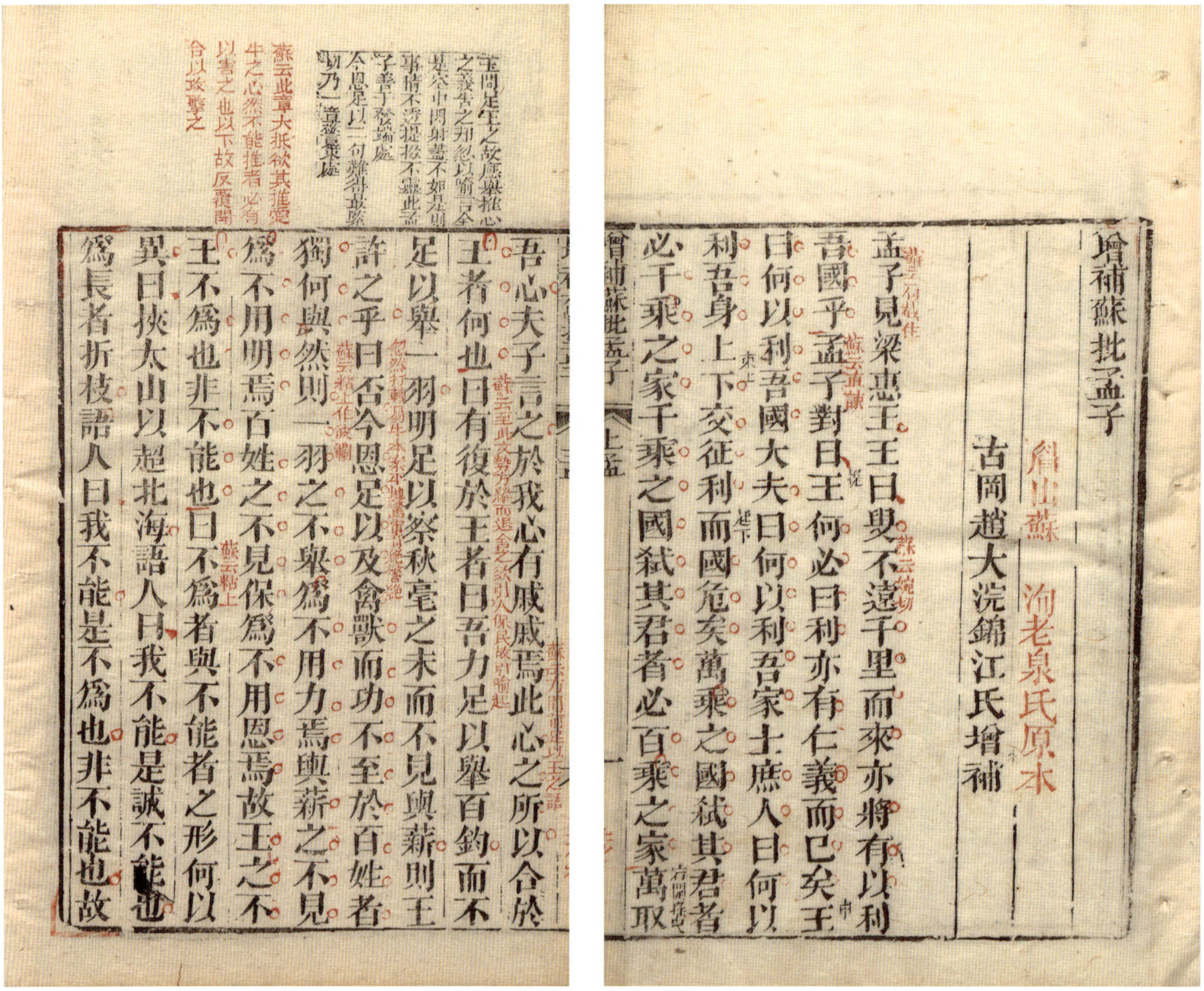
增補蘇批孟子

眉山蘇洵老泉氏原本

古岡趙大浣錦江氏增補

孟子見梁惠王王曰叟不遠千里而來亦將有以利吾國乎孟子對曰王何必曰利亦有仁義而已矣王曰何以利吾國大夫曰何以利吾家士庶人曰何以利吾身上下交征利而國危矣萬乘之國弒其君者必千乘之家千乘之國弒其君者必百乘之家萬取

吾心夫子言之於我心有戚戚焉此心之所以合於王者何也曰有復於王者曰吾力足以舉百鈞而不足以舉一羽明足以察秋毫之末而不見輿薪則王許之乎曰否今恩足以及禽獸而功不至於百姓者獨何與然則一羽之不舉爲不用力焉輿薪之不見爲不用明焉百姓之不見保爲不用恩焉故王之不王不爲也非不能也曰不爲者與不能者之形何以異曰挾太山以超北海語人曰我不能是誠不能也爲長者折枝語人曰我不能是不爲也非不能也故

增補蘇批孟子二卷孟子年譜一卷

宋蘇洵撰　清趙大浣增補　清同治十二年（1873）味經堂刻朱墨套印本

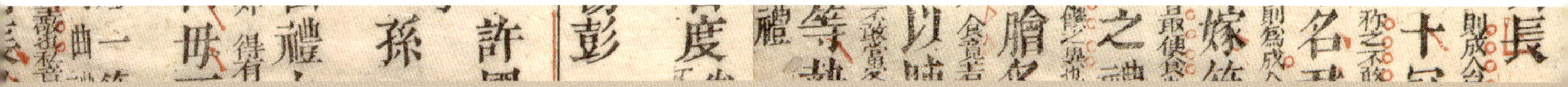

光緒

清代套印本圖錄

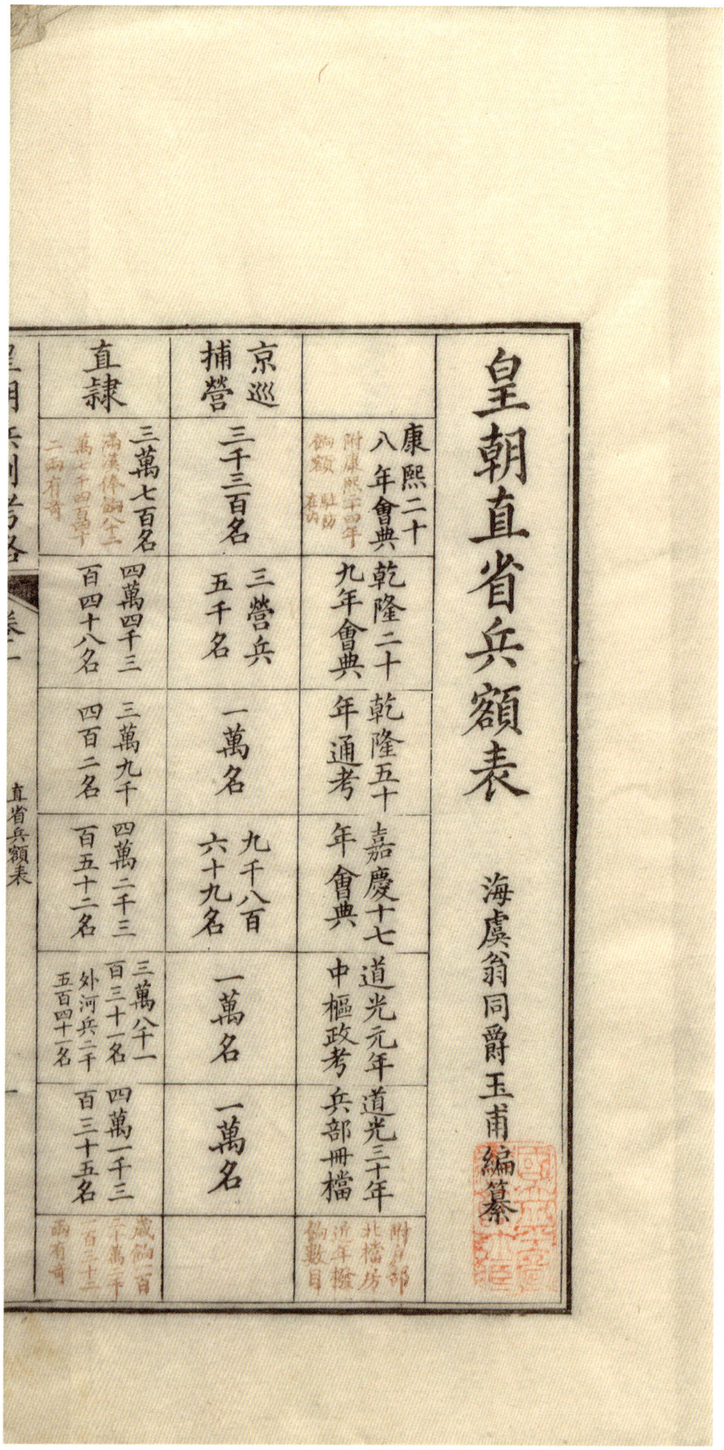
皇朝直省兵額表
海虞翁同爵玉甫編纂
康熙二十八年會典
乾隆二十九年會典
乾隆五十年通考
嘉慶十七年會典
道光元年中樞政考
道光三十年兵部冊檔
京巡捕營
三千三百名
三營兵五千名
一萬名
九千八百六十九名
一萬名
一萬名
直隸
三萬七百名
四萬四千三百四十八名
三萬九千四百二名
四萬二千三百五十二名
三萬仐一百三十一名 外河兵二千五百四十一名
四萬一千三百三十五名

皇朝兵制考略六卷

清翁同爵撰　清光緒元年（1875）武昌節署刻
朱墨套印本

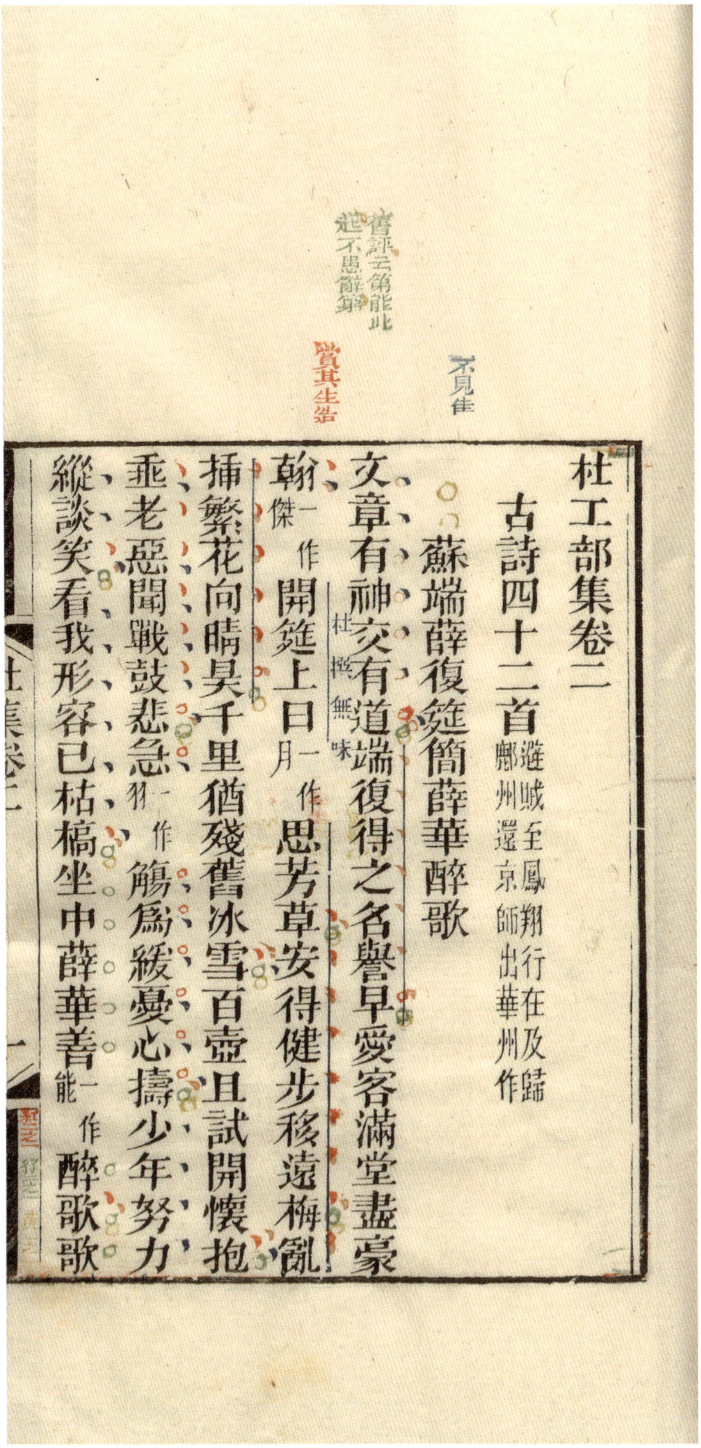
不見佳
舊評云翁能此起不愚蘇鈞
賞其生造
杜工部集卷二
古詩四十二首 避賊至鳳翔行在及歸鄜州還京師出華州作
蘇端薛復筵簡薛華醉歌
文章有神交有道端復得之名譽早愛客滿堂盡豪
杜撰無味
翰 一作傑 開筵上日 一作月 思芳草安得健步移遠梅亂
插繁花向晴昊千里猶殘舊冰雪百壺且試開懷抱
垂老惡聞戰鼓悲急 一作狂 觴爲緩憂心擣少年努力
縱談笑看我形容已枯槁坐中薛華善 一作能 醉歌歌
杜集卷二

杜工部集二十卷首一卷

唐杜甫撰　清盧坤輯評　清光緒二年（1876）粵東翰墨園刻五色套印本

右頁：

如是山房增訂金批西廂卷一

題目正名

老夫人開春院

小紅娘傳好事

崔鶯鶯燒夜香

張君瑞鬧道場

一部書十六章而其第一章大筆特書

曰老夫人開春院罷老夫人也雖在別

左頁：

演撒教坊市語

沙視詩猶南曲

阿字邪視曰胲

胲趁句畫人謔

猶眼裡放得火

出余調不然言

頭頂光光仁也

快活三生崔家女艷又與編素

上老潔郎如何當既不是暖趁教臺光為甚

打扮著特來晃自醜意俏何身分可爭

云既不沙卻怎暖趁著你頭上放原

臺光打扮云云比改本較明順

是何言語早是那小娘子不聽得

哩君知阿是其意見

朝天子曲廊洞房你好事從天降神工之筆異樣思斧

醜不可耐便有意原本過得王廓引入

偶突亦何至于此洞房褌字不可去

右第十二節　張生靈心慧眼早窺阿紅　四十四（卷一）

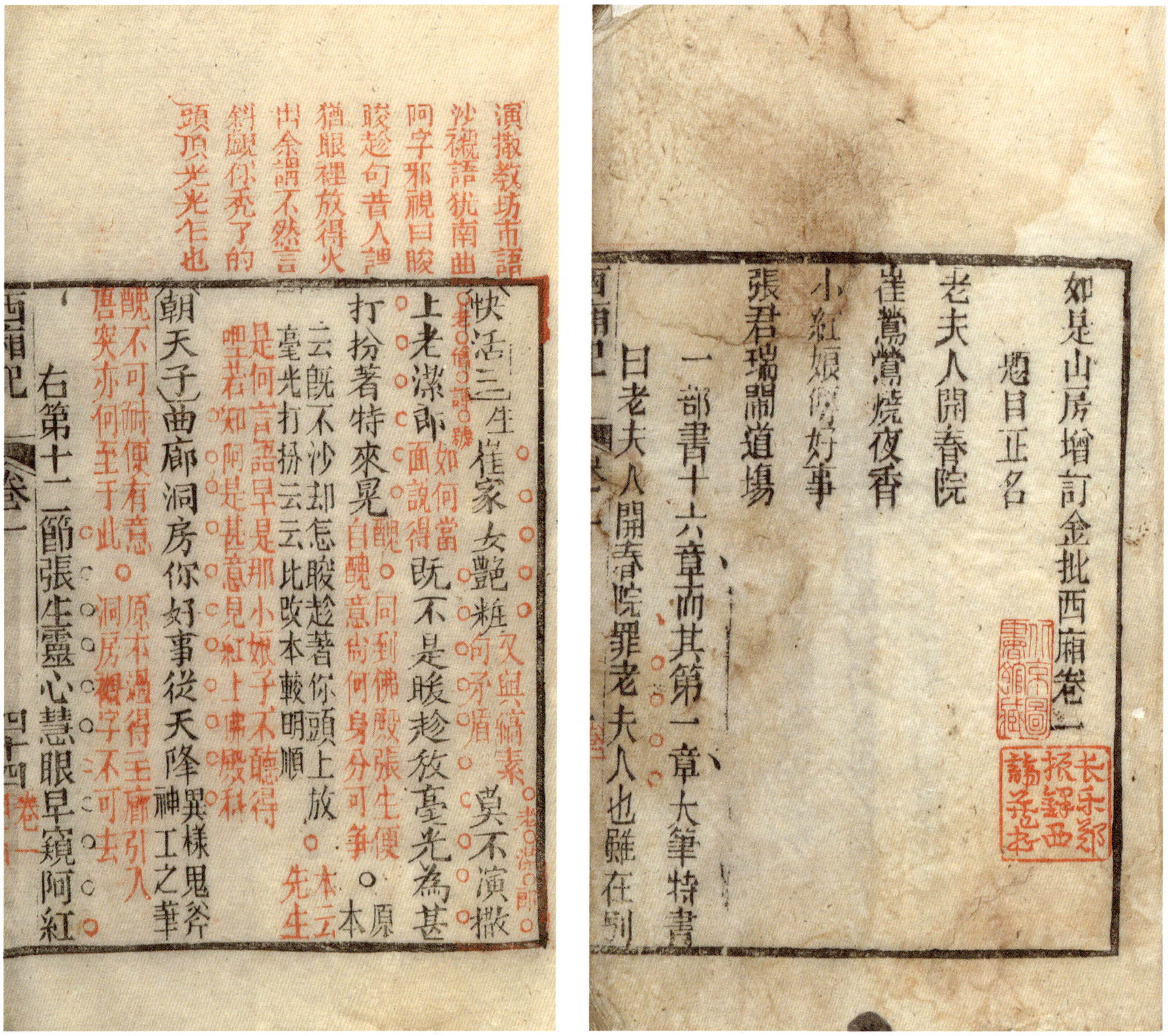

如是山房增訂金批西厢記四卷首一卷末一卷

元王德信撰　清金人瑞評　清光緒二年

（1876）如是山房刻朱墨套印本

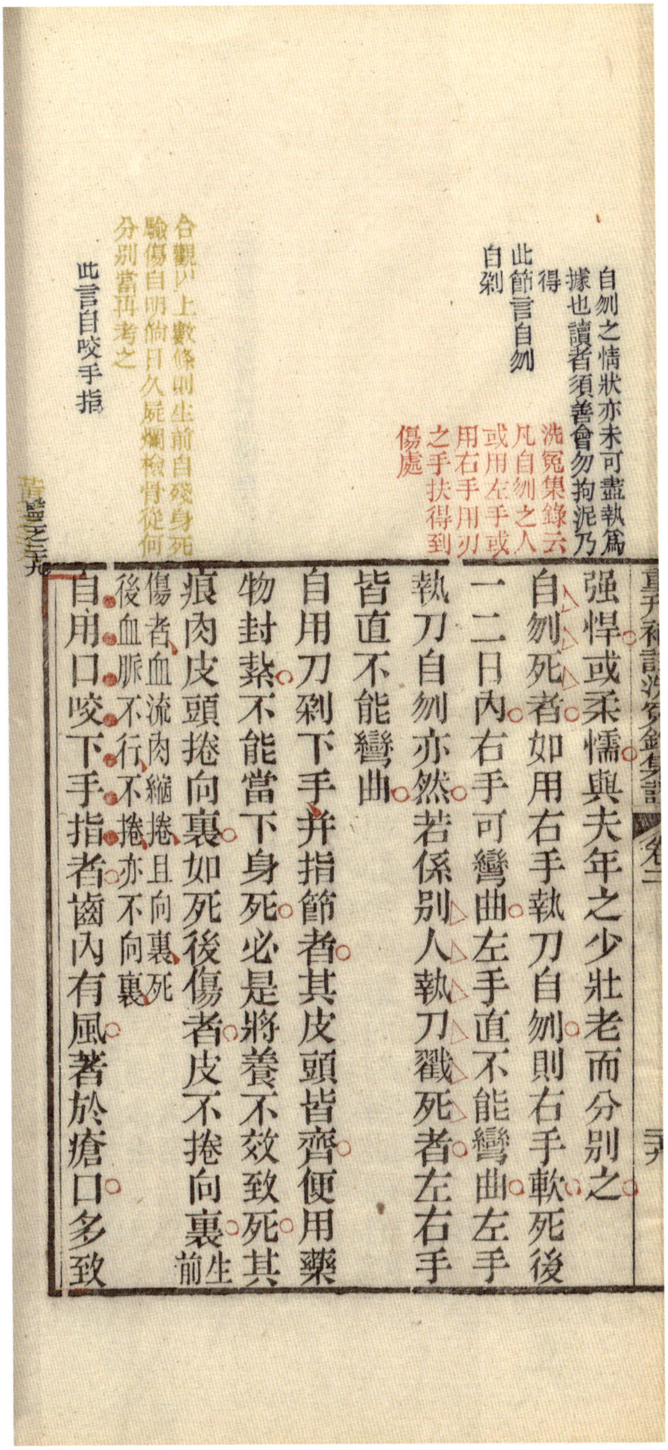
重刊補註洗冤錄集證　卷二　三九

自刎之情狀亦未可盡執爲據也讀者須善會勿拘泥乃得

此節言自刎自剄

洗冤集錄云凡自刎之人或用左手或用右手用刃之手扶得到傷處

強悍或柔懦與夫年之少壯老而分別之自刎死者如用右手執刀自刎則右手軟死後一二日內右手可彎曲左手直不能彎曲左手執刀自刎亦然若係別人執刀戳死者左右手皆直不能彎曲

自用刀剟下手并指節者其皮頭皆齊便用藥物封紮不能當下身死必是將養不效致死其痕肉皮頭捲向裏如死後傷者皮不捲向裏生前傷者血流肉縮捲且向裏死後血脈不行不捲亦不向裏

合觀以上數條則生前自殺身死驗傷自明倘日久屍爛檢骨從何分別當再考之

此言自咬手指

自用口咬下手指者齒內有風著於瘡口多致

重刊補注洗冤録集證六卷

清王又槐輯　清李觀瀾補輯　清阮其新補注
清光緒三年（1877）浙江書局刻四色套印本

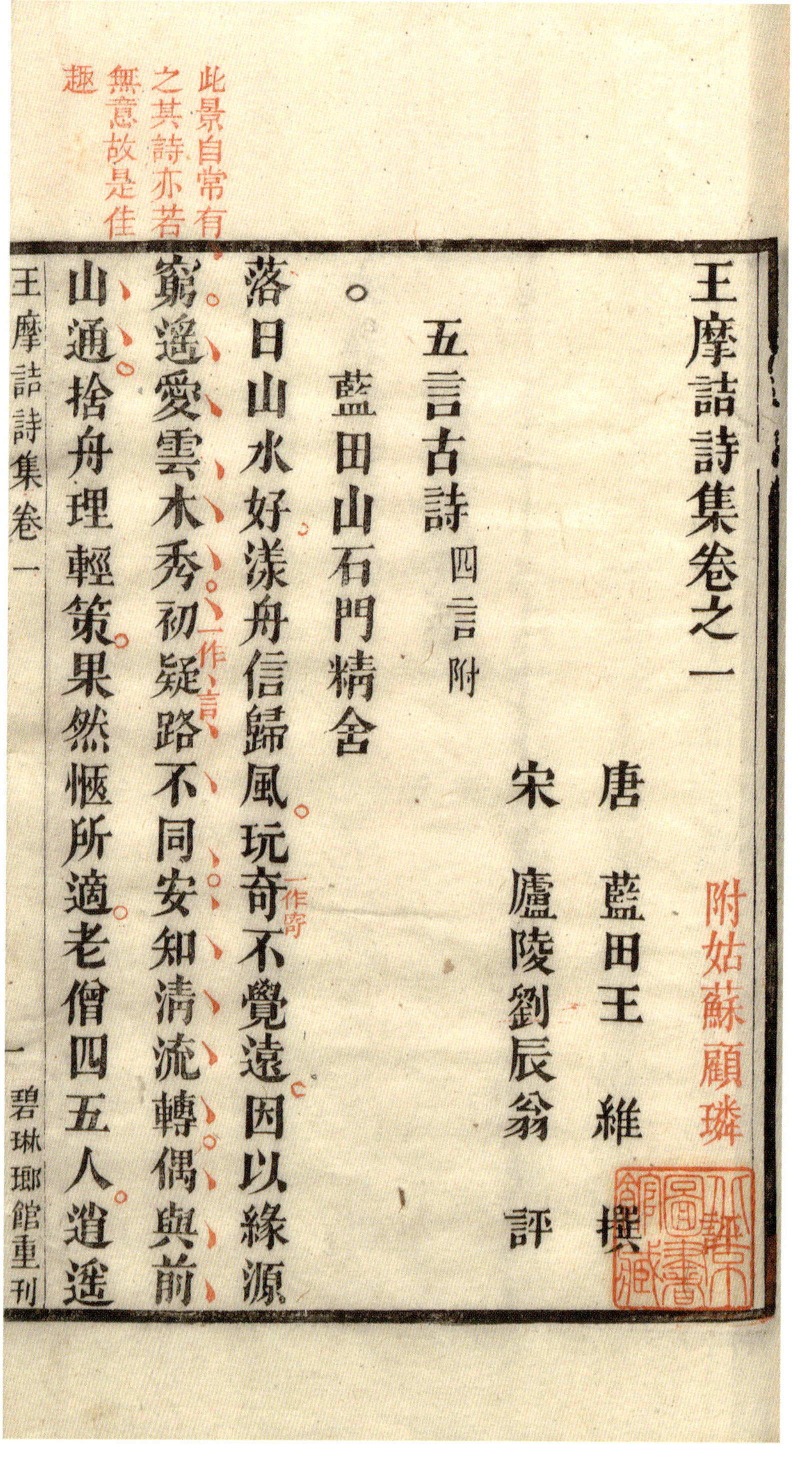
附姑蘇顧璘

王摩詰詩集卷之一

唐　藍田王　維　撰

宋　廬陵劉辰翁　評

五言古詩 四言附

○藍田山石門精舍

落日山水好漾舟信歸風玩奇一作寄不覺遠因以緣源

窮遙愛雲木秀初疑一作言路不同安知清流轉偶與前

山通捨舟理輕策果然愜所適老僧四五人逍遙

此景自常有之其詩亦若無意故是佳趣

王摩詰詩集卷一　一　碧琳瑯館重刊

王摩詰詩集一卷

宋劉辰翁評　清光緒五年（1879）巴陵方氏碧琳琅館刻朱墨套印王孟詩評本

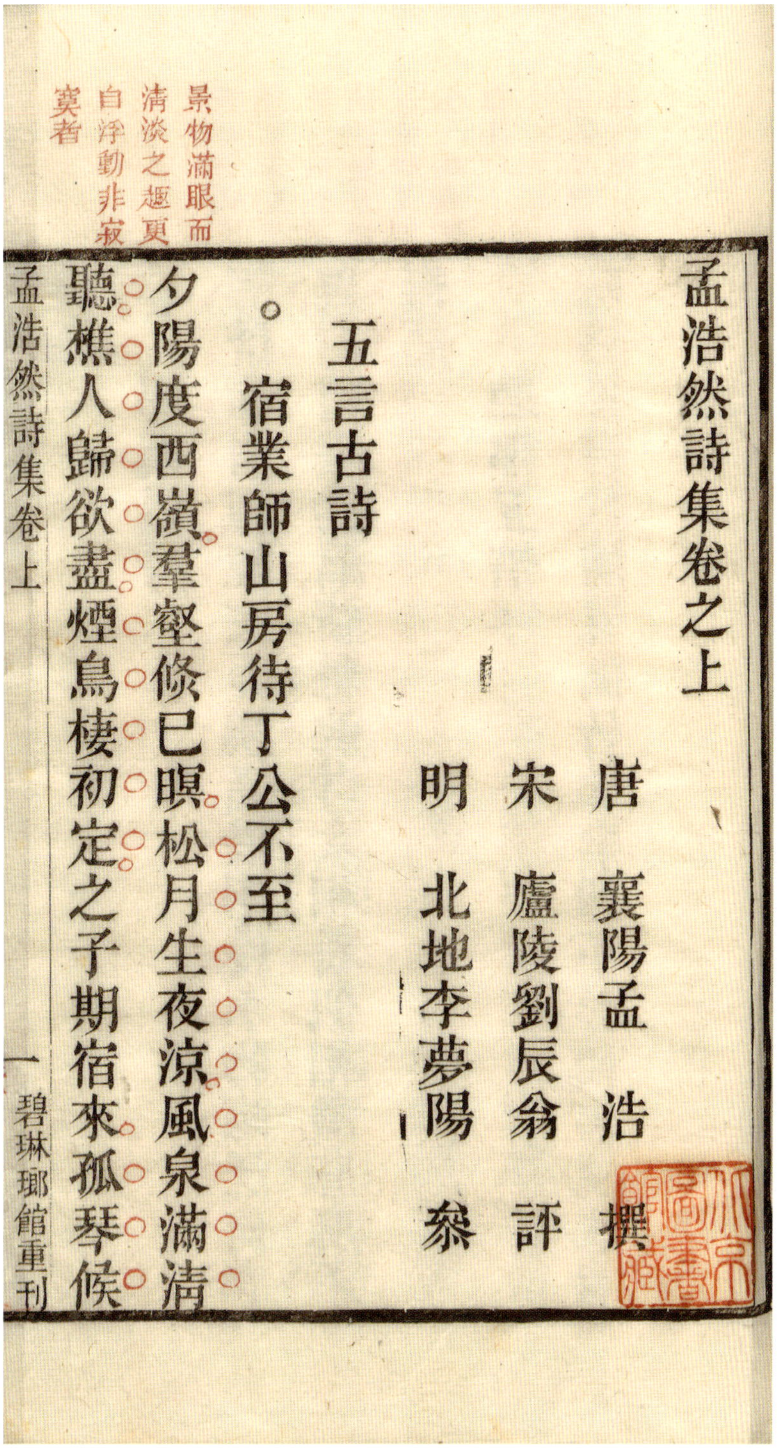

景物滿眼而清淡之趣更自浮動非寂寞者

孟浩然詩集卷之上

唐 襄陽孟 浩 撰
宋 廬陵劉辰翁 評
明 北地李夢陽 參

五言古詩

宿業師山房待丁公不至

夕陽度西嶺羣壑倏已暝松月生夜涼風泉滿清聽樵人歸欲盡煙鳥棲初定之子期宿來孤琴候

孟浩然詩集卷上 一 碧琳瑯館重刊

孟浩然詩集二卷

唐孟浩然撰　宋劉辰翁、明李夢陽評　清光緒五年（1879）巴陵方氏碧琳琅館刻朱墨套印王孟詩評本

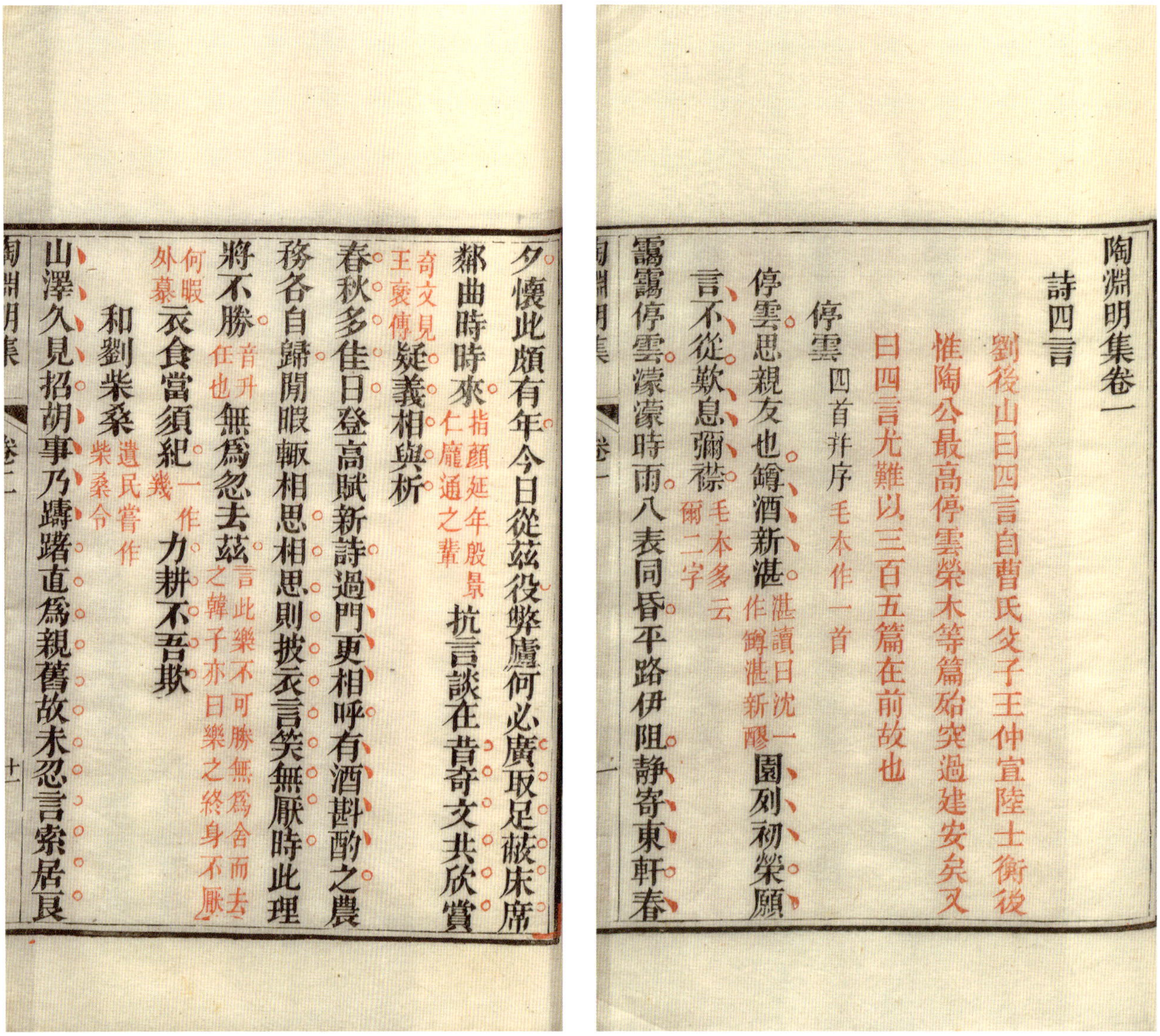
陶淵明集卷一
詩四言
劉後山曰四言自曹氏父子王仲宣陸士衡後惟陶公最高停雲榮木等篇殆突過建安矣又曰四言尤難以三百五篇在前故也
停雲 四首并序 毛本作一首
停雲思親友也罇酒新湛 湛讀曰沈一作罇湛新醪 園列初榮願言不從歎息彌襟 毛本多云爾二字
靄靄停雲濛濛時雨八表同昏平路伊阻靜寄東軒春
陶淵明集 卷一 一

夕懷此頗有年今日從茲役弊廬何必廣取足蔽床席
鄰曲時時來 指顏延年殷景仁龐通之輩 抗言談在昔奇文共欣賞 奇文見王褒傳 疑義相與析
春秋多佳日登高賦新詩過門更相呼有酒斟酌之農務各自歸閒暇輙相思相思則披衣言笑無厭時此理將不勝 音升任也 無爲忽去茲 言此樂不可勝無爲舍而去之韓子亦曰樂之終身不厭何暇外慕 衣食當須紀 一作幾 力耕不吾欺
和劉柴桑 遺民嘗作柴桑令
山澤久見招胡事乃躊躇直爲親舊故未忍言索居良
陶淵明集 卷二 十一

陶淵明集八卷首一卷末一卷

晉陶潛撰　清光緒五年（1879）廣州翰墨園刻
朱墨套印本

豫饑鐵淚圖

清□□編　清光緒五年（1879）刻
朱綠套印本

十竹齋書畫譜（書畫譜一卷墨華譜一卷果譜一卷翎毛譜一卷竹譜一卷蘭譜一卷梅譜一卷石譜一卷）

明胡正言輯　清光緒五年（1879）
吴縣朱記榮校經山房刻彩色套印本

十竹齋書畫譜（書畫譜一卷墨華譜一卷果譜一卷翎毛譜一卷竹譜一卷蘭譜一卷梅譜一卷石譜一卷）

明胡正言輯　清光緒五年（1879）
元和邱氏刻彩色套印本

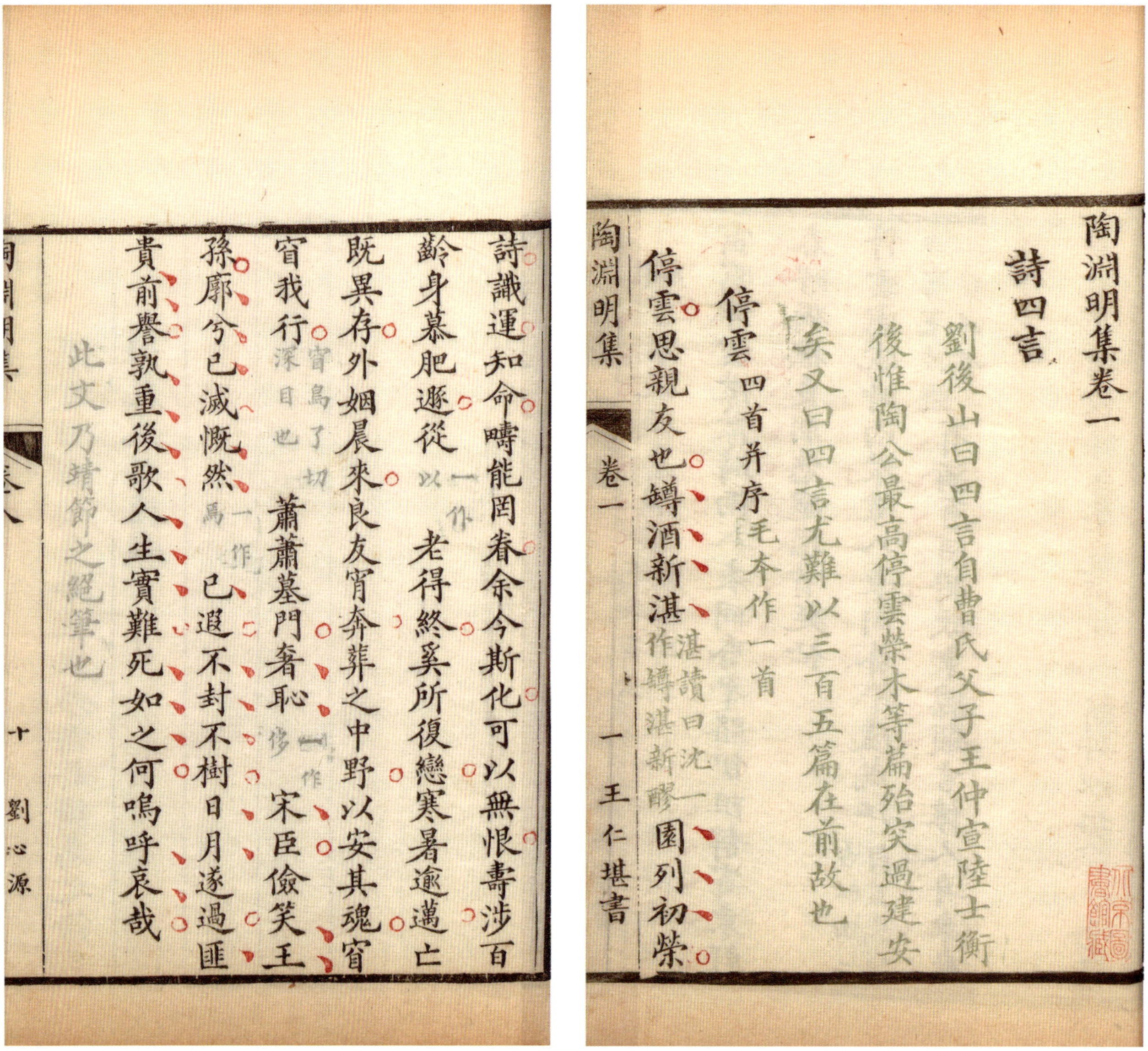

陶淵明集卷一

詩四言

劉後山曰四言自曹氏父子王仲宣陸士衡後惟陶公最高停雲榮木等篇殆突過建安矣又曰四言尤難以三百五篇在前故也

停雲　四首并序毛本作一首

停雲思親友也罇酒新湛湛讀曰沈一作罇湛新醪園列初榮

陶淵明集　卷一　一　王仁堪書

詩識運知命疇能罔眷余今斯化可以無恨壽涉百齡身慕肥遯從一作以老得終奚所復戀寒暑逾邁亡既異存外姻晨來良友宵奔葬之中野以安其魂窅窅我行窅鳥了切深目也蕭蕭墓門奢恥一作侈宋臣儉笑王孫廓兮已滅慨然一作焉已遐不封不樹日月遂過匪貴前譽孰重後歌人生實難死如之何嗚呼哀哉

此文乃靖節之絕筆也

陶淵明集　卷　十　劉心源

陶淵明集八卷首一卷末一卷

晋陶潜撰　清光緒六年（1880）刻四色套印本

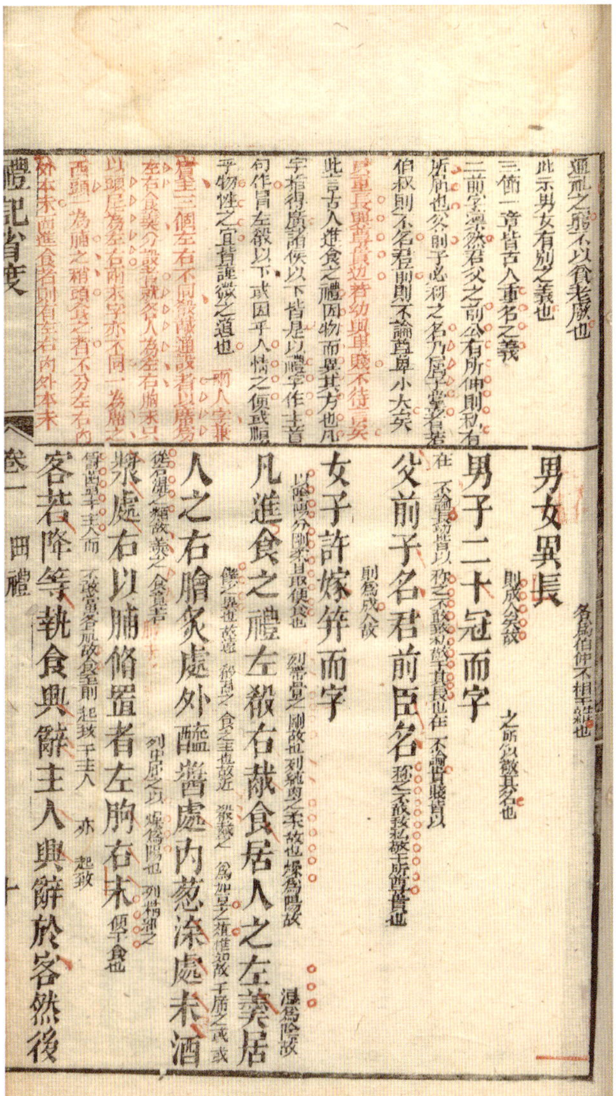

男女異長
男子二十冠而字
父前子名君前臣名
女子許嫁笄而字
凡進食之禮左殽右胾食居人之左羹居
人之右膾炙處外醯醬處內葱渫處末酒
漿處右以脯脩置者左朐右末
客若降等執食興辭主人興辭於客然後

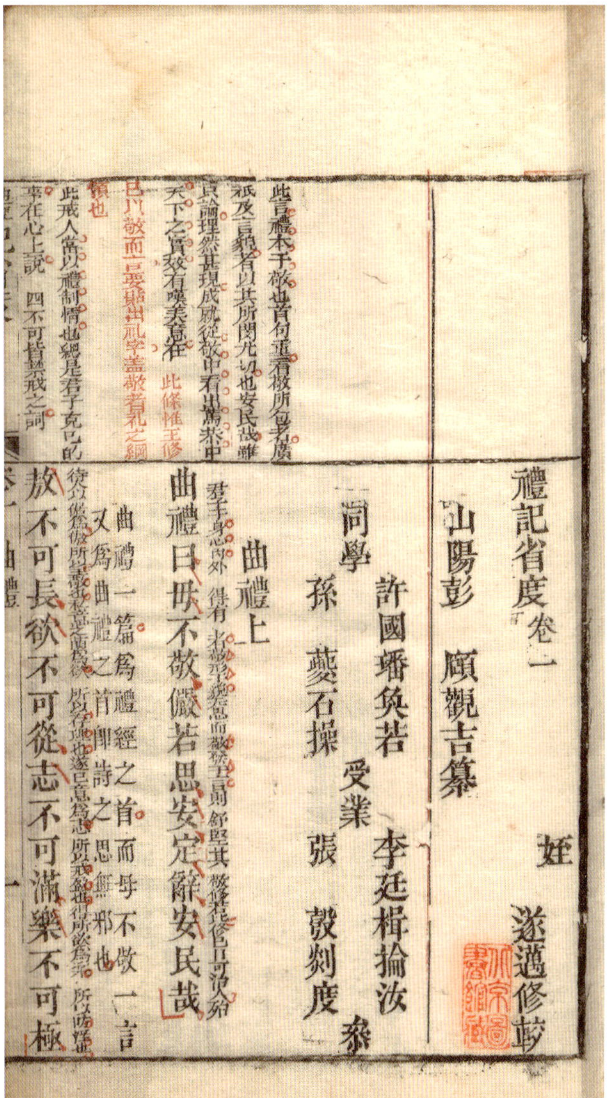

禮記省度卷一
山陽彭　頤觀吉纂
姪　遂邁修乾
許國璠奐若　李廷楫掄汝
同學　受業
孫　夔石操　張　彀剡度　參
曲禮上
曲禮曰毋不敬儼若思安定辭安民哉
敖不可長欲不可從志不可滿樂不可極

禮記省度四卷

清彭頤撰　清光緒七年（1881）刻朱墨套印本

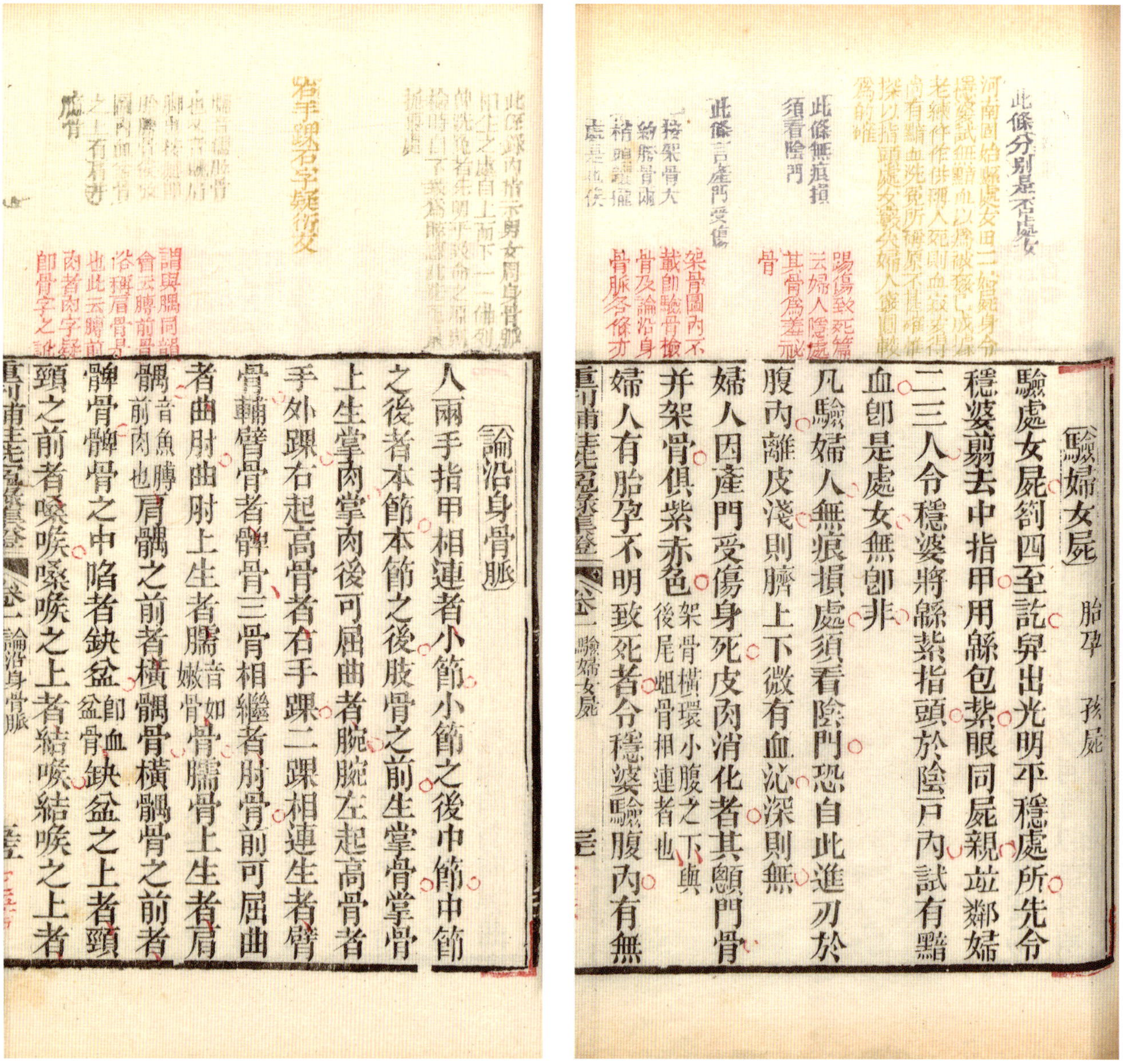
驗婦女屍　胎孕　孩屍

驗處女屍剳四至訖舁出光明平穩處所先令穩婆翦去中指甲用緜包裹眼同屍親並鄰婦二三人令穩婆將緜裹指頭於陰戶內試有黯血即是處女無即非

凡驗婦人無痕損處須看陰門恐自此進刃於腹內離皮淺則臍上下微有血沁深則無

婦人因產門受傷身死皮肉消化者其顖門骨并架骨俱紫赤色架骨橫環小腹之下與後尾蛆骨相連者也

婦人有胎孕不明致死者令穩婆驗腹內有無

暘傷致死篇云婦人陰處其骨爲羞祕骨

架骨圖內不載即驗骨檢骨及論沿身骨脈各條亦

論沿身骨脈

人兩手指甲相連者小節小節之後中節中節之後者本節本節之後肢骨之前生掌骨掌骨上生掌肉掌肉後可屈曲者腕腕左起高骨者手外踝右起高骨者右手踝二踝相連生者臂骨輔臂骨者髀骨三骨相繼者肘骨前可屈曲者曲肘曲肘上生者臑音如嫩骨臑骨上生者肩髃音魚髆前肉也肩髃之前者橫髃骨橫髃骨之前者髀骨髀骨之中陷者缺盆即血盆骨缺盆之上者頸頸之前者嗓喉嗓喉之上者結喉結喉之上者

右手踝右字疑衍文

謂與髃同韻會云髆前骨俗稱肩骨是也此云髆前肉者肉字疑即骨字之誤

重刊補注洗冤録集證六卷

清王又槐輯　清李觀瀾補輯　清阮其新補注

清光緒八年（1882）刻五色套印本

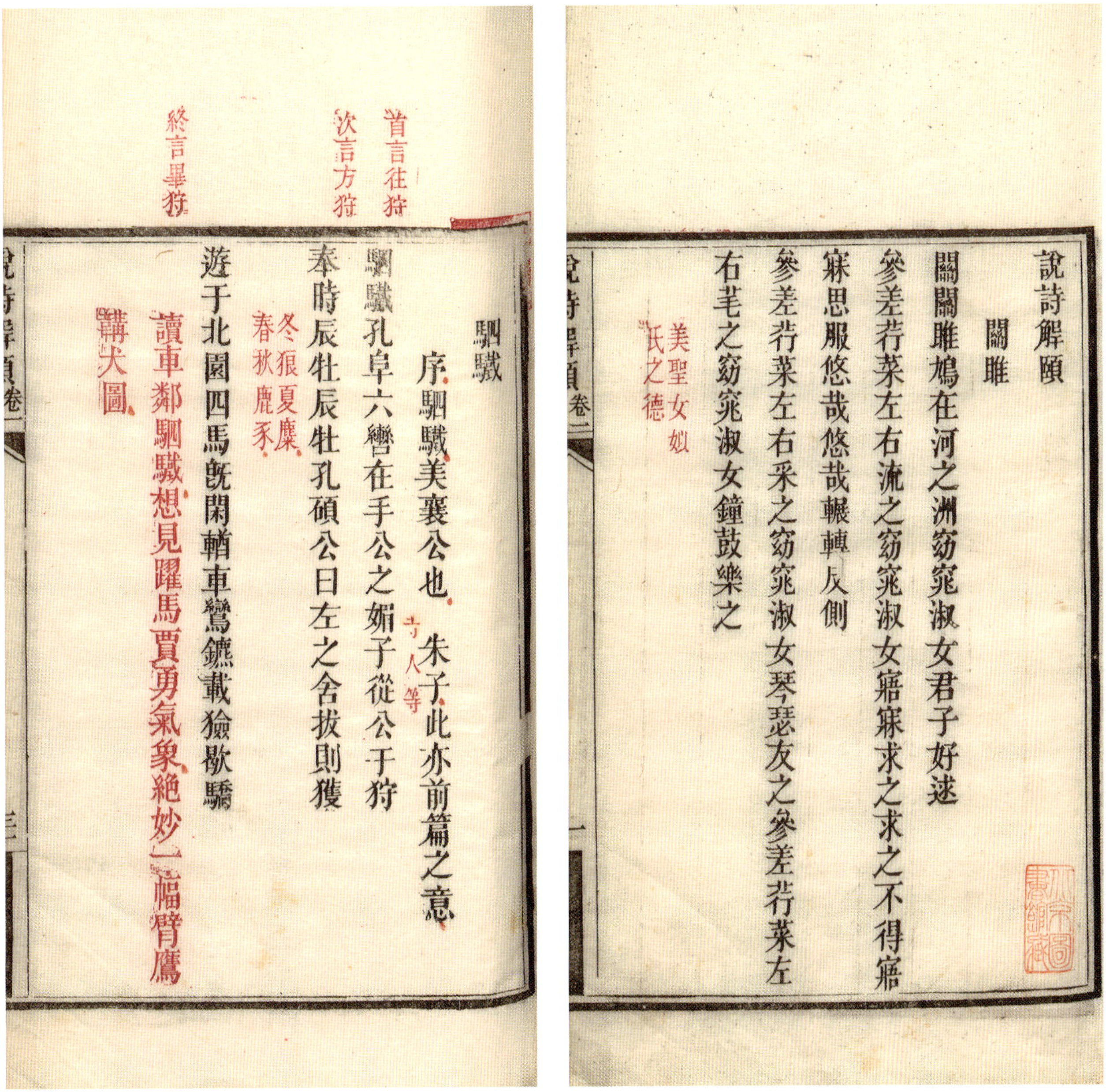
說詩解頤
關雎
關關雎鳩在河之洲窈窕淑女君子好逑
參差荇菜左右流之窈窕淑女寤寐求之求之不得寤
寐思服悠哉悠哉輾轉反側
參差荇菜左右采之窈窕淑女琴瑟友之參差荇菜左
右芼之窈窕淑女鐘鼓樂之
美聖女姒
氏之德
說詩解頤卷二　一

首言往狩
次言方狩
終言畢狩
騶驖
序騶驖美襄公也　朱子此亦前篇之意
寺人等
駟驖孔阜六轡在手公之媚子從公于狩
奉時辰牡辰牡孔碩公曰左之舍拔則獲
冬狼夏麋
春秋鹿豕
遊于北園四馬既閑輶車鸞鑣載獫歇驕
讀車鄰駟驖想見躍馬賈勇氣象絕妙二幅臂鷹
韝犬圖
說詩解頤卷二　三

說詩解頤二卷續一卷

清徐瑋文撰　清光緒九年（1883）□岐元
四川刻朱墨套印本

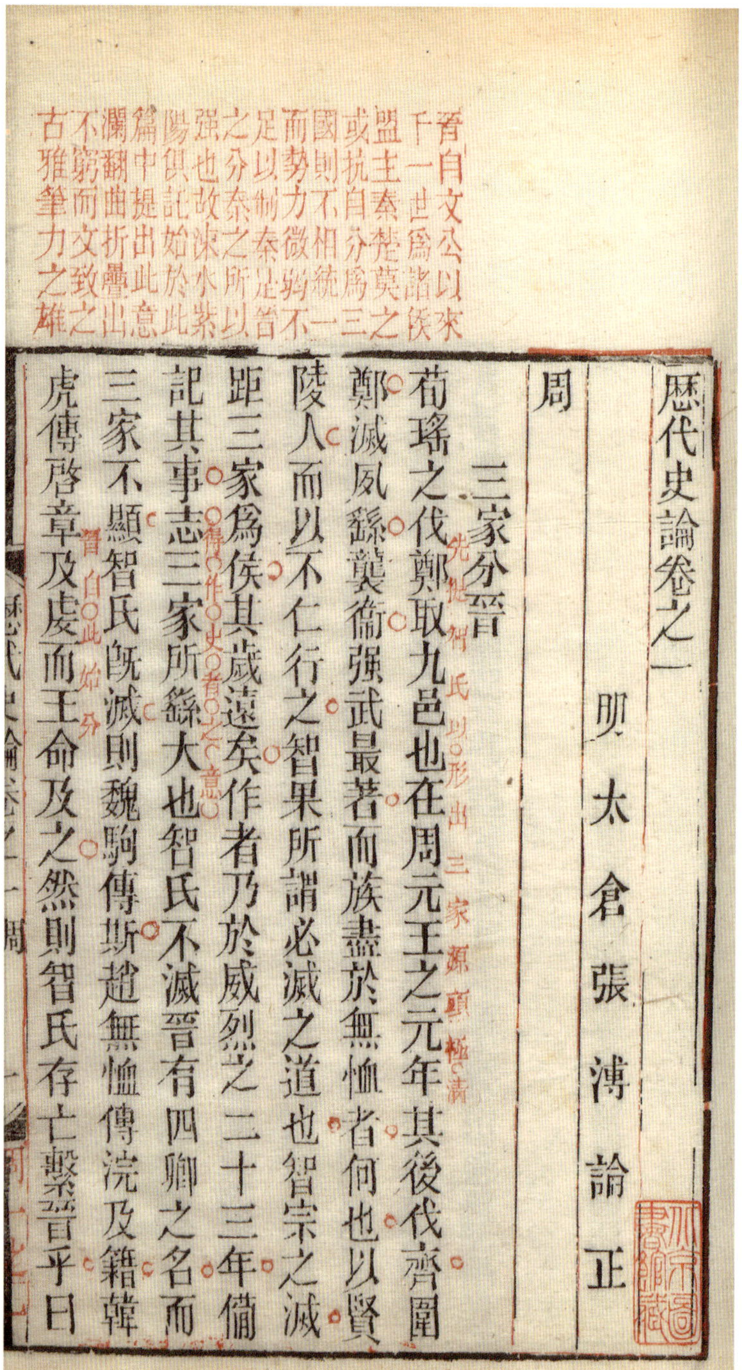

晉自文公以來下一世爲諸侯盟主秦楚莫之或抗自分爲三國則不相統一而勢力微弱不足以制秦是皆之分秦之所以強也故涑水紫陽俱託始於此篇中提出此意瀾翻曲折疊出不窮而文致之古雅筆力之雄

歷代史論卷之一

明 太倉張溥論正

周

三家分晉

荀瑤之伐鄭取九邑也在周元王之元年其後伐齊圍鄭滅夙繇襲衞強武最著而族盡於無恤者何也以賢陵人而以不仁行之智果所謂必滅之道也智宗之滅距三家爲侯其歲遠矣作者乃於威烈之二十三年備記其事志三家所繇大也智氏不滅晉有四卿之名而三家不顯智氏既滅則魏駒傳斯趙無恤傳浣及籍韓虎傳啓章及虔而王命及之然則智氏存亡繫晉平日

先提智氏以形出三家源頭極清

得作史者之意

晉自此始分

歷代史論十二卷

明張溥撰　清光緒九年（1883）都城蒼松山房刻朱墨套印本

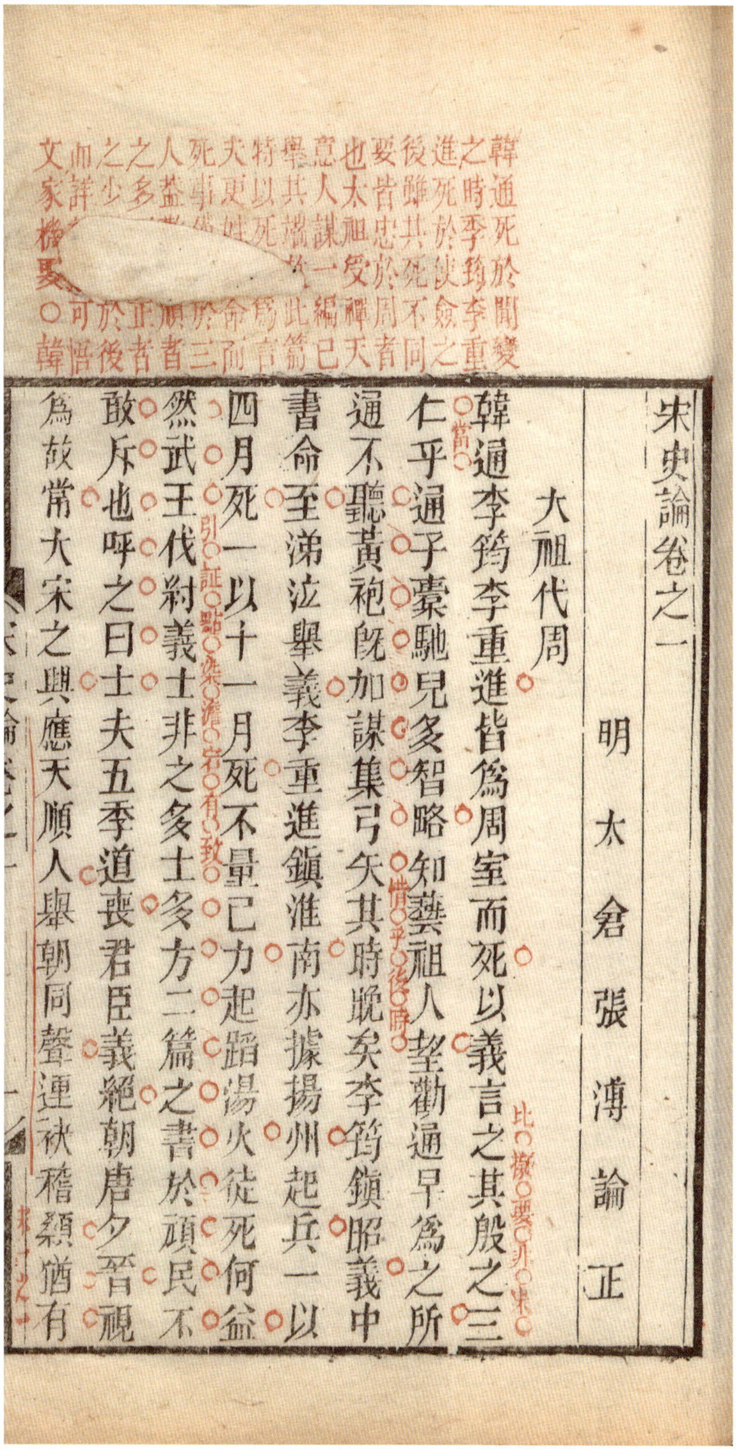
宋史論卷之一
明太倉張溥論正
大祖代周
韓通李筠李重進皆為周室而死以義言之其殷之三
仁乎通子橐駝兒多智略知藝祖人望勸通早為之所
通不聽黃袍既加謀集弓矢其時晚矣李筠鎮昭義中
書命至涕泣舉義李重進鎮淮南亦據揚州起兵一以
四月死一以十一月死不量己力起蹈湯火徒死何益
然武王伐紂義士非之多士多方二篇之書於頑民不
敢斥也呼之曰士夫五季道喪君臣義絕朝唐夕晉覩
為故常大宋之興應天順人舉朝同聲運祚稽類猶有

宋史論三卷

明張溥撰　清光緒九年（1883）都城蒼松山房刻朱墨套印本

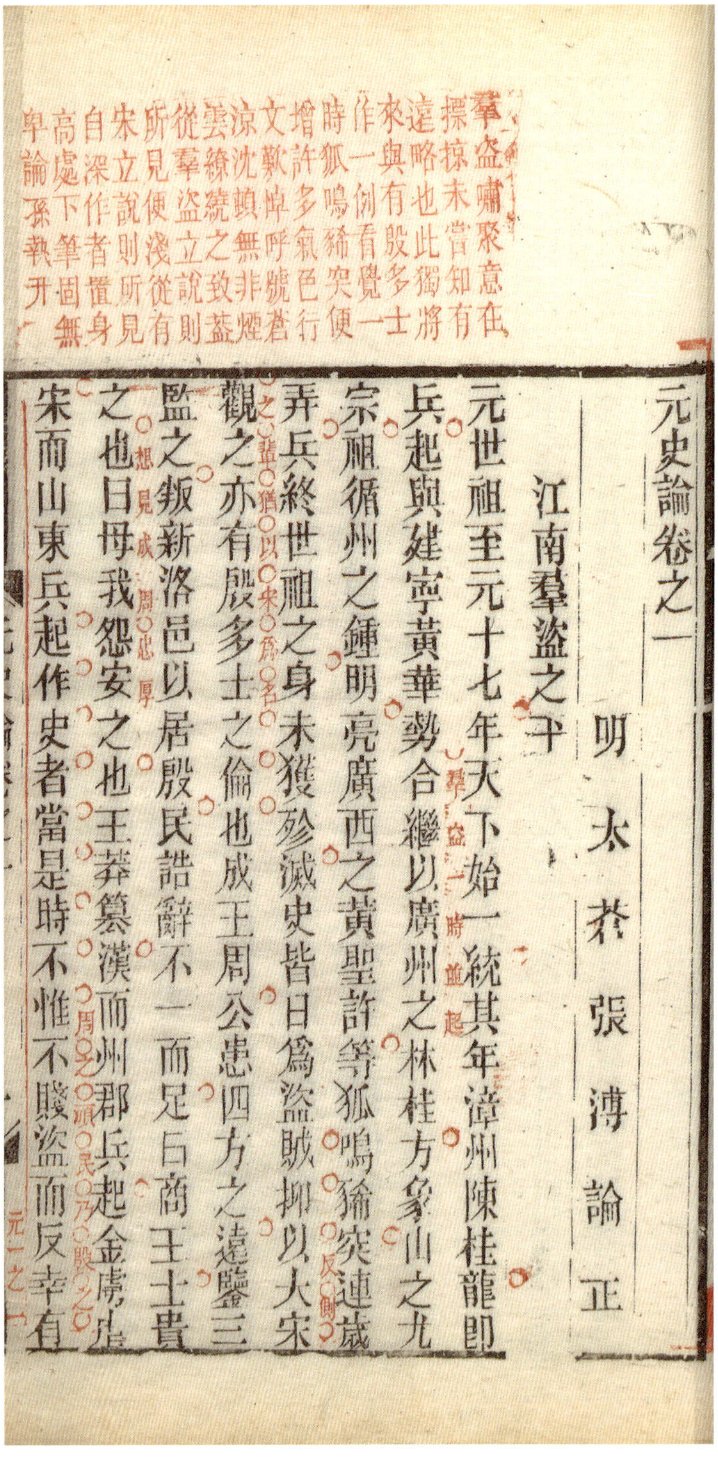
羣盜嘯聚意在摽掠未嘗知有遠略也此獨將來與有殷多士作一例看覺一時狐鳴豨突便增許多氣色行文歎悼呼號蒼涼沈頓無非煙雲繚繞之致蓋從羣盜立說則所見便淺從有宋立說則所見自深作者置身高處下筆固無卑論孫執升

元史論卷之一

明太倉張溥論正

江南羣盜之平

元世祖至元十七年天下始一統其年漳州陳桂龍即兵起與建寧黃華勢合繼以廣州之林桂方象山之九宗祖循州之鍾明亮廣西之黃聖許等狐鳴豨突連歲弄兵終世祖之身未獲殄滅史皆曰爲盜賊抑以大宋觀之亦有殷多士之倫也成王周公患四方之遠鑒三監之叛新洛邑以居殷民誥辭不一而足曰商王士貴之也曰毋我怨安之也王莽篡漢而州郡兵起金虜陷宋而山東兵起作史者當是時不惟不賤盜而反幸有

元史論一卷

明張溥撰　清光緒九年（1883）都城蒼松山房刻朱墨套印本

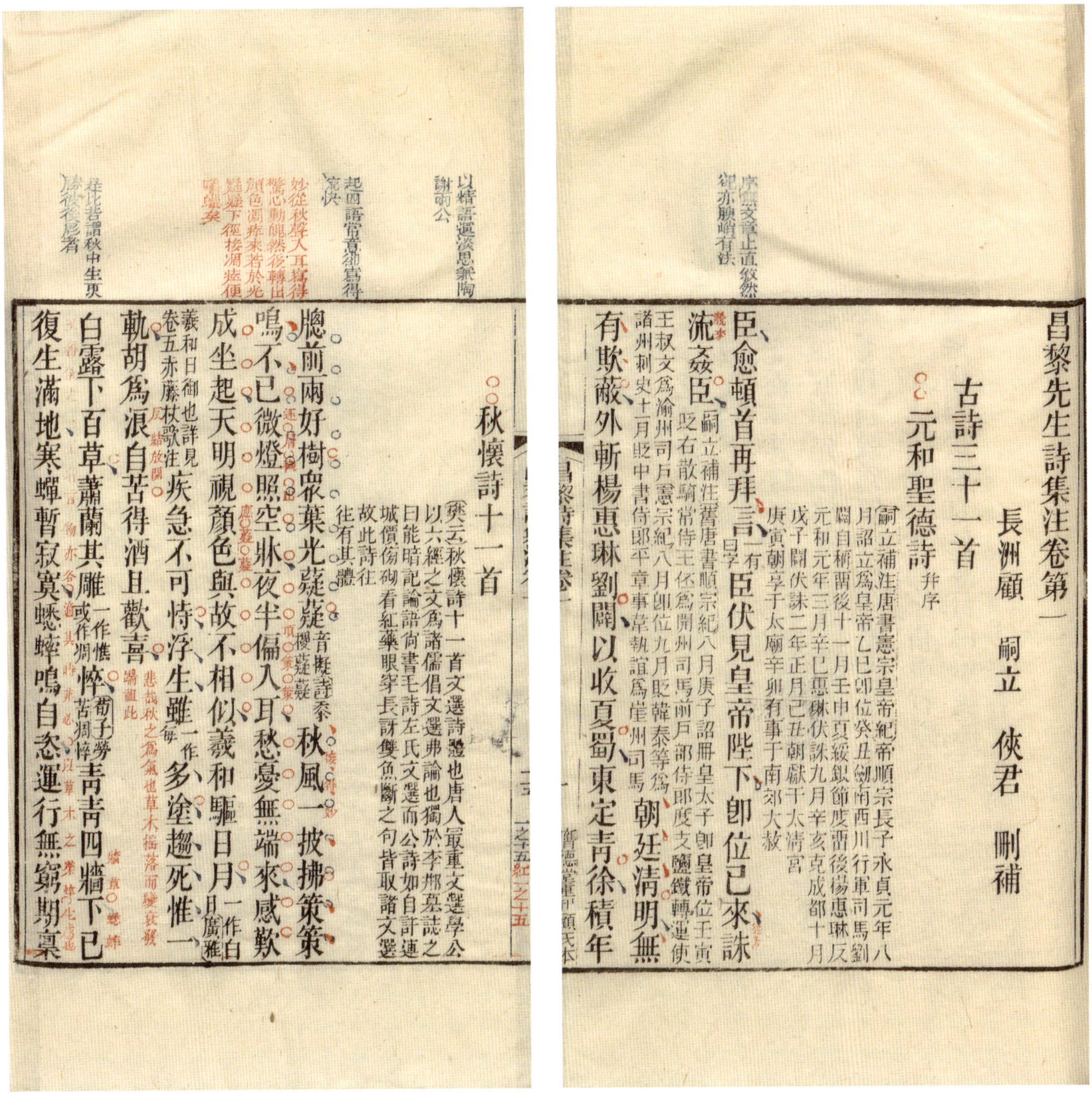
序質文意上直敍然筆亦腴峭有法
昌黎先生詩集注卷第一
長洲顧　嗣立　俠君　刪補
古詩三十一首
元和聖德詩并序
嗣立補注唐書憲宗皇帝紀帝順宗長子永貞元年八月詔立爲皇帝乙巳即位癸丑劒南西川行軍司馬劉闢自稱留後十一月壬申夏綏銀節度留後楊惠琳反元和元年三月辛巳惠琳伏誅九月辛亥克成都十月戊子闢伏誅二年正月己丑朝獻于太清宮庚寅朝享于太廟辛卯有事于南郊大赦
臣愈頓首再拜言一有曰字臣伏見皇帝陛下即位已來誅流姦臣嗣立補注舊唐書順宗紀八月庚子詔冊皇太子即皇帝位壬寅貶右散騎常侍王伾爲開州司馬前戶部侍郎度支鹽鐵轉運使王叔文爲渝州司戶憲宗紀八月即位九月貶韓泰等爲諸州刺史十一月貶中書侍郎平章事韋執誼爲崖州司馬朝廷清明無有欺蔽外斬楊惠琳劉闢以收夏蜀東定青徐積年
以精語運淡思兼陶謝兩公
起四語常意卻寫得痛快
妙從秋聲入耳寫得驚心動魄然後轉出顏色凋瘁來若於光景下徑接凋悴便嫌易矣
是比若謂秋中生更勝彼後彫者
秋懷詩十一首
樊云秋懷詩十一首文選詩體也唐人最重文選學公以六經之文爲諸儒倡文選弗論也獨於李郱墓誌之曰能暗記論語尚書毛詩左氏文選而公詩如自許連城價傷砌看紅藥眼穿長訝雙魚斷之句皆取諸文選故此詩往往有其體
窻前兩好樹衆葉光薿薿音擬詩黍稷薿薿秋風一披拂策策鳴不已微燈照空牀夜半偏入耳愁憂無端來感歎成坐起天明視顏色與故不相似羲和驅日月一作白日廣雅羲和日御也詳見卷五赤藤杖歌注疾急不可恃浮生雖一作每多塗趨死惟一軌胡爲浪自苦得酒且歡喜反結放闊悲哉秋之爲氣也草木搖落而變衰發端祖此
白露下百草蕭蘭共雕一作憔或作凋悴荀子勞苦凋悴青青四牆下已復生滿地寒蟬暫寂寞蟋蟀鳴自恣運行無窮期稟

昌黎先生詩集注十一卷年譜一卷

唐韓愈撰　清顧嗣立刪補　清光緒九年（1883）廣州翰墨園刻三色套印本

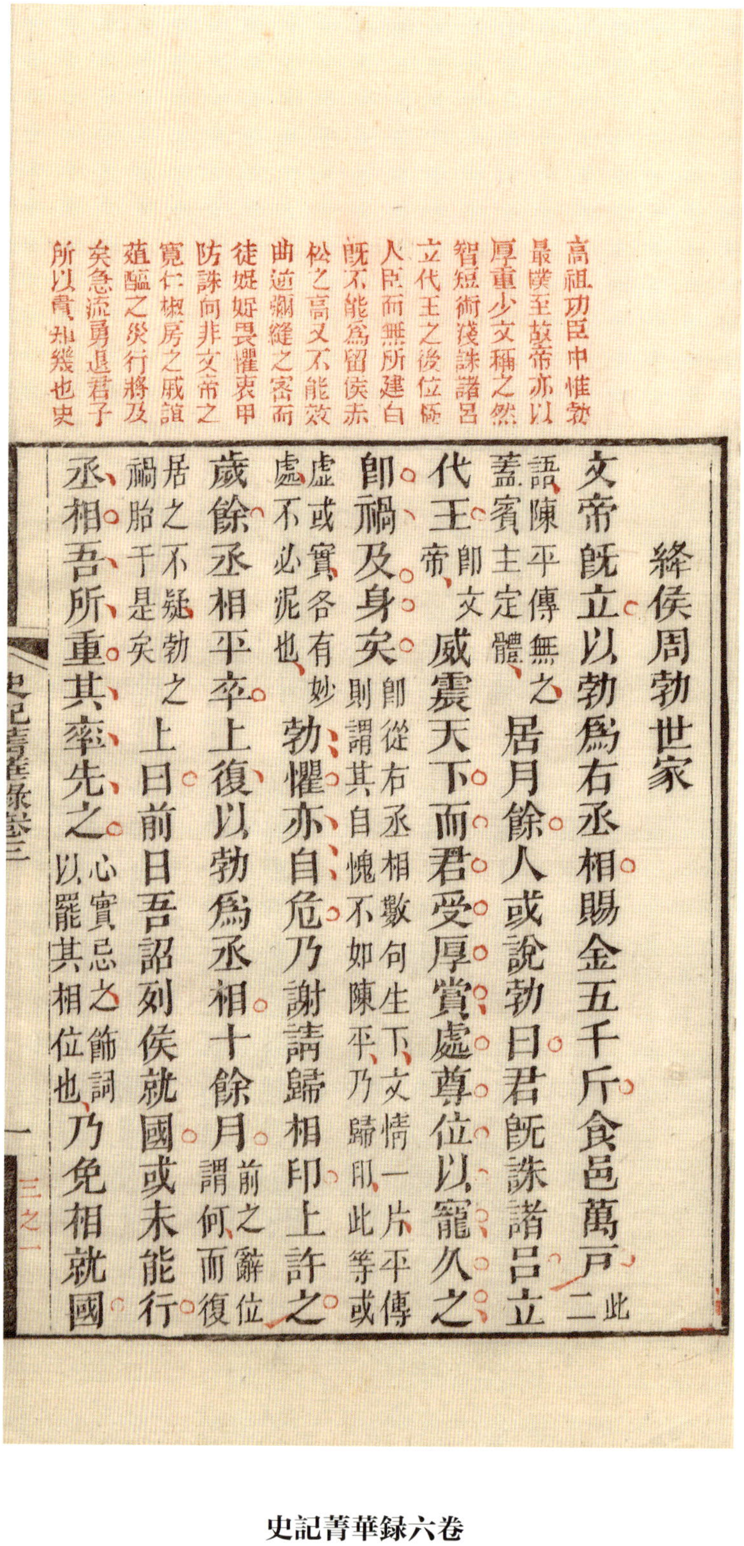

高祖功臣中惟勃最戇至鼓帝亦以厚重少文稱之然智短術淺誅諸呂立代王之後位極人臣而無所建白既不能爲留侯赤松之高又不能效曲逆彌縫之密而徒娖娖畏懼衷甲防誅向非文帝之寬仁椒房之戚誼殖臨之災行將及矣急流勇退君子所以貴知幾也史

絳侯周勃世家

文帝既立以勃爲右丞相賜金五千斤食邑萬戶此二語陳平傳無之蓋賓主定體居月餘人或說勃曰君既誅諸呂立代王卽文帝威震天下而君受厚賞處尊位以寵久之卽禍及身矣卽從右丞相數句生下文情一片平傳則謂其自愧不如陳平乃歸卽此等或虛或實各有妙處不必泥也勃懼亦自危乃謝請歸相印上許之歲餘丞相平卒上復以勃爲丞相十餘月前之辭位謂何而復居之不疑勃之禍胎于是矣上曰前日吾詔列侯就國或未能行丞相吾所重其率先之心實忌之飾詞以罷其相位也乃免相就國

史記菁華錄卷三　一

三之一

史記菁華録六卷

清姚祖恩輯　清光緒九年（1883）廣州翰墨園刻朱墨套印本

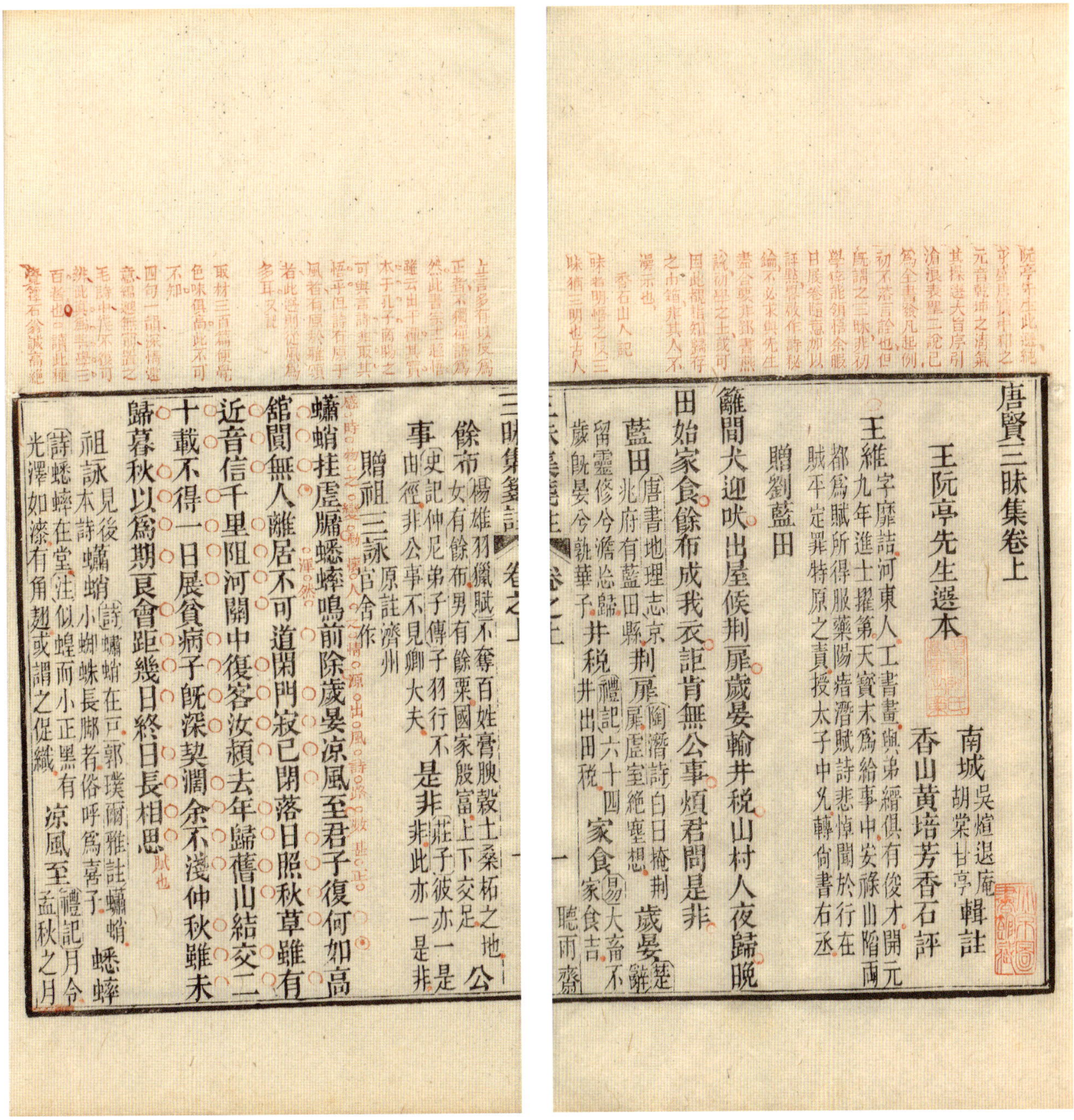
唐賢三昧集卷上
王阮亭先生選本
南城吳煊退庵 胡棠甘亭 輯註
香山黃培芳香石評
王維 字摩詰河東人工書畫與弟縉俱有俊才開元九年進士擢第天寶末爲給事中安祿山陷兩都爲賊所得服藥陽瘖潛賦詩悲悼聞於行在賊平定罪特原之責授太子中允轉尚書右丞
贈劉藍田
籬間犬迎吠出屋候荊扉歲晏輸井稅山村人夜歸晚田始家食餘布成我衣詎肯無公事煩君問是非
藍田 唐書地理志京兆府有藍田縣 荊扉 陶潛詩白日掩荊扉虛室絕塵想 歲晏 楚辭留靈修兮憺忘歸歲既晏兮孰華予 井稅 禮記六十四井出田稅 家食 易大畜不家食吉
三昧集箋註 卷之上 一 聽雨齋
餘布 揚雄羽獵賦不奪百姓膏腴穀土桑柘之地女有餘布男有餘粟國家殷富上下交足 公事 史記仲尼弟子傳子羽行不由徑非公事不見卿大夫 是非 莊子彼亦一是非此亦一是非
贈祖三詠 原註濟州官舍作
蟏蛸挂虛牖蟋蟀鳴前除歲晏涼風至君子復何如高館闃無人離居不可道閑門寂已閉落日照秋草雖有近音信千里阻河關中復客汝潁去年歸舊山結交二十載不得一日展貧病子既深契闊余不淺仲秋雖未歸暮秋以爲期良會詎幾日終日長相思
蟏蛸 詩蟏蛸在戶郭璞爾雅註蟏蛸小蜘蛛長腳者俗呼爲喜子 蟋蟀 詩蟋蟀在堂注似蝗而小正黑有光澤如漆有角翅或謂之促織 涼風至 禮記月令孟秋之月

唐賢三昧集三卷

清王士禛輯　清光緒九年（1883）廣州
翰墨園刻朱墨套印本

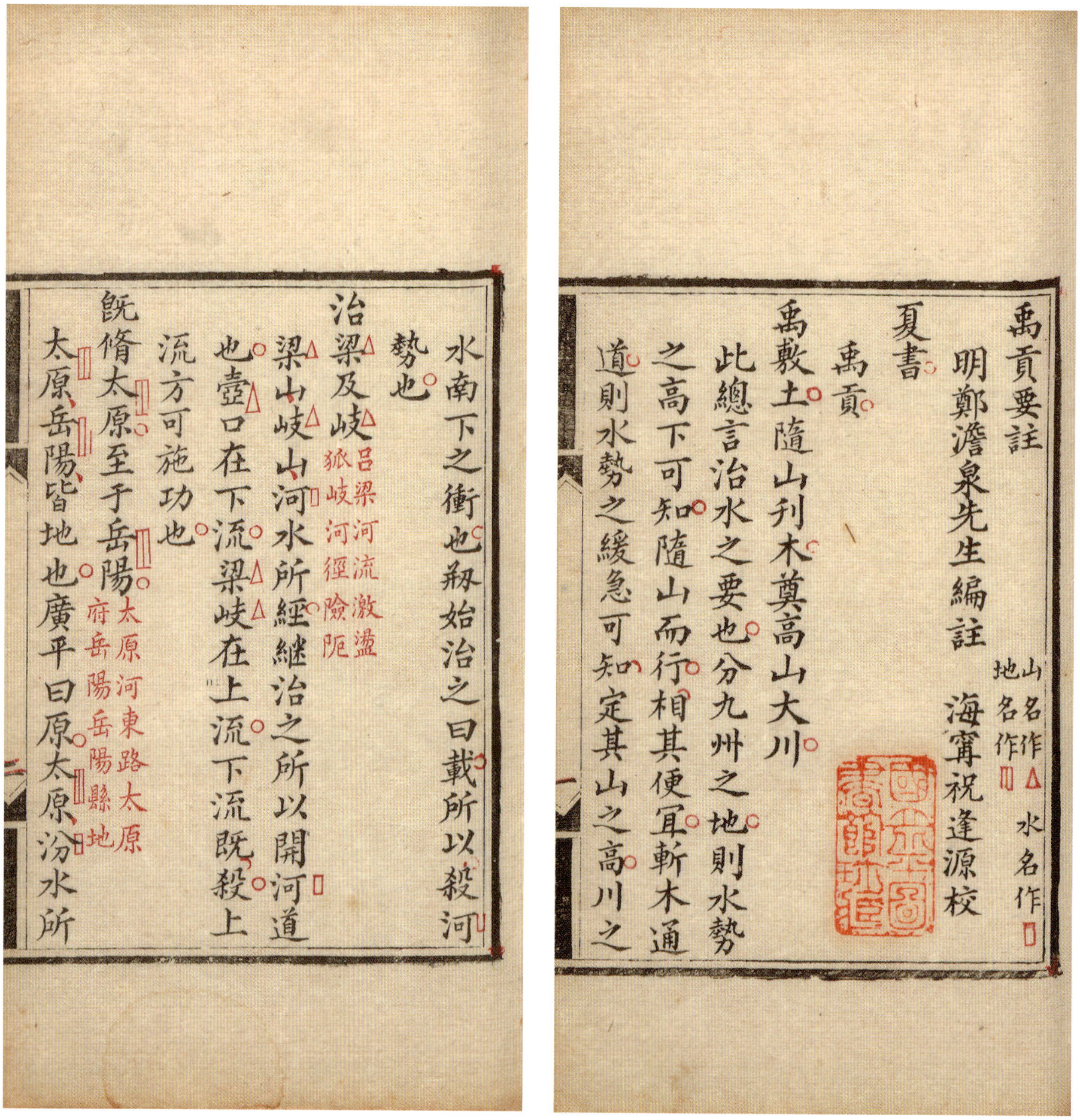

禹貢要註
明鄭澹泉先生編註
山名作△ 地名作‖ 水名作▯
海寧祝逢源校
夏書
禹貢
禹敷土隨山刊木奠高山大川
此總言治水之要也分九州之地則水勢之高下可知隨山而行相其便宜斬木通道則水勢之緩急可知定其山之高川之

水南下之衝也叔始治之曰載所以殺河勢也
治梁及岐 呂梁河流激盪 狐岐河徑險阨
梁山岐山河水所經繼治之所以開河道也壺口在下流梁岐在上流下流既殺上流方可施功也
既脩太原至于岳陽 太原河東路太原府岳陽岳陽縣地
太原岳陽皆地也廣平曰原太原汾水所

禹貢要注一卷

明鄭曉編　清光緒十年（1884）古虞朱氏刻

朱墨套印本

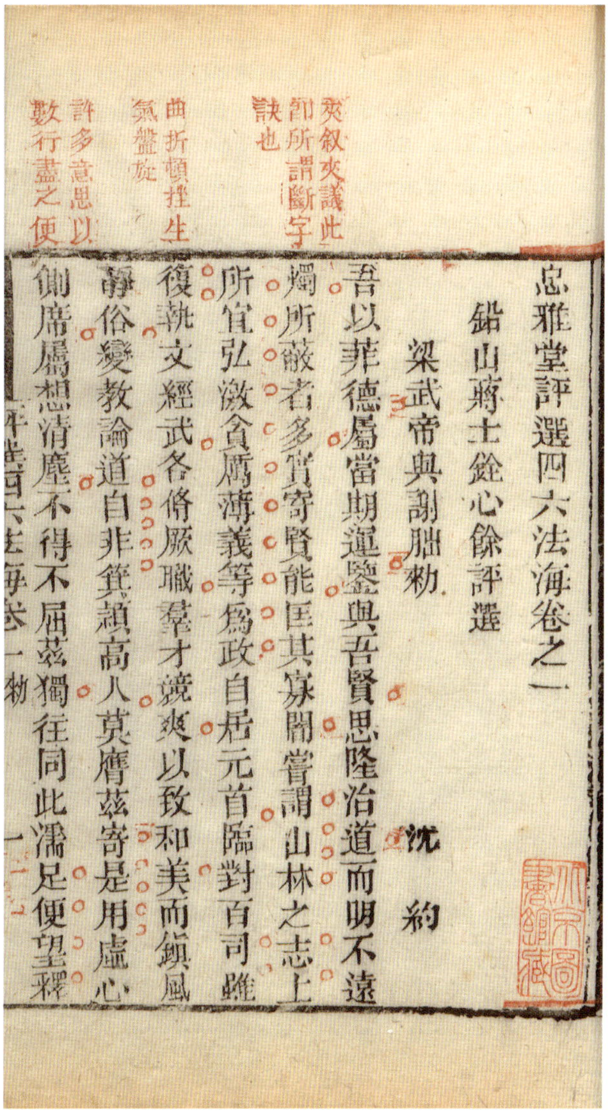
契叙夾議此即所謂斷字訣也
曲折頓挫生氣盤旋
許多意思以數行盡之便

忠雅堂評選四六法海卷之一
錯山蔣士銓心餘評選
梁武帝與謝朏勑　沈約
吾以菲德屬當期運鑒與吾賢思隆治道而明不遠
燭所蔽者多實寄賢能匡其寡闇嘗謂山林之志上
所宜弘激貪厲薄義等為政自居元首臨對百司雖
復執文經武各脩厥職羣才競爽以致和美而鎮風
靜俗變教論道自非箕潁高人莫膺茲寄是用虛心
側席屬想清塵不得不屈茲獨往同此濡足便望釋
評選四六法海卷一　勑　一

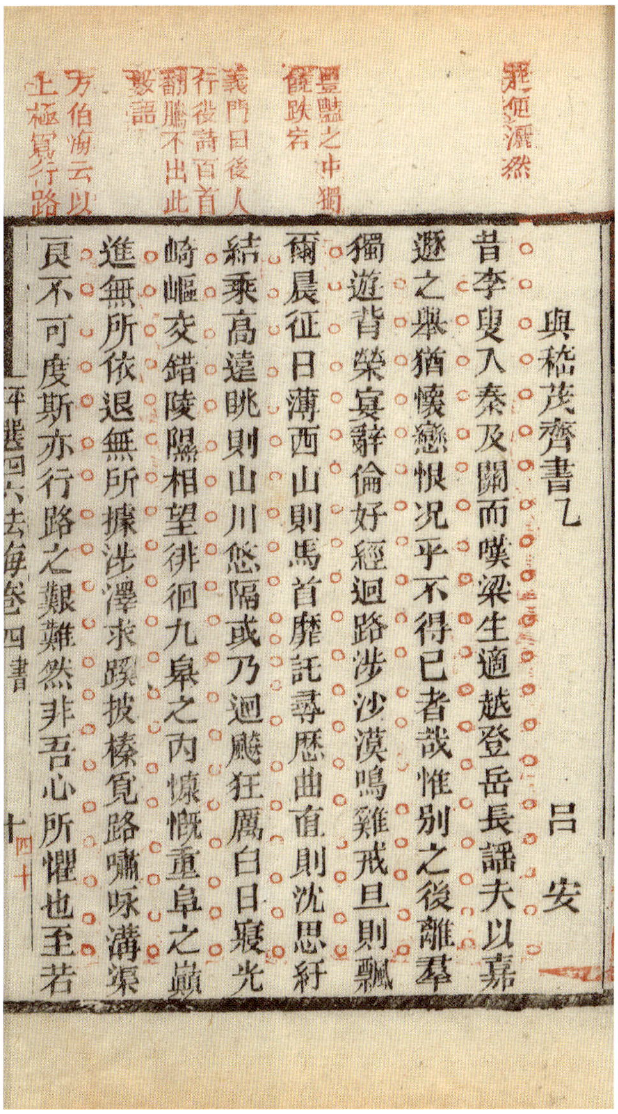
飛便灑然
豐艷之中獨饒跌宕
義門曰後人行役詩百首翻騰不出此數語
方伯海云以上極寫行路

與嵇茂齊書　呂安
昔李叟入秦及關而歎梁生適越登岳長謠夫以嘉
遯之舉猶懷戀恨況乎不得已者哉惟別之後離羣
獨遊背榮宴辭倫好經迴路涉沙漠鳴雞戒旦則飄
爾晨征日薄西山則馬首靡託尋歷曲直則沈思紆
結乘高遠眺則山川悠隔或乃迴飆狂厲白日寢光
踦嶇交錯陵隰相望徘徊九臯之內慷慨重阜之巔
進無所依退無所據涉澤求蹊披榛覓路嘯咏溝渠
良不可度斯亦行路之艱難然非吾心所懼也至若
評選四六法海卷四　書　十四

忠雅堂評選四六法海八卷

清蔣士銓評選　清光緒十年（1884）
深柳讀書堂刻朱墨套印本

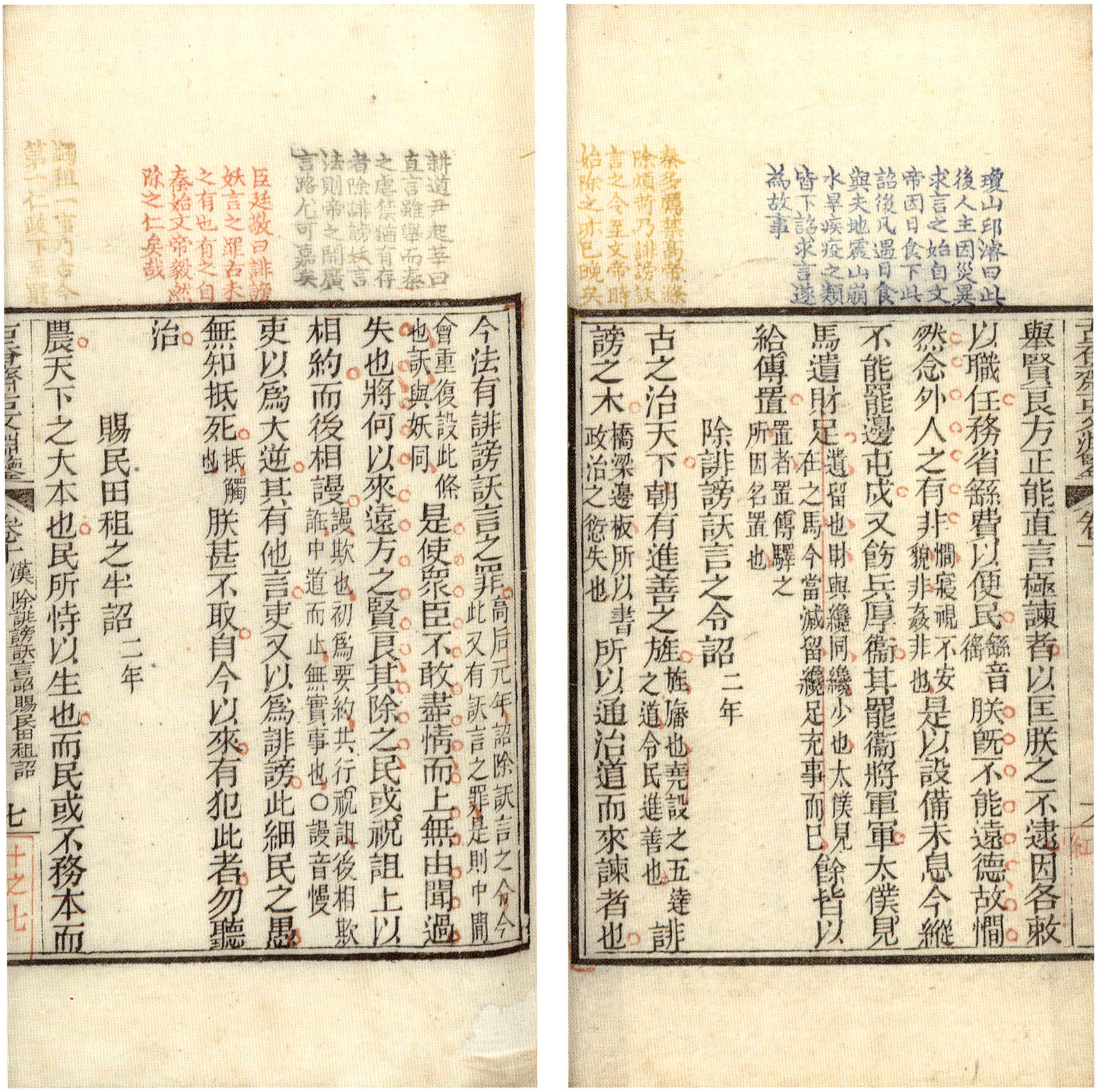
瓊山邱濬曰此後人主因災異求言之始自文帝因日食下此詔後凡遇日食與夫地震山崩水旱疾疫之類皆下詔求言遂爲故事
秦多爲禁高帝滌除煩苛乃誹謗訞言之令至文帝時始除之亦已晚矣

舉賢良方正能直言極諫者以匡朕之不逮因各敕以職任務省繇費以便民繇音傜朕既不能遠德故憪然念外人之有非憪寢視不安貌非姦非也是以設備未息今縱不能罷邊屯戍又飭兵厚衞其罷衞將軍軍太僕見馬遺財足遺留也財與纔同纔少也太僕見在之馬今當減留纔足充事而已餘皆以給傳置置者置傳驛之所因名置也

除誹謗訞言之令詔 二年

古之治天下朝有進善之旌旌幡也堯設之五達之道令民進善也誹謗之木橋梁邊板所以書政治之愆失也所以通治道而來諫者也

耕道尹起莘曰直言雖舉而秦之虐禁猶有存者除誹謗訞言法則帝之聞廣言路尤可嘉矣
臣廷敬曰誹謗妖言之罪古未之有也有之自秦始文帝毅然除之仁矣哉

今法有誹謗訞言之罪高后元年詔除訞言之令今此又有訞言之罪是則中間曾重復設此條也訞與妖同是使衆臣不敢盡情而上無由聞過失也將何以來遠方之賢良其除之民或祝詛上以相約而後相謾謾欺也初爲要約共行祝詛後相欺誑中道而止無實事也○謾音慢吏以爲大逆其有他言吏又以爲誹謗此細民之愚無知抵死也抵觸朕甚不取自今以來有犯此者勿聽治

賜民田租之半詔 二年

農天下之大本也民所恃以生也而民或不務本而

古文淵鑒 卷十 漢 除誹謗訞言詔 賜民田租詔 七

古文淵鑒六十四卷

清徐乾學等輯并注　清光緒十至十一年
（1884-1885）南海孔氏刻五色套印本

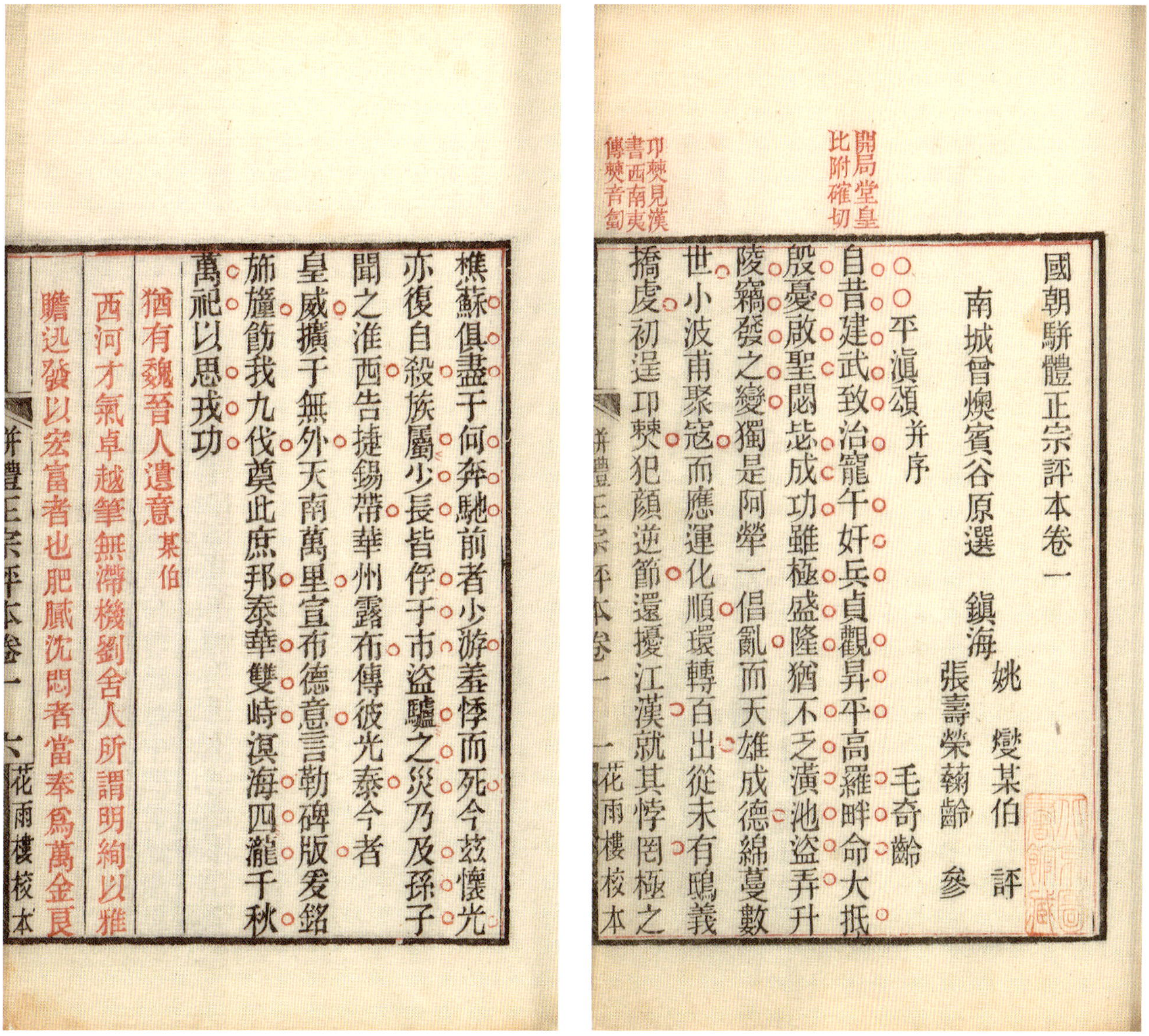
國朝駢體正宗評本卷一
南城曾燠賓谷原選　鎮海　姚　燮某伯評
張壽榮藕齡　參
平滇頌并序　毛奇齡
開局堂皇比附確切
邛僰見漢書西南夷傳僰音匐
自昔建武致治寵午奸兵貞觀昇平高羅畔命大抵
殷憂啟聖閎芘成功雖極盛隆猶不乏潢池盜弄升
陵竊發之變獨是阿牸一倡亂而天雄成德綿蔓數
世小波甫聚寇而應運化順環轉百出從未有鴟義
撟虔初䢖邛僰犯顏逆節還擾江漢就其悖罔極之
駢體正宗評本卷一　一　花雨樓校本

樵蘇俱盡于何奔馳前者少游羞悖而死今茲懷光
亦復自殺族屬少長皆俘于市盜驢之災乃及孫子
聞之淮西告捷錫帶華州露布傳彼光泰今者
皇威擴于無外天南萬里宣布德意言勒碑版爰銘
旃旟飭我九伐奠此庶邦泰華雙峙溟海四瀧千秋
萬祀以思我功
猶有魏晉人遺意　某伯
西河才氣卓越筆無滯機劉舍人所謂明絢以雅
贍迅發以宏富者也肥膩沉悶者當奉為萬金良
駢體正宗評本卷一　六　花雨樓校本

國朝駢體正宗評本十二卷補編一卷

清曾燠輯　清姚燮評　清張壽榮參　清光绪十一年（1885）鎮海張氏花雨樓刻朱墨套印本

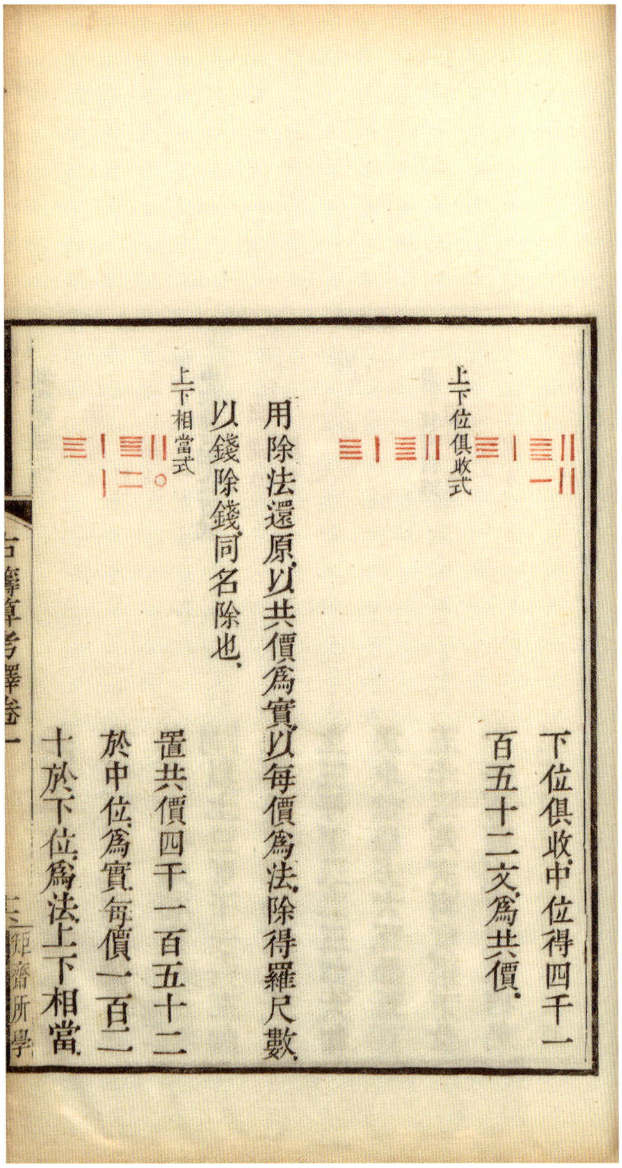
下位俱收中位得四千一百五十二文爲共價

上下位俱收式

用除法還原以共價爲實以每價爲法除得羅尺數以錢除錢同名除也

上下相當式

置共價四千一百五十二於中位爲實每價一百二十於下位爲法上下相當

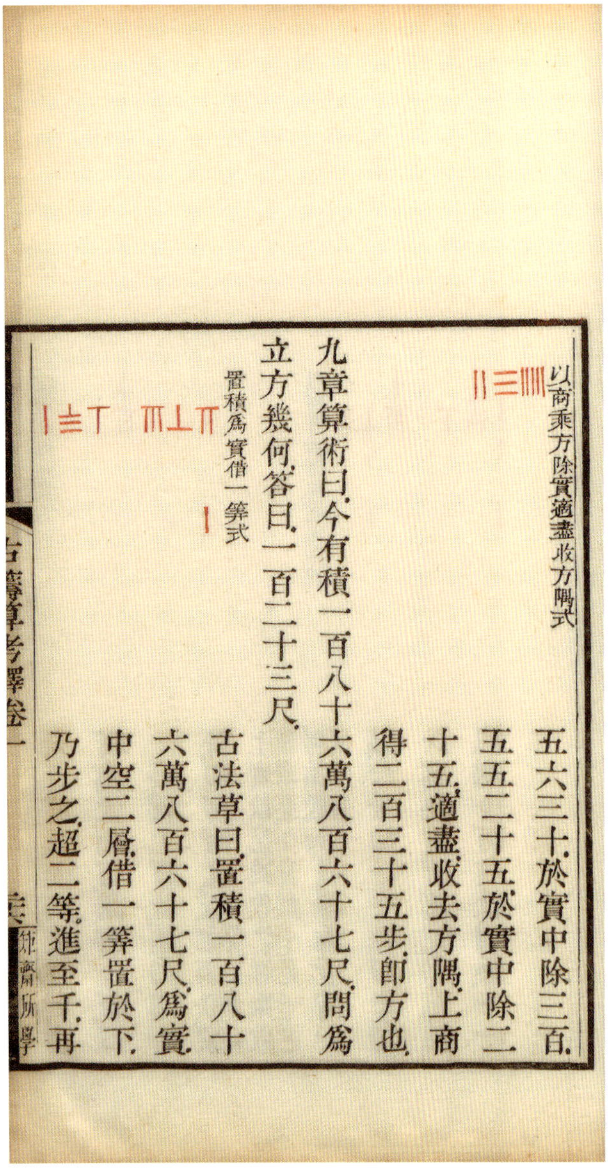
以商乘方除實適盡收方隅式

九章算術曰今有積一百八十六萬八百六十七尺問爲立方幾何答曰一百二十三尺

置積爲實借一算式

五六三十於實中除三百五五二十五於實中除二十五適盡收去方隅上商得二百三十五步即方也

古法草曰置積一百八十六萬八百六十七尺爲實中空二層借一算置於下乃步之超二等進至千再

古籌算考釋六卷

勞乃宣撰　清光緒十二年（1886）保山劉樹堂完縣官舍刻朱墨套印本

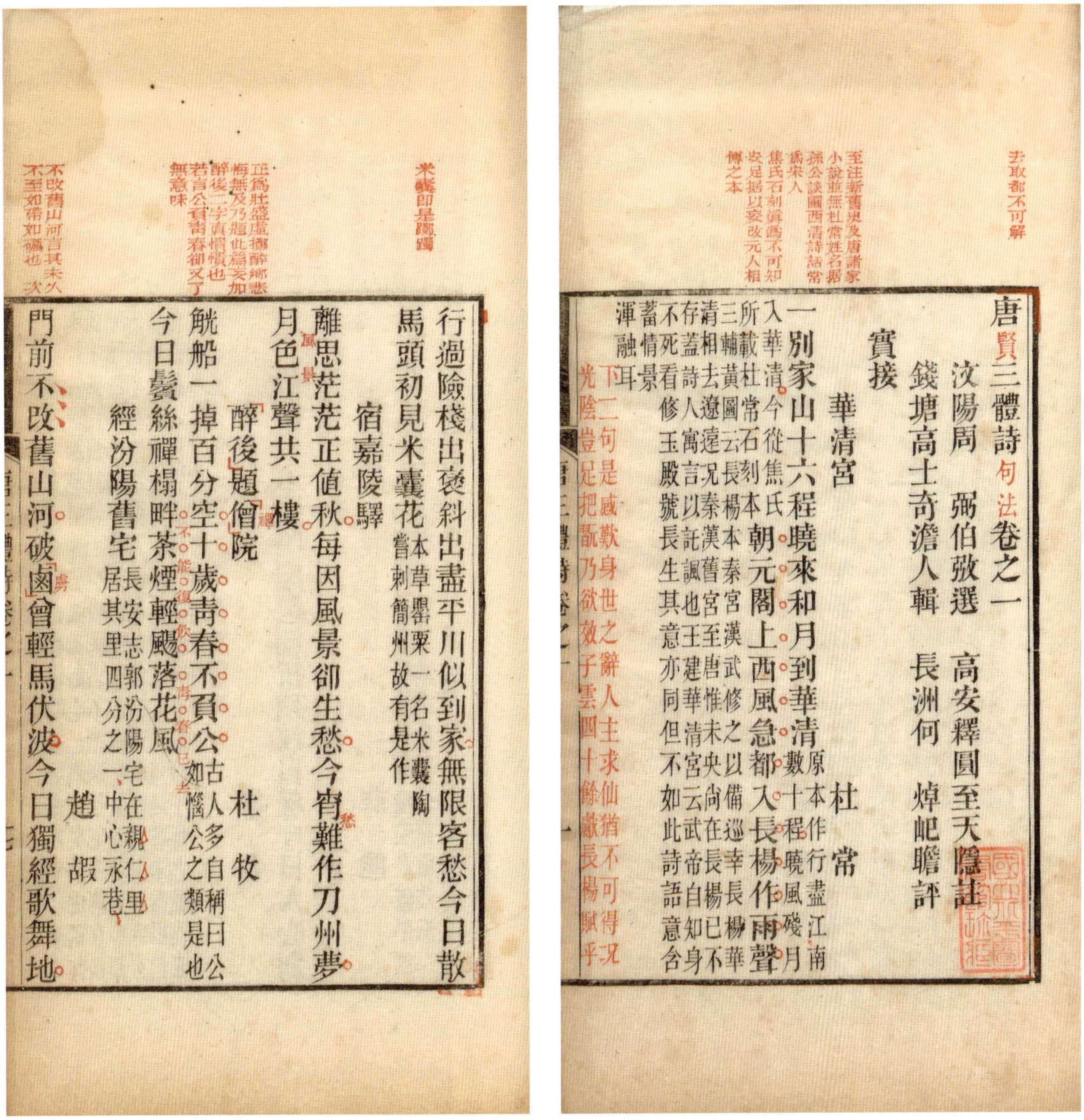

去取都不可解

至注新舊史及唐諸家小說並無杜常姓名據孫公談圃西清詩話常爲宋人焦氏石刻眞僞不可知要是據以妄改元人相傳之本

唐賢三體詩句法卷之一

汶陽周　弼伯弜選　高安釋圓至天隱註

錢塘高士奇澹人輯　長洲何　焯屺瞻評

實接

華清宮　杜常

一別家山十六程曉來和月到華清（原本作行盡江南數十程曉風殘月入華清今從焦氏所載杜常石刻本）

朝元閣上西風急都入長楊作雨聲（三輔黃圖云長楊本秦宮漢武修之以備巡幸長楊華清相去遼遠況秦漢舊宮至唐惟未央尚在長楊已不存蓋詩人寓言以託諷也王建華清宮云武帝自知身不死看修玉殿號長生其意亦同但不如此詩語意含蓄情景渾融耳）

下二句是感歎身世之辭人主求仙猶不可得況光陰豈足把翫乃欲效子雲四十餘獻長楊賦乎

米囊即是躑躅

正爲壯盛虛擲醉鄉悲悔無及乃題此篇妄加醉後二字眞憒憒也若言公負青春卻又了無意味

不改舊山河言其未久不至如帶如礪也　次

行過險棧出褒斜出盡平川似到家無限客愁今日散

馬頭初見米囊花（本草罌粟一名米囊陶嘗刺簡州故有是作）

宿嘉陵驛

離思茫茫正值秋每因風景卻生愁今宵難作刀州夢

月色江聲共一樓

醉後題僧院　杜牧

觥船一棹百分空十歲青春不負公（古人多自稱曰公如惱公之類是也）

今日鬢絲禪榻畔茶煙輕颺落花風

經汾陽舊宅　趙嘏

（長安志郭汾陽宅在親仁里居其里四分之一中心永巷）

門前不改舊山河破虜曾輕馬伏波今日獨經歌舞地

唐三體詩六卷

宋周弼輯　元釋圓至注　清高士奇補正

清何焯評　清光緒十二年（1886）瀘州

鹽局刻朱墨套印本

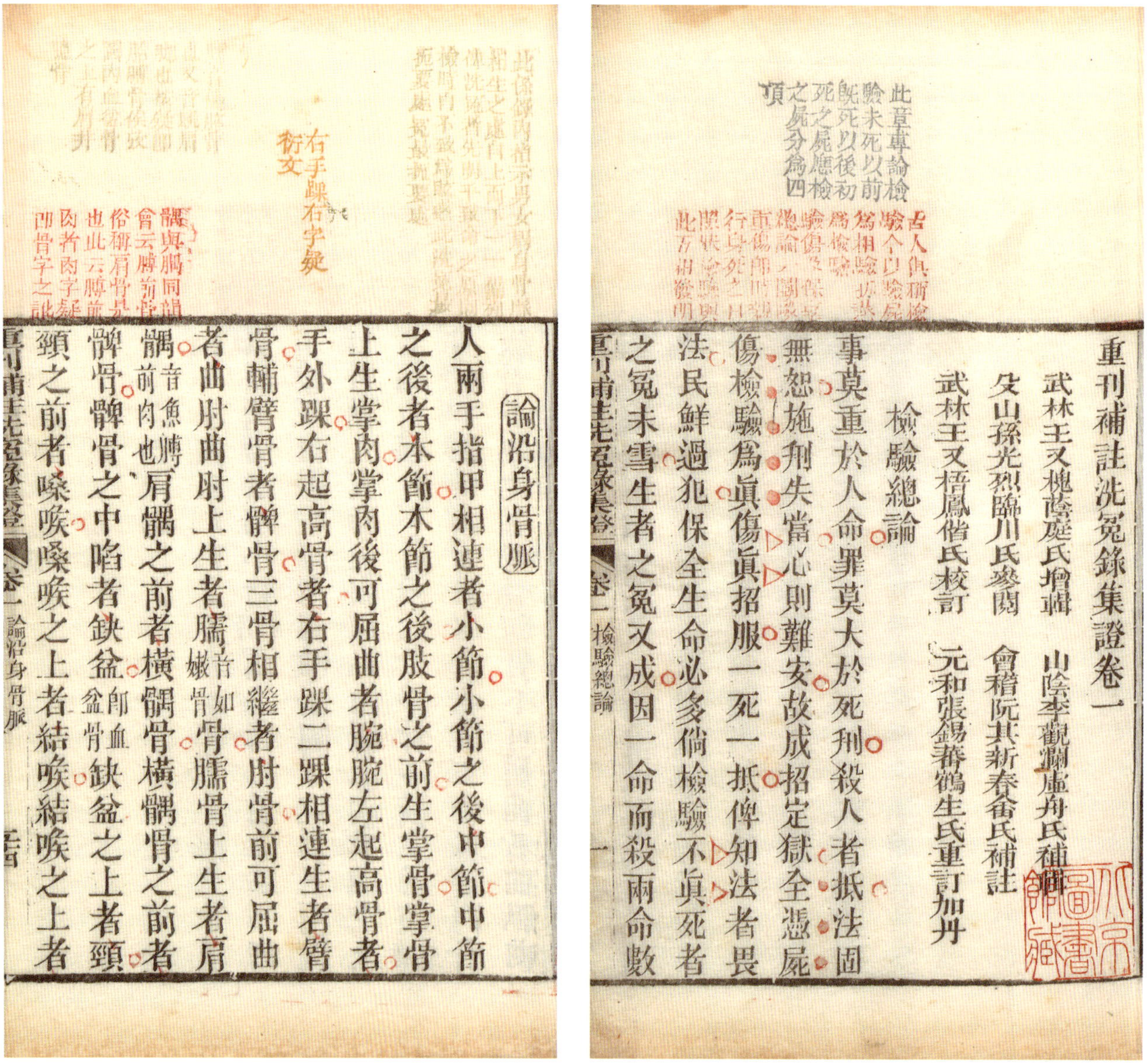
重刊補註洗冤錄集證卷一
武林王又槐蔭庭氏增輯　山陰李觀瀾虛舟氏補輯
山孫光烈臨川氏參閱　會稽阮其新春畬氏補註
武林王又梧鳳偕氏校訂　元和張錫蕃鶴生氏重訂加丹
此章專論檢驗未死以前既死以後初死之屍應檢之屍分爲四項
檢驗總論
事莫重於人命罪莫大於死刑殺人者抵法固無恕施刑失當心則難安故成招定獄全憑屍傷檢驗爲眞傷眞招服一死一抵俾知法者畏法民鮮過犯保全生命必多倘檢驗不眞死者之冤未雪生者之冤又成因一命而殺兩命數
重刊補註洗冤錄集證　卷一　檢驗總論
論沿身骨脈
右手踝右字疑衍文
人兩手指甲相連者小節小節之後中節中節之後者本節本節之後肢骨之前生掌骨掌骨上生掌肉掌肉後可屈曲者腕腕左起高骨者手外踝右起高骨者右手踝二踝相連生者臂骨輔臂骨者髀骨三骨相繼者肘骨前可屈曲者曲肘曲肘上生者臑音如嫩骨臑骨上生者肩髃音魚髃前肉也肩髃之前者橫髃骨橫髃骨之前者髀骨髀骨之中陷者缺盆缺音血盆骨缺盆之上者頸頸之前者嗓喉嗓喉之上者結喉結喉之上者
重刊補註洗冤錄集證　卷一　論沿身骨脈

重刊補注洗冤録集證五卷

清王又槐輯　清李觀瀾補輯　清阮其新補注
清光緒十七年（1891）刻五色套印本

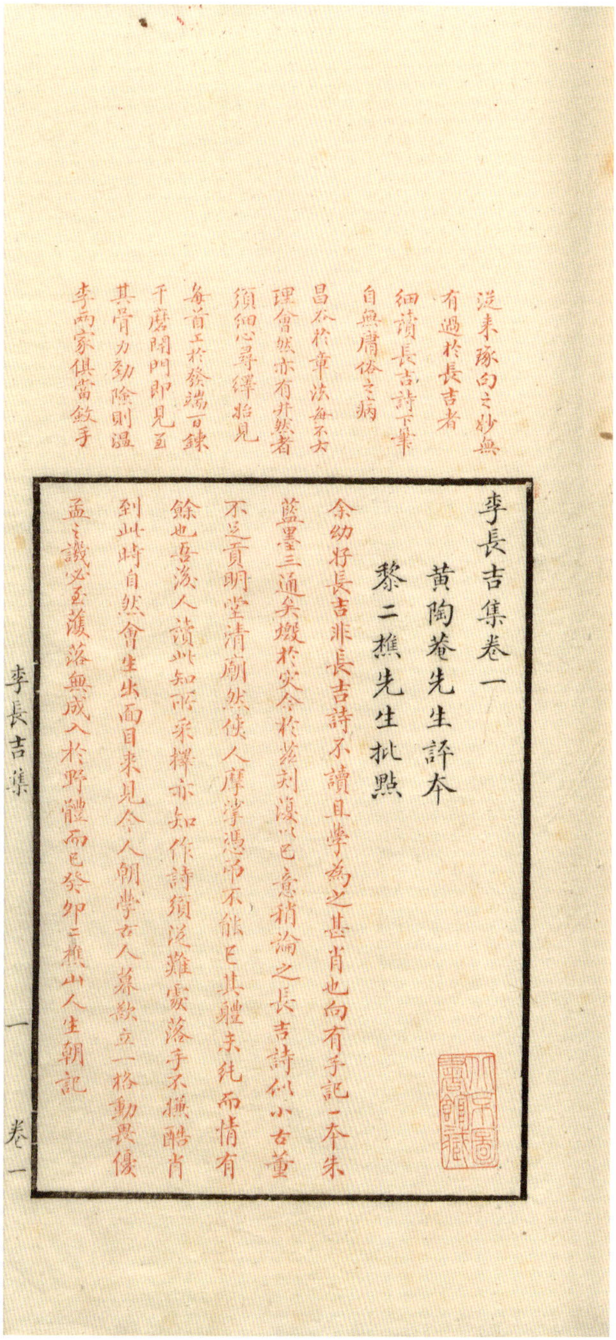
從來琢句之妙無有過於長吉者細讀長吉詩下筆自無庸俗之病昌谷於章法每不大理會然亦有井然者須細心尋繹始見每首工於發端百鍊千磨開門即見函其骨力勁險則溫李兩家俱當斂手

李長吉集卷一

黃陶菴先生評本

黎二樵先生批點

余幼好長吉非長吉詩不讀且學為之甚肖也向有手記一本朱藍墨三通矣燬於火今於茲刻復以己意稍論之長吉詩似小古董不足貢明堂清廟然使人摩挲憑弔不能已其體未純而情有餘也吾後人讀此知所采擇亦知作詩須從難處落手不撫酷肖到此時自然會生出面目來見今人朝學古人暮欲立一格動畏傍孟之譏必至蕩落無成入於野體而已癸卯二樵山人生朝記

李長吉集　一　卷一

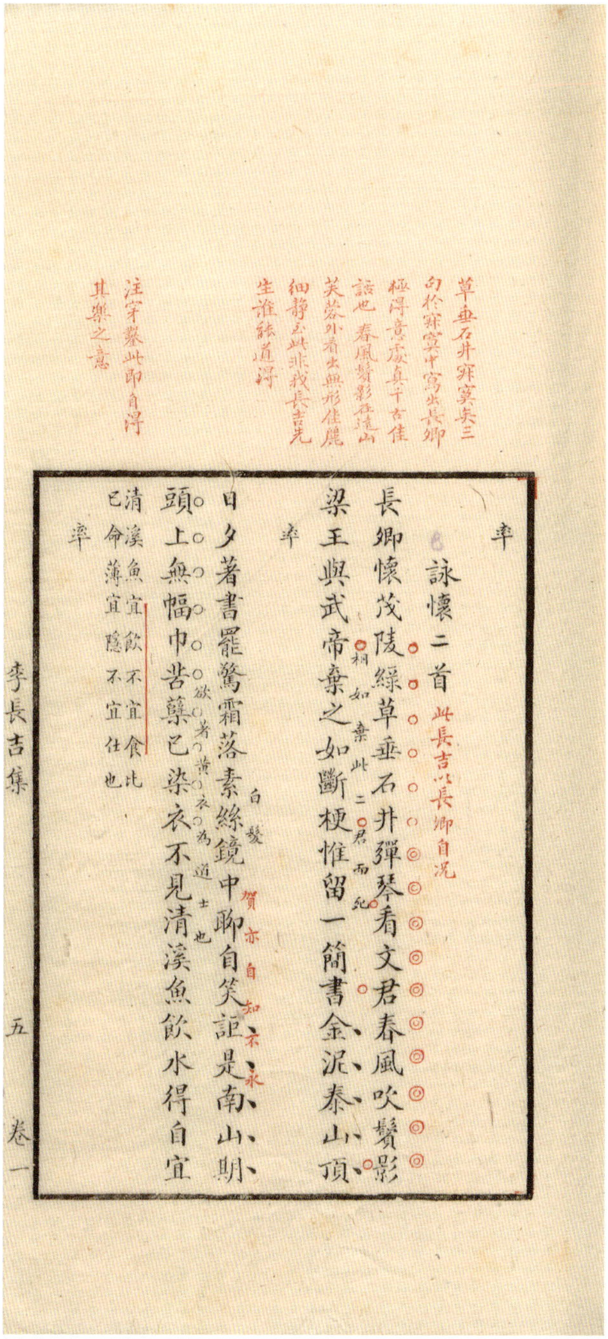
草垂石井穿窠矣三句於窠窠中寫出長卿極得意處真千古佳話也　春風鬢影在遠山芙蓉外看出無形佳麗細靜正此非我長吉先生誰能道得

注穿鑿此即自得其樂之意

卒

詠懷二首　此長吉以長卿自況

長卿懷茂陵綠草垂石井彈琴看文君春風吹鬢影梁王與武帝棄之如斷梗惟留一簡書金泥泰山頂（相如棄此二君而死）

卒

日夕著書罷驚霜落素絲（白髮）鏡中聊自笑詎是南山期（賀亦自知不永）頭上無幅巾苦蘗已染衣（欲著黃衣為道士也）不見清溪魚飲水得自宜

卒

清溪魚宜飲不宜食比已命薄宜隱不宜仕也

李長吉集　五　卷一

李長吉集四卷外卷一卷

唐李賀撰　明黃淳耀評點　清光緒十八年（1892）廣州葉衍蘭刻朱墨套印本

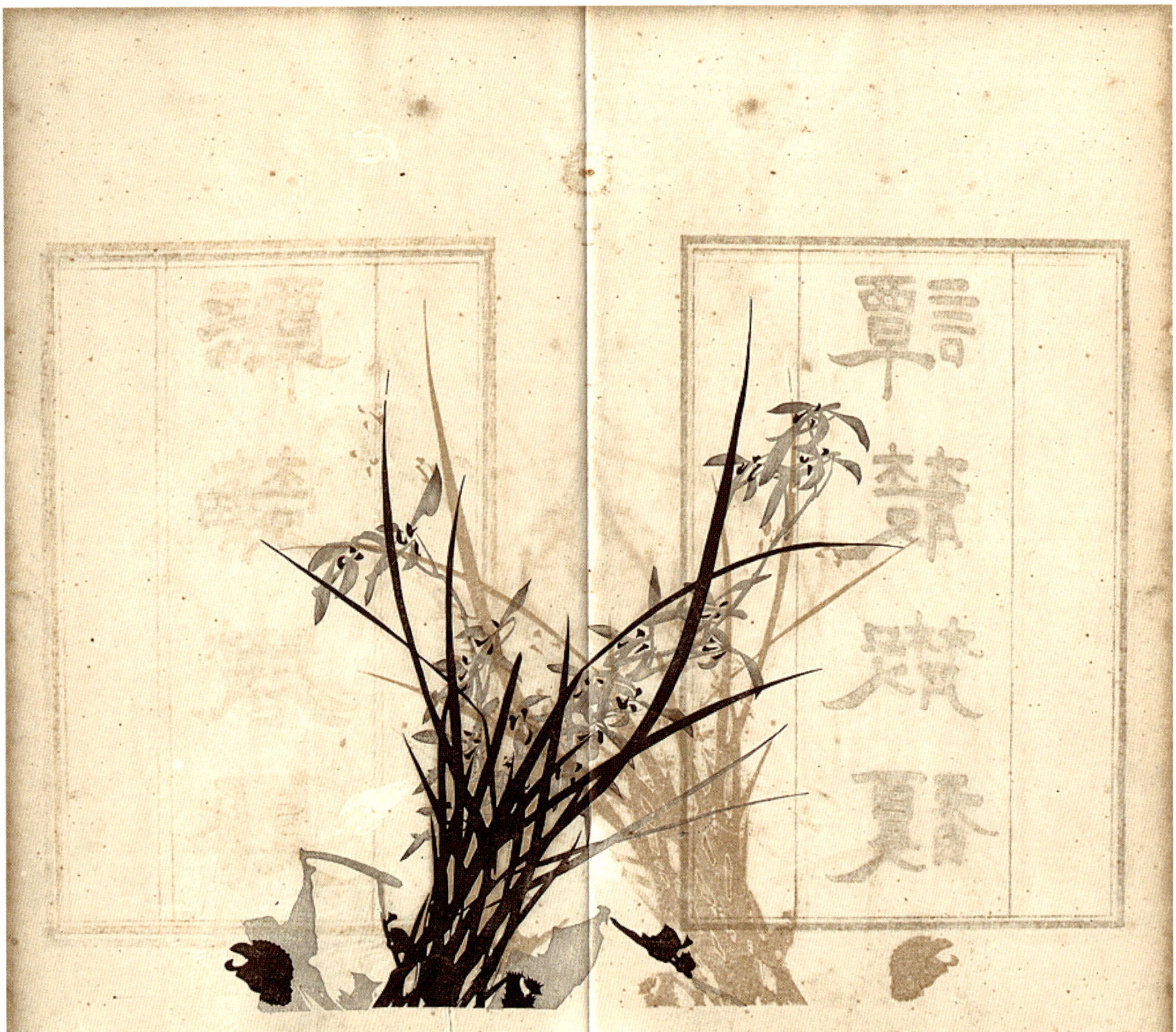

蘭石畫譜四卷

清吴煥采繪　清光緒二十年（1894）
古蓮池華南硯北草堂刻套印本

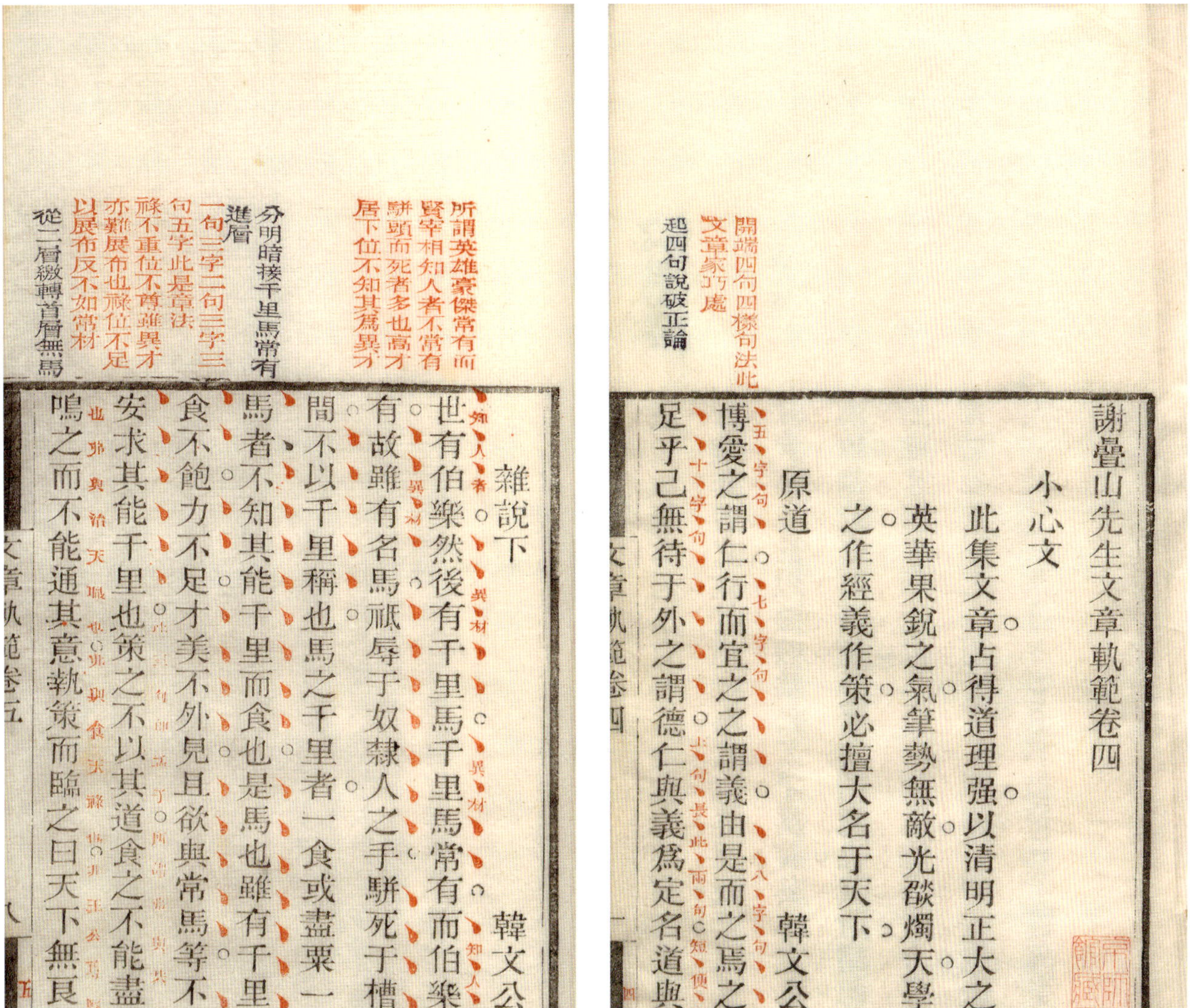

起四句說破正論
開端四句四樣句法此文章家巧處

謝疊山先生文章軌範卷四

小心文

此集文章占得道理强以清明正大之心發英華果銳之氣筆勢無敵光燄燭天學者熟之作經義作策必擅大名于天下

原道　韓文公

博愛之謂仁行而宜之之謂義由是而之焉之謂道足乎己無待于外之謂德仁與義爲定名道與德爲

從二層綴轉首層無馬
祿不重位不尊雖異才亦難展布也祿位不足以展布反不如常材
一句三字二句三字三句五字此是章法
進層
分明暗接千里馬常有
所謂英雄豪傑常有而賢宰相知人者不常有駢頸而死者多也高才居下位不知其爲異才

雜說下　韓文公

世有伯樂然後有千里馬千里馬常有而伯樂不常有故雖有名馬祇辱于奴隸人之手駢死于槽櫪之間不以千里稱也馬之千里者一食或盡粟一石食馬者不知其能千里而食也是馬也雖有千里之能食不飽力不足才美不外見且欲與常馬等不可得安求其能千里也策之不以其道食之不能盡其材鳴之而不能通其意執策而臨之曰天下無良馬嗚

謝疊山先生文章軌範七卷

宋謝枋得輯　清光緒二十一年（1895）
湖北官書處刻三色套印本

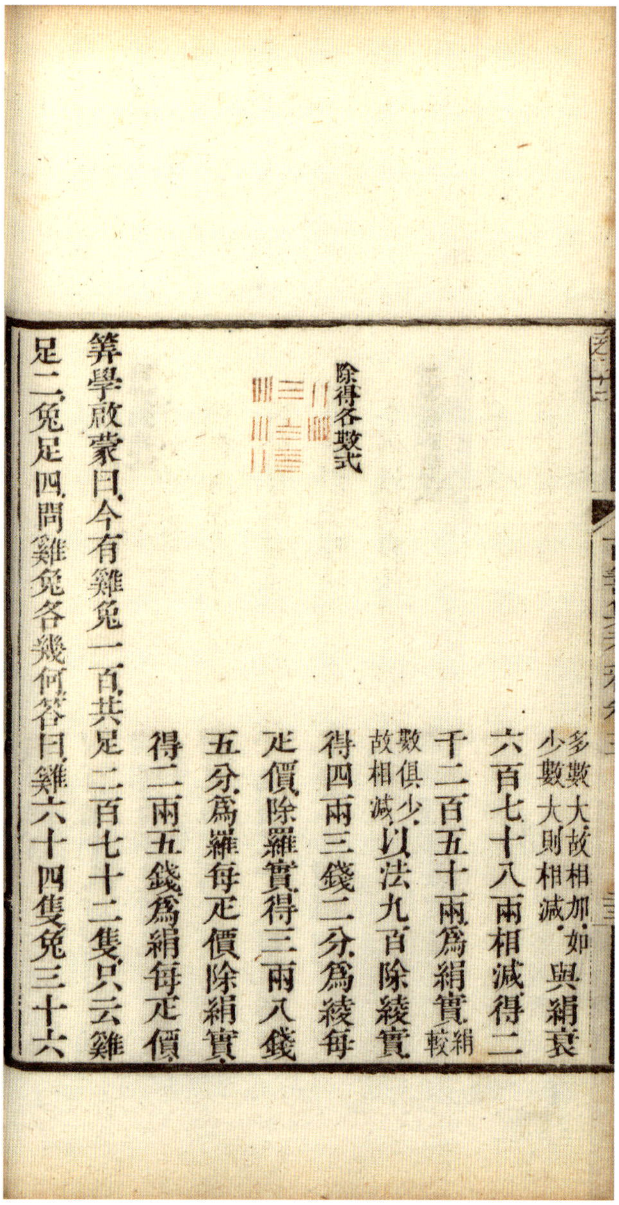
多數大故相加
少數大則相減
如與絹衰
六百七十八兩相減得二
千二百五十兩為絹實
絹較數俱少
故相減
以法九百除綾實
得四兩三錢二分為綾每
疋價除羅實得三兩八錢
五分為羅每疋價除絹實
得二兩五錢為絹每疋價
除得各數式
筭學啟蒙曰今有雞兔一百共足二百七十二隻只云雞
足二兔足四問雞兔各幾何答曰雞六十四隻兔三十六

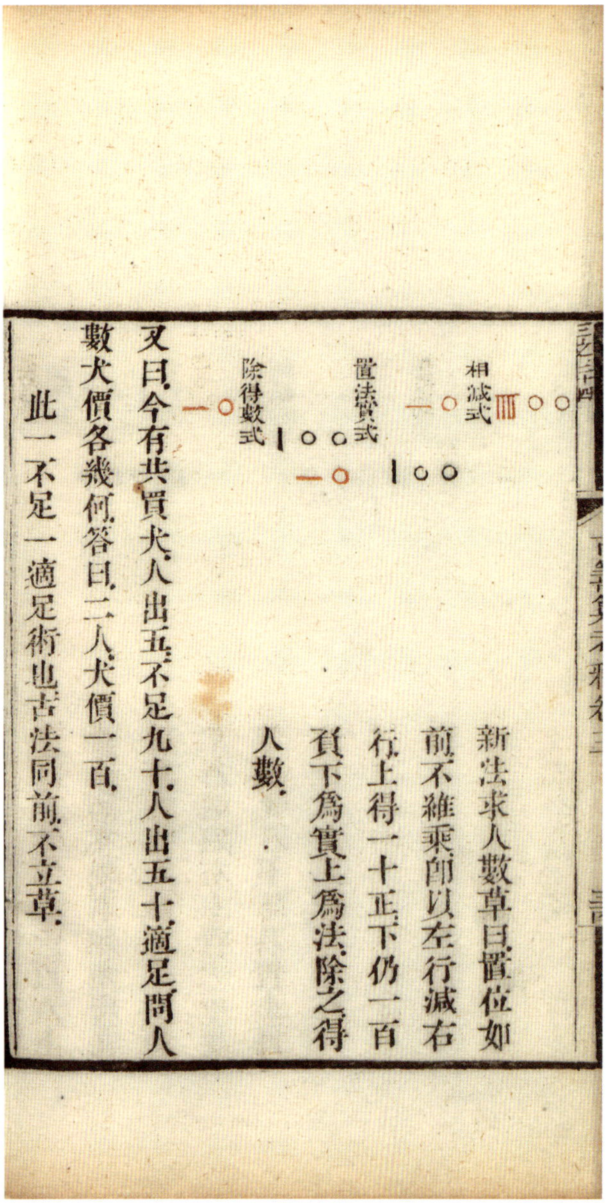
相減式
置法實式
除得數式
新法求人數草曰置位如
前不維乘即以左行減右
行上得一十正下仍一百
負下為實上為法除之得
人數
又曰今有共買犬人出五不足九十人出五十適足問人
數犬價各幾何答曰二人犬價一百
此一不足一適足術也古法同前不立草

古籌算考釋六卷

勞乃宣撰　清光緒二十三年（1897）
保陽蔚文書局刻朱墨套印本

李義山詩集卷中

吳江朱鶴齡箋註

武林沈厚塽輯評

何焯義門硃筆
紀昀竹垞筆
吳曉嵐藍筆

南朝

地險悠悠天險長　金陵王氣應瑤光

宅化中分便示東朝金分佳著名能作詩陵者終不能築
障畫　便不曾作者諺妙

乘運應須宅八荒　男兒安在戀池隍　君王自起新豐後

詩此地分天下只見徐妃半面粧

莫我違榆爽亂不整楊花飛相隨上有白日照下有東

李義山詩集卷下

高祖廟

沛國東風吹大澤

偶成轉韻七十二句贈四同舍

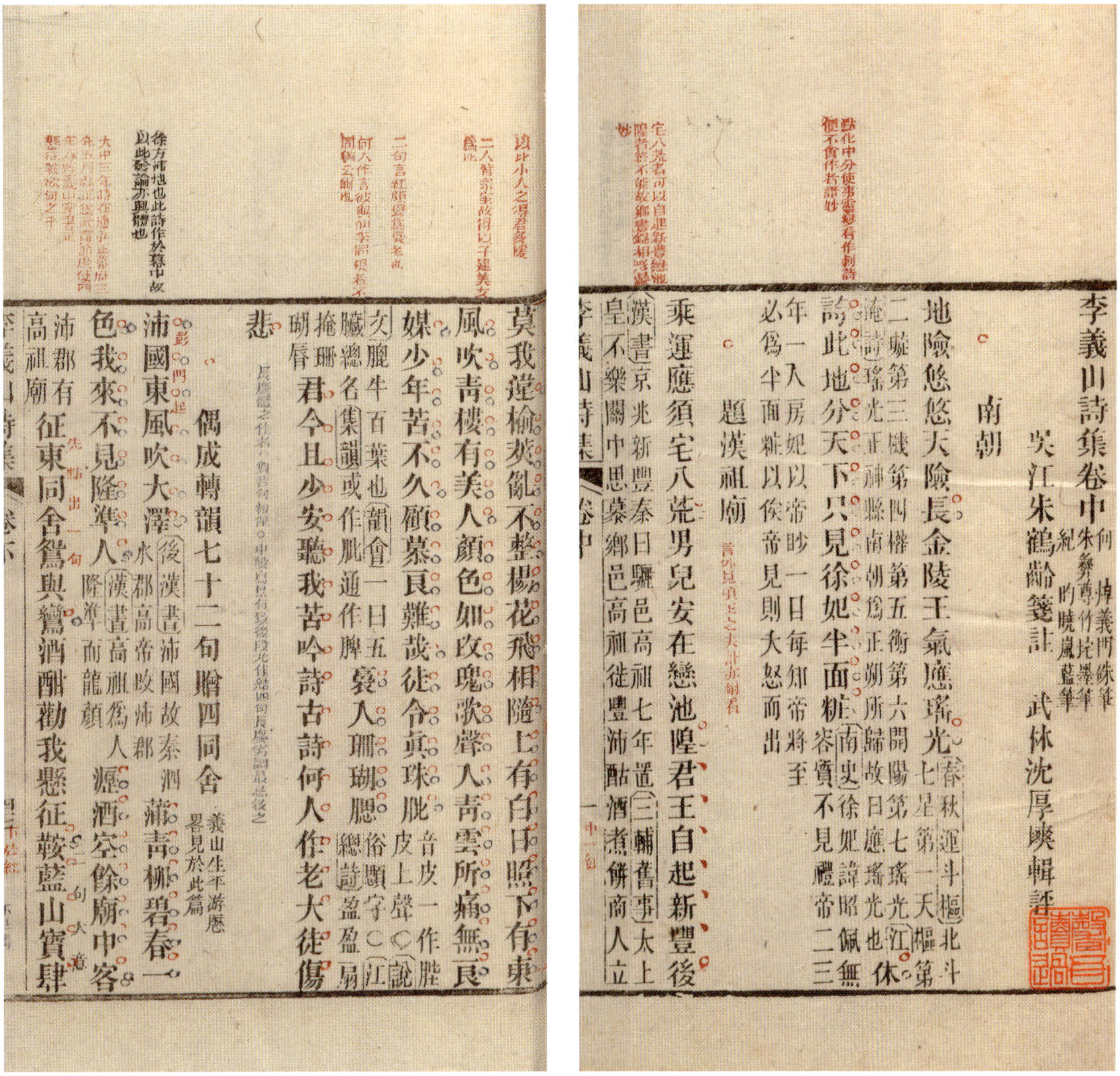

李義山詩集三卷李義山詩譜一卷諸家詩評一卷

唐李商隱撰　清朱鶴齡箋注　清沈厚塽輯評　清光緒二十四年
（1898）廣州倅署刻三色套印本

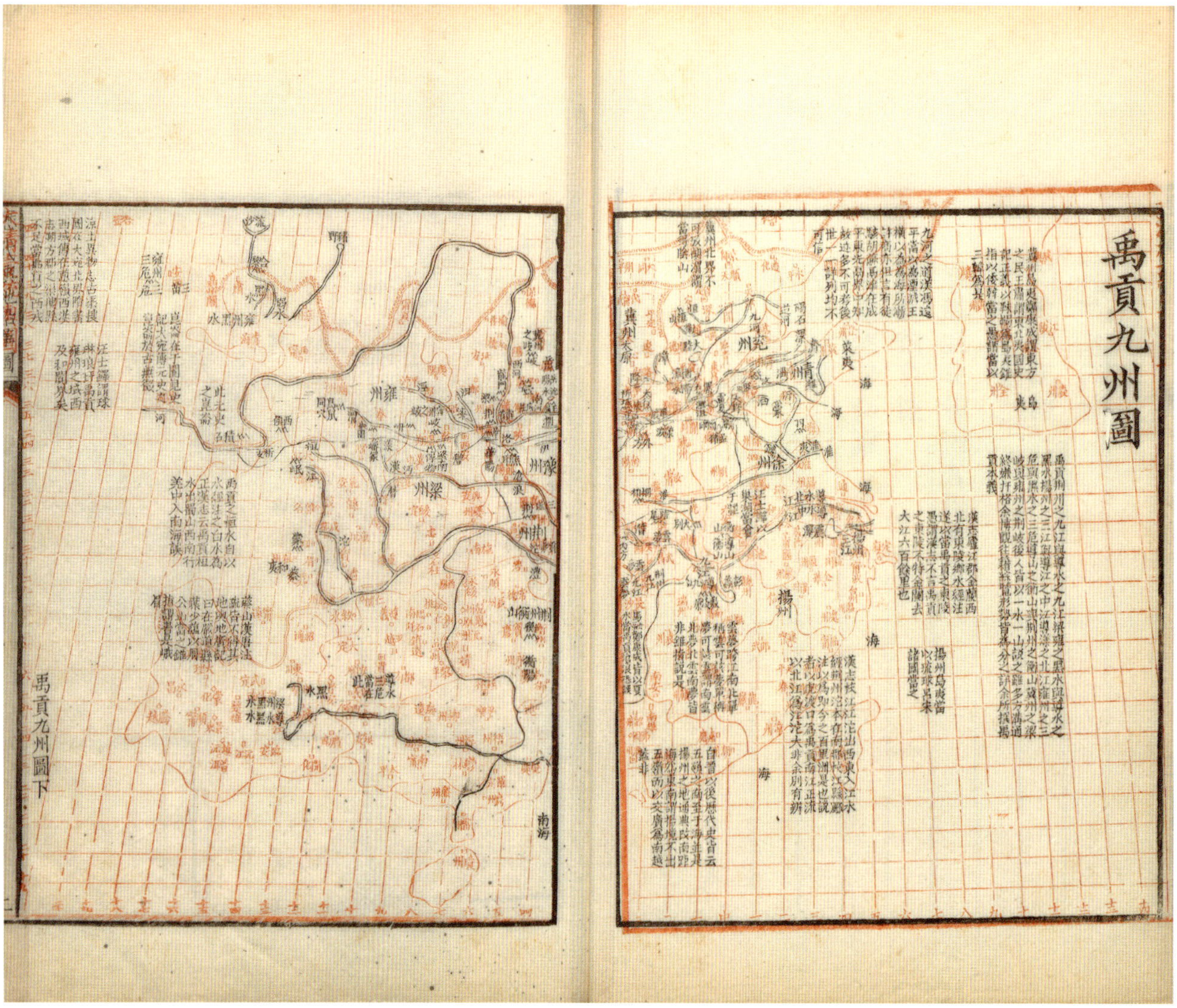

歷代輿地圖四十四種

楊守敬撰　清光緒三十二年至宣統三年
（1906-1911）宜都楊守敬觀海堂刻
朱墨套印本

宣統

清代套印本圖録

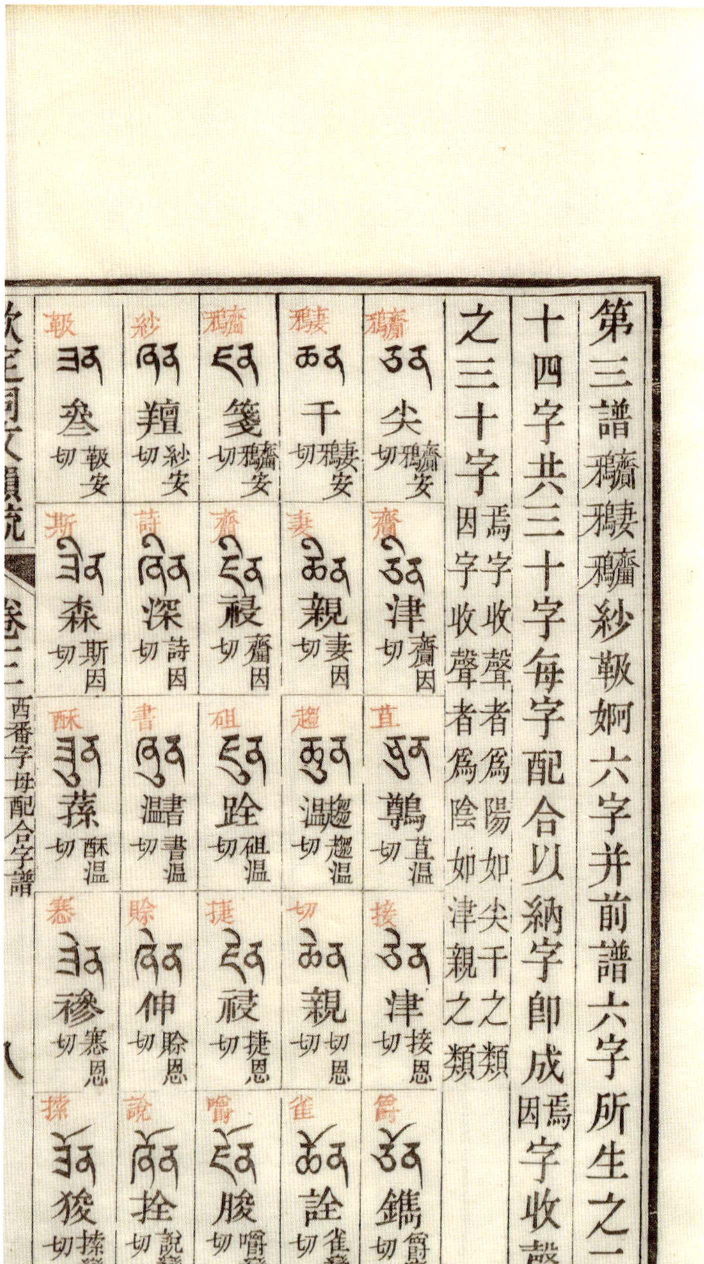
第三譜……紗𣫍……六字并前譜六字所生之二十四字共三十字每字配合以納字即成爲因字收聲之三十字
爲字收聲者爲陽如尖干之類　因字收聲者爲陰如津親之類

尖 ……安切
干 妻安切
箋 ……安切
羶 紗安切
叁 𣫍安切
津 ……因切
親 妻因切
祲 ……因切
深 詩因切
森 斯因切
……苴温切
……趨温切
跧 砠温切
……書温切
蓀 酥温切
津 接恩切
親 切恩切
祲 捷恩切
伸 賖恩切
穇 褰恩切
鐫 爵彎切
詮 雀彎切
朘 嚼彎切
拴 說彎切
狻 揉彎切

欽定同文韻統　卷二　西番字母配合字譜　八

欽定同文韻統六卷

清允禄等輯　清宣統二年（1910）理藩部刻
朱墨套印本

百花詩箋譜

清張兆祥繪　清宣統三年（1911）刻彩色套印本

第三譜鴉齎鴉妻鴉齋紗鞍如六字于前譜六字所

十四字共三十字每字配合以納字即成焉因之三十字焉字收聲者爲陽如尖干之類因字收聲者爲陰如津親之類

鴉齎 尖 鴉齎安切	鴉妻 千 鴉妻安切	鴉齋 箋 鴉齋安切	紗 羶 紗安切	鞍 叅 鞍安切
齎 津 齎因切	妻 親 妻因切	齋 祲 齋因切	詩 深 詩因切	斯 森 斯因切
苴 鷷 苴温切	趨 趨温 趨温切	租 跧 租温切	書 書温 書温切	酥 蓀 酥温切
接 津 接恩切	切 親 切恩切	捷 祲 捷恩切	賒 伸 賒恩切	塞 穇 塞恩切
爵	雀	嚼	說	索

不確定年代

清代套印本圖錄

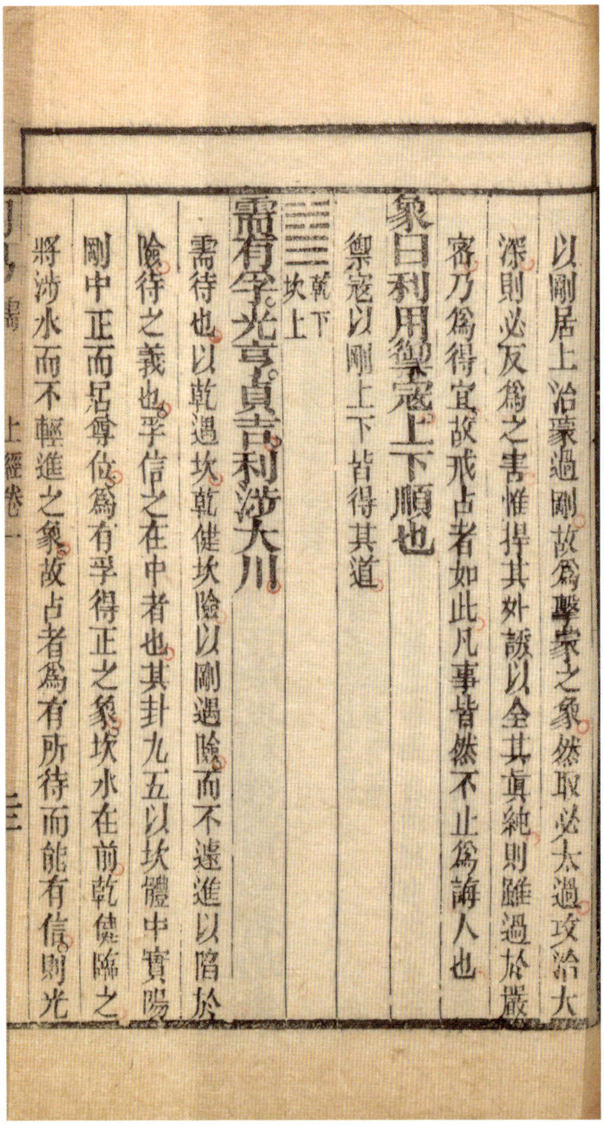
以剛居上治蒙過剛故爲擊蒙之象然取必太過攻治大
深則必反爲之害惟捍其外誘以全其眞純則雖過於嚴
密乃爲得宜故戒占者如此凡事皆然不止爲誨人也
象曰利用禦寇上下順也
禦寇以剛上下皆得其道
䷄ 乾下 坎上
需有孚光亨貞吉利涉大川
需待也以乾遇坎乾健坎險以剛遇險而不遽進以陷於
險待之義也孚信之在中者也其卦九五以坎體中實陽
剛中正而居尊位爲有孚得正之象坎水在前乾健臨之
將涉水而不輕進之象故占者爲有所待而能有信則光
周易本義 上經卷一 三

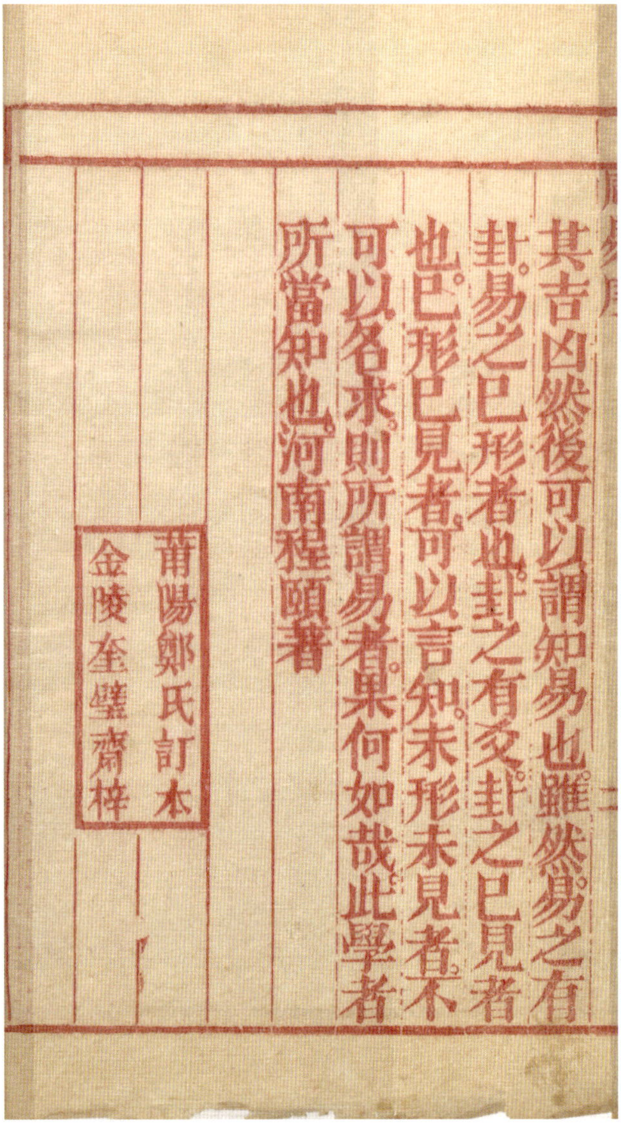
周易序 二
其吉凶然後可以謂知易也雖然易之有
卦易之已形者也卦之有爻卦之已見者
也已形已見者可以言知未形未見者不
可以名求則所謂易者果何如哉此學者
所當知也河南程頤著
莆陽鄭氏訂本
金陵奎壁齋梓

周易本義四卷附易圖一卷卦歌一卷筮儀一卷五贊一卷

宋朱熹撰　清金陵奎壁齋刻朱墨套印本

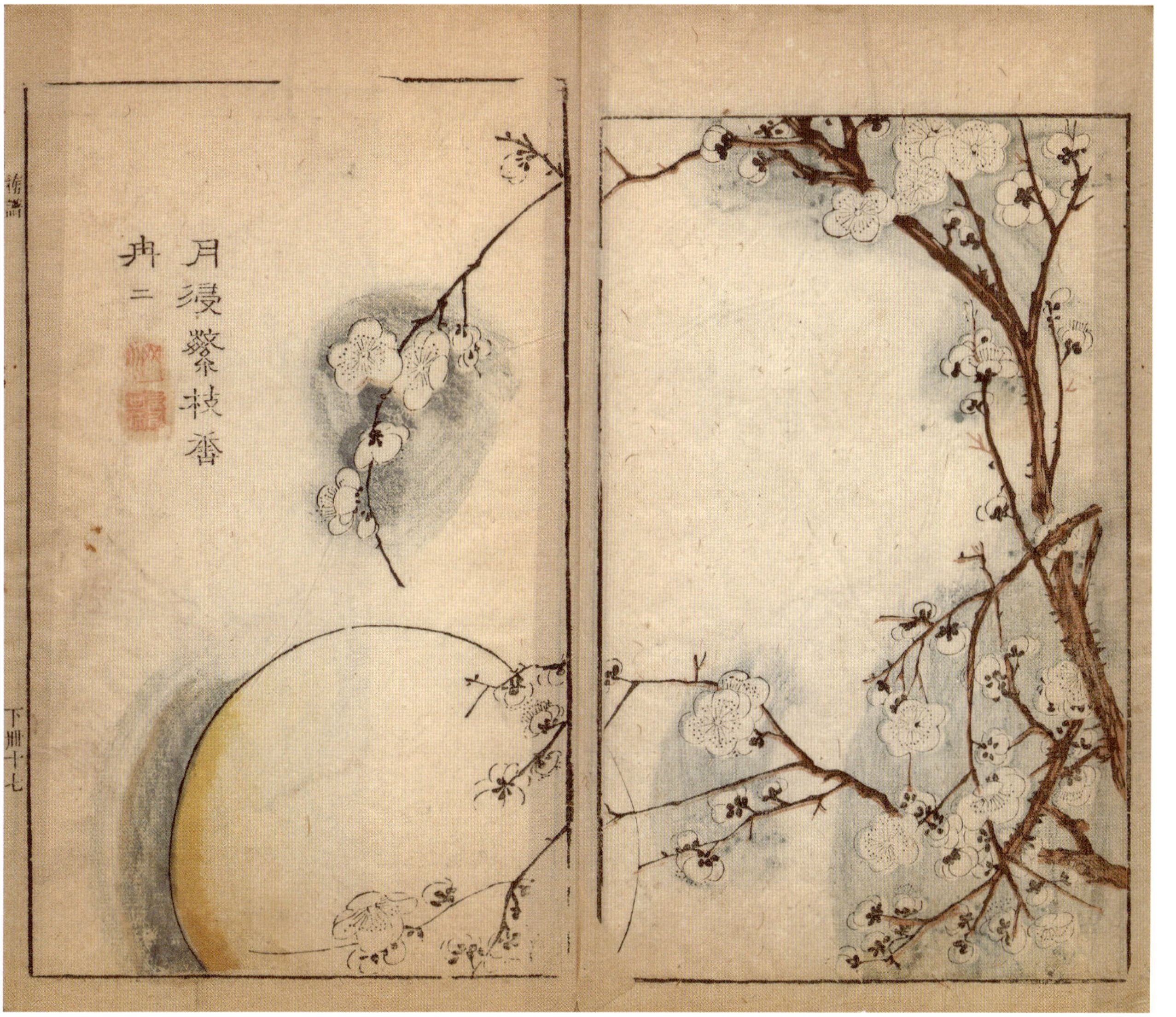

芥子園畫傳二集四種九卷

清王槩、清王蓍、清王臬摹　清沈心友輯
清金閶文淵堂刻彩色套印本

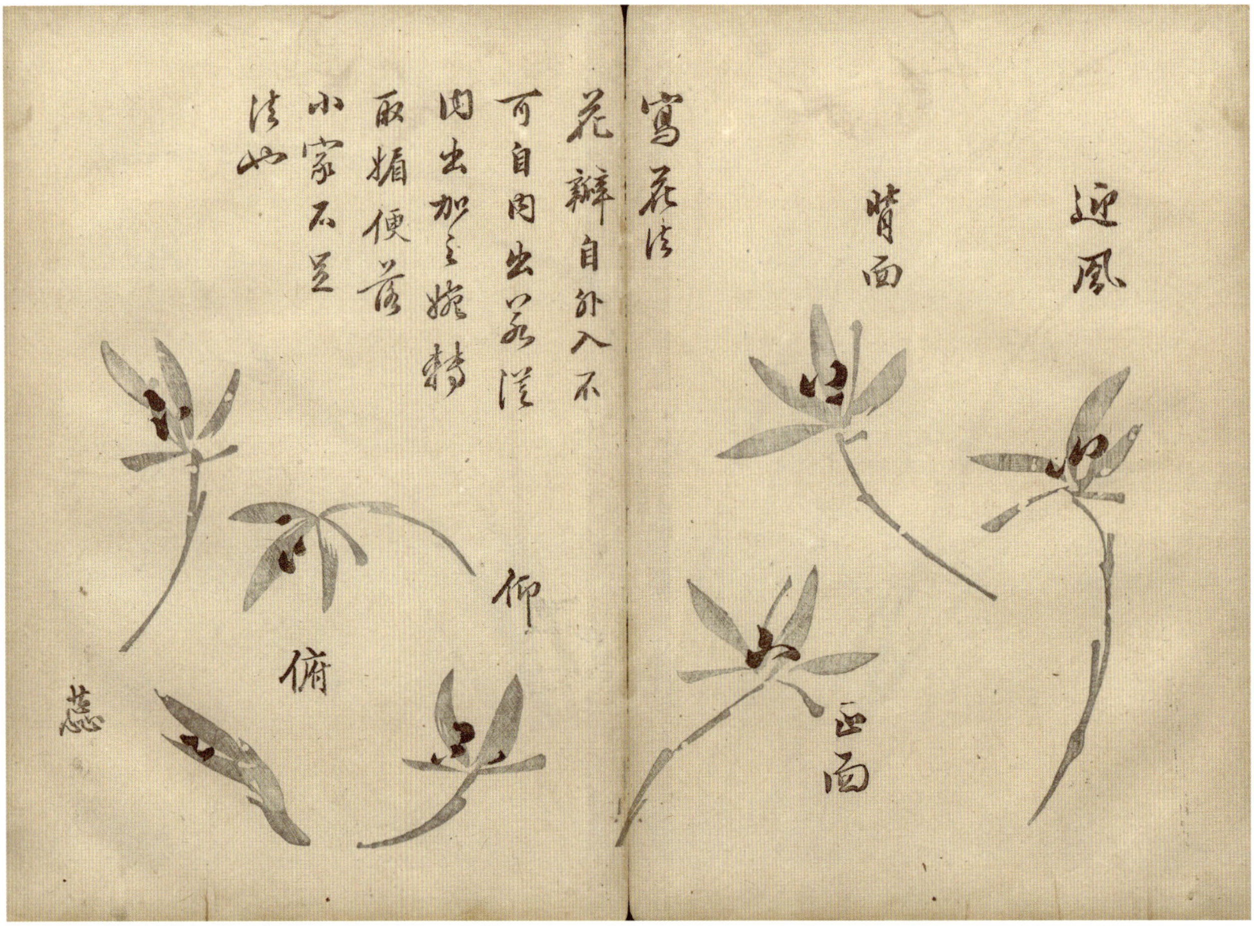

天下有山堂畫藝二卷

清汪之元撰　清樵石山房刻套印本

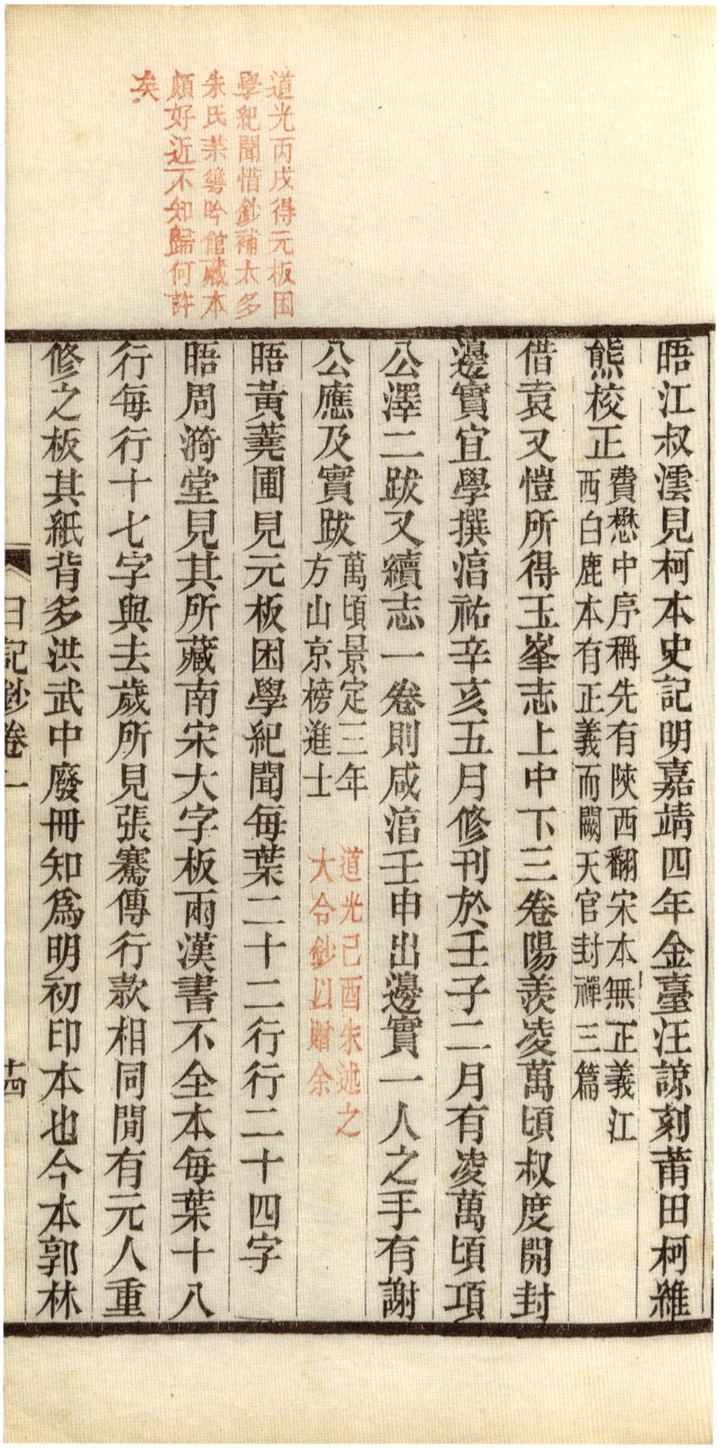

道光丙戌得元板困學紀聞借鈔補太多朱氏棠樊吟館藏本頗好近不知歸何許矣

晤江叔澐見柯本史記明嘉靖四年金臺汪諒刻莆田柯維熊校正費懋中序稱先有陝西翻宋本無正義江西白鹿本有正義而闕天官封禪三篇借袁又愷所得玉峯志上中下三卷陽羨凌萬頃叔度開封邊實宜學撰淳祐辛亥五月修刊於壬子二月有凌萬頃項公澤二跋又續志一卷則咸淳壬申出邊實一人之手有謝公應及實跋萬頃景定三年方山京榜進士

道光己酉朱述之大令鈔以贈余

晤黃蕘圃見元板困學紀聞每葉二十二行行二十四字晤周漪堂見其所藏南宋大字板兩漢書不全本每葉十八行每行十七字與去歲所見張觿傳行款相同閒有元人重修之板其紙背多洪武中廢冊知為明初印本也今本郭林

日記鈔卷一

竹汀先生日記鈔二卷

清錢大昕撰　清吴縣潘氏滂喜齋刻朱墨套印本

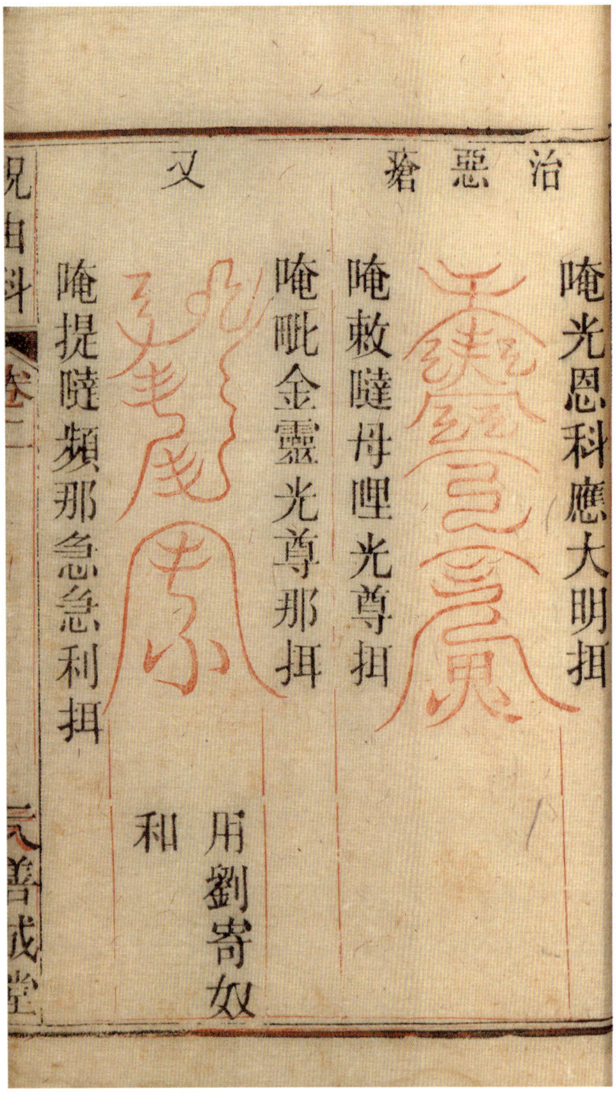
祝由科
卷二
善成堂
治惡瘡
唵光恩科應大明㪲
唵敕噠丹哩光尊㪲
唵毗金靈光尊那㪲
用劉寄奴
和
又
唵提噠頻那急急利㪲

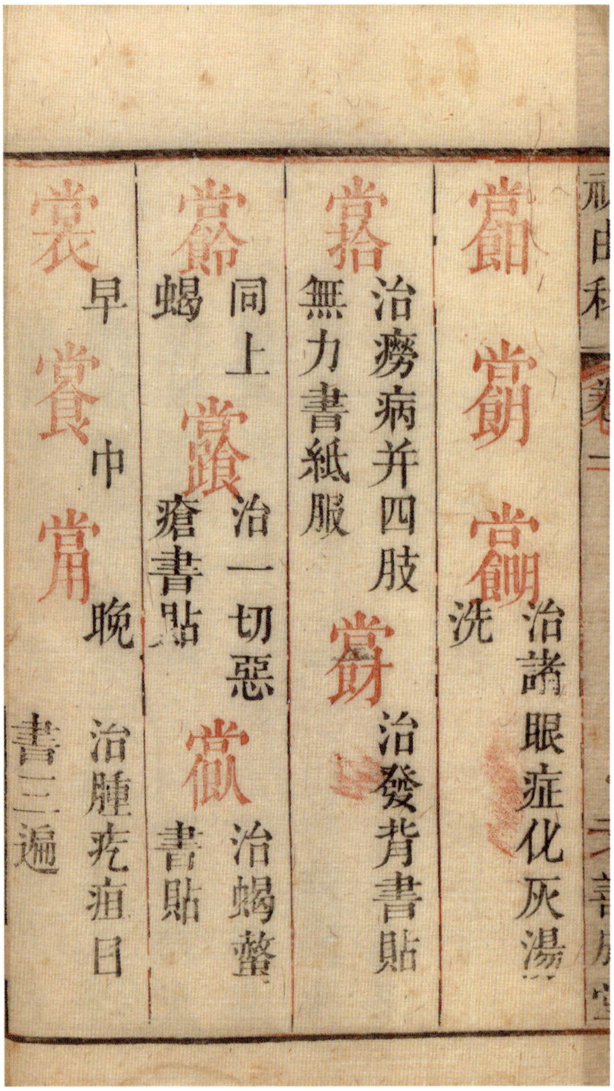
祝由科
卷二
善成堂
治諸眼症化灰湯洗
治癆病并四肢無力書紙服
治發背書貼
同上
治一切惡瘡書貼
治蝎螫書貼
早
中
晚
治腫疙疸日書三遍

奇門遁甲大全三十卷諸葛武侯行兵遁甲金函玉鏡六卷

明劉基校訂

（葛武侯行兵遁甲金函玉鏡）

題三國蜀諸葛亮撰　清刻朱墨套印本

右頁

十二黃黑道日時訣

子午臨申位　丑未戌上尋寅申

華蓋　酉方　未方　巳方　卯方　丑方　亥方

地戶　巳　卯丑亥酉未

天門　辰　寅　子戌申午

地耳　癸酉　癸未　癸巳　癸卯　癸丑　癸亥

天目　丁卯　丁丑　丁亥　丁酉　丁未　丁巳

青龍　子戌申午辰寅

奇門大全　卷一　三十六

左頁

十二支神將地盤

未　太常　小吉　五夏至
午　朱雀　勝光　六大暑
申　傳送　白虎　從魁　太陰　四小滿　三穀雨
酉　天空　河魁　二春分
戌　天罡　正雨水

巳　騰蛇　太乙　七處暑
辰　勾陳　八秋分
卯　九霜降

亥　神登明　將天乙
子　神大吉　將天后　冬至
丑　神功曹　十小雪
寅　將青龍

書名

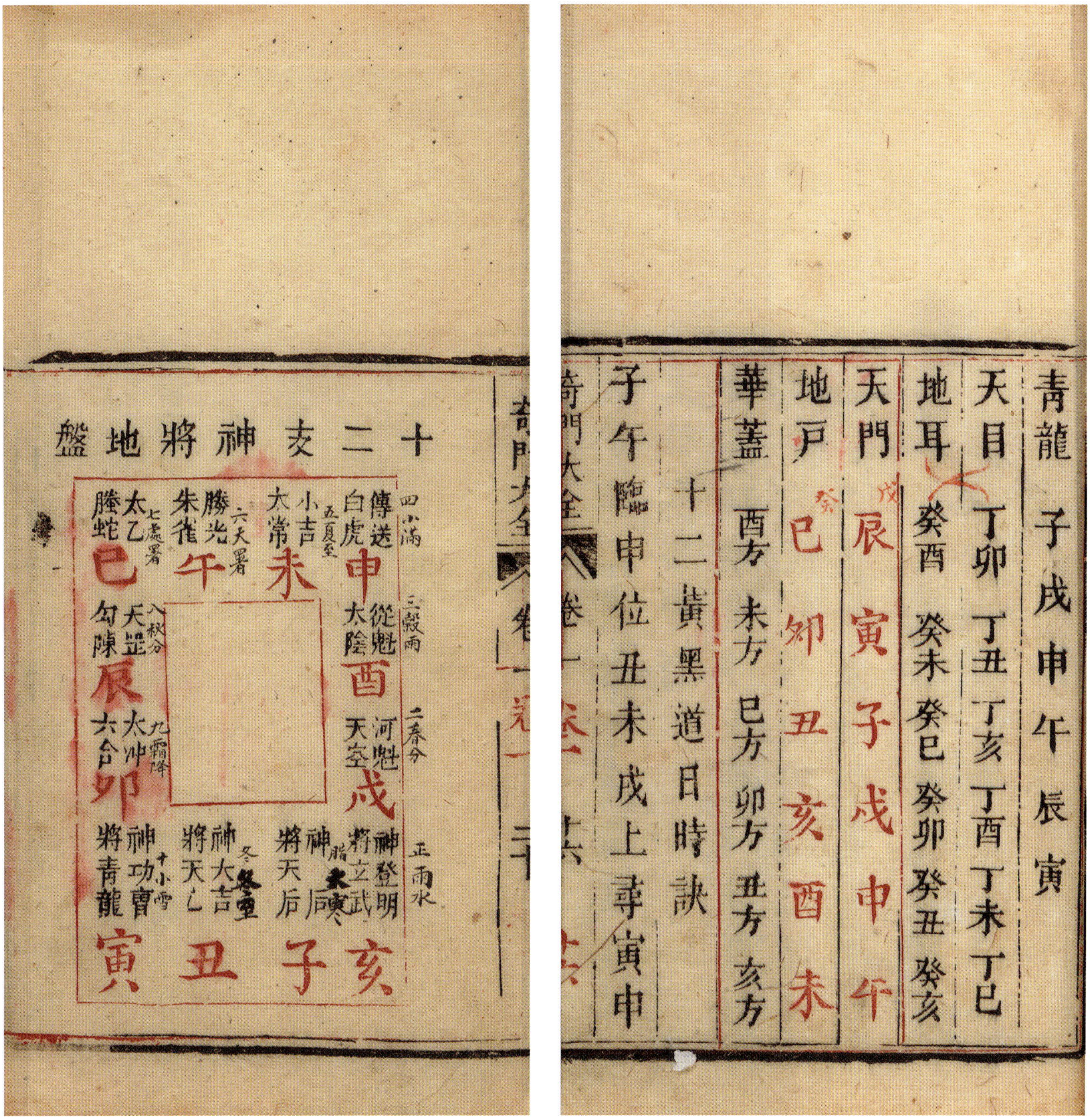

祝由科天醫十三科二卷

□□輯　清善成堂刻朱墨套印本

現存套印本目録

經　部

易類・正文之屬

1. 周易句讀讀本四卷
清刻朱墨套印本

易類・傳說之屬

1. 周易本義四卷附易圖一卷卦歌一卷筮儀一卷五贊一卷　宋朱熹撰
清金陵奎壁齋刻朱墨套印本
2. 古周易訂詁十六卷　明何楷撰
清乾隆十六年郭文焰聞桂齋刻朱墨套印本
3. 古周易訂詁（何元子先生周易訂詁）十六卷附易說　明何楷撰　易說　明黄道周撰
清乾隆十七年溪邑文林堂刻朱墨套印本
4. 易解拾遺七卷周易讀本四卷　清周世金撰
清刻朱墨套印本

書類・分篇之屬

1. 禹貢要注一卷　明鄭曉編
清光緒十年古虞朱氏刻朱墨套印本

詩類・傳說之屬

1. 詩經便讀不分卷　清徐退山點評
清咸豐元年種松山館刻朱墨套印本
2. 詩經繹參四卷　清鄧翔撰
清同治七年孔廣陶等刻朱墨套印本
3. 說詩解頤二卷續一卷　清徐璋文撰
清光緒九年□岐元四川刻朱墨套印本

禮類・周禮傳說之屬

1. 周禮文物大全圖一卷　□□撰
明刻套印本
清初刻朱緑套印本

禮類・禮記傳說之屬

1. 禮記制度示掌圖一卷　□□撰
清初刻朱緑套印本
2. 禮記省度四卷　清彭頤撰
清康熙十一年刻朱墨套印本
清乾隆五十七年集腋樓刻二色套印本
清光緒七年刻朱墨套印本

附　録

樂類・律吕之屬

1. 御製律吕正義後編一百二十卷附上諭奏議二卷　清允禄等纂
清乾隆十一年武英殿刻朱墨套印本
2. 御製律吕正義後編一百二十八卷附上諭奏議二卷　清允禄等纂　清德保等續纂
清乾隆十一年武英殿刻五十一年增刻朱墨套印本

春秋類・左傳傳説之屬

1. 東萊先生左氏博議二十五卷　宋吕祖謙撰　清朱學程補批
清光緒三十一年聚好齋朱墨套印本
2. 春秋左傳杜注三十卷首一卷　清姚培謙撰
清道光七年洪都湫經堂刻朱墨套印本

春秋類・春秋總義傳説之屬

1. 春秋列國地圖不分卷　楊守敬　熊會貞撰
清光緒三十二年刻套印本

孝經類・傳説之屬

1. 御注孝經一卷　唐玄宗李隆基注
清刻套印本
2. 御注孝經一卷　清世祖福臨注
清内府寫刻套印本

四書類・孟子傳説之屬

1. 蘇批孟子一卷　宋蘇洵撰　清趙大浣增補
清嘉慶十七年刻套印本
2. 蘇老泉批點孟子二卷　宋蘇洵批點
明萬曆四十四年烏程閔氏刻三色套印三經評注本
清康熙二十三年刻朱墨套印本
清乾隆十五年三樂齋刻朱墨套印本
3. 增補蘇批孟子二卷孟子年譜一卷　宋蘇洵撰　清趙大浣增補
清咸豐六年刻朱墨套印本
清同治八年福省靈蘭堂刻朱墨套印本
清同治十二年味經堂刻套印本
清同治十二年敦仁堂刻套印本

四書類・四書總義傳説之屬

1. 新刻批點四書讀本十九卷　宋朱熹撰　清高玲批點
清道光七年高玲愷元堂刻朱墨套印本
2. 翼經堂四書章句集注十九卷　宋朱熹集注
清咸豐十年耕餘堂刻朱墨套印本
3. 羣龍館手授四書主意龍文鞭影二十卷　明劉鳳翱撰
明天啓四年金陵張氏瑞雲館刻朱墨套印本
清康熙金陵張氏瑞雲館刻朱墨套印本
4. 四書集注正篆釋文合刻十九卷　清萬青銓輯
清道光二十八年萬氏刻朱墨套印本
5. 四書集注正蒙釋文合刻十九卷　清萬青銓輯
清道光二十八年芋栗園刻朱墨套印本
6. 四書聖賢心訣不分卷　周穆然撰
朱墨套印本

群經總義類・傳説之屬

1. 兩湖文高等學堂經學課程三卷　清馮貞榆撰
清光緒刻朱墨套印本

群經總義類·文字音義之屬　集字

1. 十三經集字不分卷　清不敏主人輯
   清末李光明莊刻套印本

小學類·文字之屬　字典

1. 廣金石韻府五卷附玉篇字略一卷　明朱時望撰　清林尚葵廣輯　清李根正校
   朱墨套印本

小學類·文字之屬　字體

1. 篆楷考異一卷字式一卷楷書訂譌一卷　清徐朝俊輯
   清嘉慶十三年刻三色套印本

小學類·音韻之屬　韻書

1. 欽定同文韻統六卷　清允禄等輯
   清乾隆十五年武英殿刻朱墨套印本
   清宣統二年理藩部仿殿版刻朱墨套印本
2. 彙集雅俗通一十五音八卷　清謝秀嵐編輯
   清嘉慶二十三年文林堂刻朱墨套印本
3. 韻府萃音十二卷　清龍柏纂
   清嘉慶十五年心簡齋廣州刻朱墨套印本
   清道光二年蘇州醒愚閣刻朱墨套印本
4. 韻學辨中備五卷　清張亨釪撰
   清咸豐二年粵東尊所聞齋刻三色套印本

小學類·音韻之屬　音説

1. 正音咀華三卷附正音咀華續編一卷　清莎彝尊撰
   清咸豐三年麈談軒刻朱墨套印本
   清同治六年麈談軒刻朱墨套印本

小學類·音韻之屬　等韻

1. 經史正音切韻指南一卷　元劉鑑撰
   清康熙二十五年釋恒遠刻朱墨套印本
   清康熙間刻朱墨套印本
2. 直指玉鑰匙門法一卷　明釋真空輯
   清康熙二十五年釋恒遠刻朱墨套印本
3. 新增指明門法歌訣互含字義一卷　清釋恒遠撰
   清康熙二十五年釋恒遠刻朱墨套印本
4. 合聲易字一卷　盧靖撰
   清光緒二十三年刻朱墨套印本

史　部

雜史類·事實之屬

1. 國語九卷　明閔齊伋裁注
   明萬曆四十七年閔齊伋刻三色套印本
2. 戰國策十二卷元本目録一卷　明閔齊伋裁注
   明萬曆四十八年閔齊伋刻三色套印本

史鈔類·斷代之屬

1. 史記鈔九十一卷　明茅坤輯明閔振業集評

明泰昌元年閔振業刻朱墨套印本

2. 史記纂二十四卷　明凌稚隆輯

明萬曆間凌稚隆刻朱墨套印本

3. 史記菁華録六卷　清姚祖恩輯

清道光四年吴興姚氏扶荔山房刻朱墨套印本

清光緒八年扶荔山房刻朱墨套印本

清光緒九年廣州翰墨園刻朱墨套印本

4. 歐陽文忠公五代史抄二十卷　明茅坤輯

明刻朱墨套印本

史評類・義法之屬

1. 史通削繁四卷　清紀昀撰

清道光十三年涿州盧坤兩廣節署刻朱墨套印本

史評類・議論之屬

1. 歷代史論十二卷　明張溥撰

清光緒九年刻朱墨套印本

2. 史弋二卷　清汪楨撰

清康熙間刻朱墨套印本

3. 左傳史論二卷　清高士奇撰

清光緒九年刻朱墨套印本

4. 宋史論三卷　明張溥撰

清光緒九年刻朱墨套印本

5. 元史論一卷　明張溥撰

清光緒九年刻朱墨套印本

6. 明史論四卷　清谷應泰撰

清光緒九年刻朱墨套印本

傳記類・總傳之屬

1. 閨範六卷　明黄希周等撰

明刻朱墨套印本

傳記類・别傳之屬

1. 晏子春秋六卷

明凌澄初刻朱墨套印本

傳記類・職官録之屬

1. 廣東同官録不分卷

清光緒六年刻朱墨套印本

譜牒類

1.[江蘇通州]南通州西亭灶李氏宗譜六卷首一卷末一卷　清李雲吉等纂修

清光緒八年古香堂刻朱墨套印本

2.[遼寧]高佳氏家譜一卷　清伊桑阿纂修

清乾隆五十六年刻朱墨套印本本

3.[江蘇蘇州]陳氏世譜四卷首一卷　清陳宗浩等纂修

清光緒十六年刻朱墨套印本

政書類・軍政之屬兵制

1. 皇朝兵制考略六卷　清翁同爵撰

清光緒元年武昌節署刻朱墨套印本

政書類・刑法之屬律例

1. 大清律集解附例三十卷附一卷　清剛林等纂修

清康熙四十五年刻朱墨套印本

政書類・刑法之屬檢驗

1. 補注洗冤録集證四卷檢骨圖格一卷附作吏要言一卷　清王又槐輯　清李觀瀾補輯　清阮其新補注　作吏要言　清葉鎮撰
清道光二十三年江都鍾淮刻三色套印本
清道光二十六年彭崧毓刻三色套印本
2. 重刊補注洗冤録集證六卷　清王又槐輯　清李觀瀾補輯　清阮其新補注　清張錫蕃重訂　清文晟續輯
清道光二十四年廣州翰墨園刻四色套印本
清咸豐八年萃精英閣刻四色套印本
清同治十一年刻四色套印本
清光緒三年浙江書局刻四色套印本
清光緒八年京都文寶堂刻四色套印本
清光緒十七年刻四色套印本
清光緒三十年北直文曲會刻四色套印本
清末廣州登雲閣刻四色套印本
3. 洗冤録辨正一卷　清瞿中溶撰
清光緒十七年刻四色套印本
4. 洗冤録解一卷　清姚德豫撰
清光緒十七年四色套印刻本

政書類・水利屬

1. 河防一覽纂要五卷附南河志書纂要一卷　清陳于豫輯
清康熙三十九年孫弓安刻四色套印本

詔令奏議類・詔令之屬

1. 硃批諭旨不分卷　清世宗胤禛編
清雍正武英殿刻朱墨套印本
2. 硃批諭旨二百二十三卷　清鄂爾泰等輯
清乾隆三年内府刻朱墨套印本
3. 硃批諭旨三百六十卷　清鄂爾泰等輯
清乾隆三年刻朱墨套印本

地理類・叢編之屬

1. 歷代輿地圖四十四種　楊守敬撰
清光緒三十二年至宣統三年刻套印本

地理類・總志之屬

1. 歷代地理沿革圖一卷　清六嚴繪　清馬徵麐增輯
清光緒二十二年金陵書局刻朱墨套印本
2. 歷代輿地沿革險要圖一卷　楊守敬　饒敦秩撰
清光緒五年饒氏刻套印本
3. 今古輿地圖三卷　明吴國輔、明沈定之撰
明崇禎十六年刻朱墨套印本
4. 車書圖考一卷　清薛鳳祚撰
清順治十四年刻朱墨套印本
5. 皇朝一統輿地全圖一卷　清李兆洛編
清同治四年徑香閣刻朱墨套印刻本
6. 皇朝直省圖不分卷
清光緒二十九年刻套印本

地理類・雜志之屬

1. 御製盛京賦一卷　清高宗弘曆撰
清乾隆刻朱墨套印本
2. 會稽三賦四卷　宋王十朋撰　明南逢吉注　明尹壇補注　明陶望齡評
明末凌氏刻朱墨套印本

地理類・山水志之屬　水

1. 臨漳縣漳水圖經一卷　清姚東之撰
清道光十七年刻朱墨套印本
2. 湖山勝槩二卷　宋蘇軾撰　明馮夢禎批點　明凌濛初增輯
明刻彩色套印本

地理類・遊記之屬　紀勝

1. 南遊記一卷　清孫嘉淦撰
清嘉慶十年守意龕刻朱墨套印本
清道光二十四年刻朱墨套印本

目録類・通論之屬　瑣記掌故

1. 竹汀先生日記鈔二卷　清錢大昕撰　清何元錫輯
清潘氏滂喜齋刻朱墨套印本

子　部

儒家類・禮教之屬　家訓

1. 澄懷園語四卷　清張廷玉撰
清乾隆刻朱墨套印本

兵家類

1. 新鐫武經七書　明王守仁批評　明胡宗憲參評
明天啓元年茅震東刻套印本
2. 兵垣四編四卷附四卷　明閔聲等編
明天啓元年苕上閔氏刻套印本
3. 武侯兵要七種　宋蘇軾注　題三國蜀諸葛亮撰　明郭子章批
明天啓三年方淑如刻套印本
4. 武備全書七種　宋朱熹撰
明天啓元年茅氏刻套印本
5. 孫子參同五卷　明閔于忱輯
明萬曆四十八年閔于忱松筠館刻套印本
6. 孫子參同廣注五卷　明何楷撰
明刻朱墨套印本
7. 兵垣六卷　明臧懋循撰
明天啓元年閔氏刻朱墨套印本

法家類

1. 管子二十四卷　明趙用賢、明朱長春等評
明萬曆四十八年凌汝亨刻套印本
2. 韓子迂評二十卷附録一卷　明門無子撰
明刻套印本

農家類・綜論之屬

1. 御製耕織圖不分卷　清焦秉貞繪　清聖祖玄燁題詩
清康熙刻套印本

醫家類・診法之屬　其他診法

1. 祝由科天醫十三科二卷增補一卷　□□輯
清光緒三十二年刻朱墨套印本
2. 祝由科天醫十三科二卷　□□輯
清善成堂刻朱墨套印本

清刻朱墨套印本

醫家類·方論之屬　温病　四時温病

1. 種福堂公選温熱論醫案四卷　清葉桂撰
清道光二十四年蘇州經鉏堂刻朱墨套印本

醫家類·方論之屬　外科

1. 外科症治全生集四卷　清王維德撰
清光緒三十三年掃葉山房刻朱墨套印本

醫家類·方論之屬　婦幼科　婦科

1. 傅青主女科二卷產後編二卷　清傅山撰
清光緒十三年來鹿堂刻套印本本

醫家類·方論之屬　婦幼科　附逗疹

1. 遂生編一卷　清莊一夔撰
清嘉慶二年刻朱墨套印本

醫家類·方論之屬　驗方　明

1. 胞與堂丸散譜四卷　明洪基輯
明崇禎十一年刻套印本

醫家類·方論之屬　驗方　清

1. 種福堂公選良方三卷　清葉桂撰
清光緒二十年劉氏刻朱墨套印本
2. 新增馬氏試驗祕方一卷　清馬文植撰
清光緒三十三年掃葉山房刻朱墨套印本

醫家類·醫案醫話之屬　清

1. 臨證指南醫案十卷種福堂公選温熱論醫案四卷　清葉桂撰　清徐大椿評
清道光二十四年蘇州經鉏堂刻朱墨套印本
清光緒二十年劉氏刻朱墨套印本本

2. 臨證指南醫案十卷　清葉桂撰　清徐大椿評
清光緒十年校經山房刻朱墨套印本
清光緒二十四年刻朱墨套印本

天文算法類·推步之屬　天文

1. 恒星赤道經緯度圖一卷　清李兆洛繪編
清同治四年徑香閣刻朱墨套印本
2. 道光甲辰元赤道恒星圖　清馮桂芬撰　清管禮耕重編
清同治七年吴縣馮桂芬刻增修朱墨套印本
3. 萬年中星更録三垣恒星圖説各省北極高度偏度表不分卷　□□輯
清乾隆内府刻套印本
清刻朱墨套印本
4. 中星全表二卷首一卷　清劉文瀾輯
清道光十一年刻朱墨套印本

天文算法類·推步之屬　曆法　通曆

1. 萬年書十二卷　清欽天監編
清康熙武英殿刻朱墨套印本
清乾隆内府刻朱墨套印本

天文算法類·推步之屬　曆法　時憲書

1. 大清雍正二年歲次甲辰時憲曆一卷

附　録

清雍正刻套印本

2. 大清雍正三年歲次乙巳時憲曆一卷

清雍正刻套印本

3. 大清雍正四年歲次丙午時憲曆一卷

清雍正刻套印本

4. 大清雍正五年歲次丁未時憲曆一卷

清雍正刻套印本

5. 大清雍正六年歲次戊申時憲曆一卷

清雍正刻套印本

6. 大清雍正七年歲次己酉時憲曆一卷

清雍正刻套印本

7. 大清雍正八年歲次庚戌時憲曆一卷

清雍正刻套印本

8. 大清雍正九年歲次辛亥時憲曆一卷

清雍正刻套印本

9. 大清雍正十年歲次壬子時憲曆一卷

清雍正刻套印本

10. 大清雍正十一年歲次癸丑時憲曆一卷

清雍正刻套印本

11. 大清雍正十二年歲次甲寅時憲曆一卷

清雍正刻套印本

12. 大清雍正十三年歲次乙卯時憲曆一卷

清雍正刻套印本

13. 大清乾隆十八年歲次癸酉時憲書一卷　清欽天監編

清欽天監刻朱墨套印本

14. 大清乾隆二十一年歲次丙子時憲書一卷

清欽天監編

清欽天監刻朱墨套印本

15. 大清乾隆二十三年歲次戊寅時憲書一卷

清南京刻套印本

16. 大清乾隆二十四年歲次己卯時憲書一卷

清欽天監編

清欽天監刻朱墨套印本

17. 大清乾隆二十五年歲次庚辰時憲書一卷

清乾隆刻套印本

18. 大清乾隆二十七年歲次壬午時憲書一卷

清乾隆刻套印本

19. 大清乾隆二十九年歲次甲申時憲書一卷

清欽天監編

清欽天監刻朱墨套印本

20. 大清乾隆三十年歲次乙酉時憲書一卷

清欽天監刻朱墨套印本

21. 大清乾隆三十一年歲次丙戌時憲書一卷

清欽天監編

清欽天監刻朱墨套印本

22. 大清乾隆三十三年歲次戊子時憲書一卷

清欽天監編

清欽天監刻朱墨套印本

23. 大清乾隆三十四年歲次己丑時憲書一卷

清欽天監編

清欽天監刻朱墨套印本

24. 大清乾隆三十五年歲次庚寅時憲書一卷

清乾隆刻套印本

25. 大清乾隆三十七年歲次壬辰時憲書一卷

清乾隆刻套印本

26. 大清乾隆四十二年歲次丁酉時憲書一卷

清乾隆刻套印本

27. 大清乾隆四十三年歲次戊戌時憲書一卷

清乾隆刻套印本

28. 大清乾隆五十二年歲次丁未時憲書一卷

清乾隆刻套印本

29. 大清乾隆五十三年歲次戊申時憲書一卷

清多羅質郡王等纂

清欽天監刻朱墨套印本

30. 大清乾隆五十六年歲次辛亥時憲書一卷

清欽天監編

清欽天監刻朱墨套印本

附　録

31. 大清乾隆五十七年歲次壬子時憲書一卷
清欽天監編
清欽天監刻朱墨套印本
32. 大清乾隆五十九年歲次甲寅時憲書一卷
清欽天監刻朱墨套印本
33. 大清乾隆六十年歲次乙卯時憲書一卷
清乾隆刻套印本
清欽天監刻朱墨套印本
34. 大清乾隆六十三年歲次戊午時憲書一卷
清嘉慶刻套印本
35. 大清嘉慶元年歲次丙辰時憲書一卷
清嘉慶間刻套印本
36. 大清嘉慶二年歲次丁巳時憲書一卷
清嘉慶刻套印本
37. 大清嘉慶三年歲次戊午時憲憲書一卷
清嘉慶刻套印本
38. 大清嘉慶四年歲次己未時憲書一卷
清嘉慶刻套印本
39. 大清嘉慶五年歲次庚申時憲書一卷
清嘉慶刻套印本
40. 大清嘉慶六年歲次辛酉時憲書一卷
清嘉慶刻套印本
41. 大清嘉慶七年歲次壬戌時憲書一卷
清嘉慶刻套印本
42. 大清嘉慶八年歲次癸亥時憲書一卷
清嘉慶刻套印本
43. 大清嘉慶九年歲次甲子時憲書一卷
清嘉慶刻套印本
44. 大清嘉慶十年歲次乙丑時憲書一卷
清嘉慶刻套印本
45. 大清嘉慶十一年歲次丙寅時憲書一卷
清嘉慶刻套印本
46. 大清嘉慶十二年歲次丁卯時憲書一卷
清嘉慶刻套印本
47. 大清嘉慶十三年歲次戊辰時憲書一卷
清嘉慶刻套印本
48. 大清嘉慶十四年歲次己巳時憲書一卷
清嘉慶刻套印本
49. 大清嘉慶十五年歲次庚午時憲書一卷
清嘉慶刻套印本本
50. 大清嘉慶十六年歲次辛未時憲書一卷
清嘉慶刻套印本
51. 大清嘉慶十七年歲次壬申時憲書一卷
清嘉慶刻套印本
52. 大清嘉慶十八年歲次癸酉時憲書一卷
清嘉慶刻套印本
53. 大清嘉慶十九年歲次甲戌時憲書一卷
清嘉慶刻套印本
54. 大清嘉慶二十年歲次乙亥時憲書一卷
清嘉慶刻套印本
55. 大清嘉慶二十一年歲次丙子時憲書一卷
清嘉慶刻朱墨套印本
56. 大清嘉慶二十二年歲次丁丑時憲書一卷
清嘉慶刻套印本
57. 大清嘉慶二十三年歲次戊寅時憲書一卷
清嘉慶刻套印本
58. 大清嘉慶二十四年歲次己卯時憲書一卷
清嘉慶刻套印本
59. 大清嘉慶二十五年歲次庚辰時憲書一卷
清嘉慶刻套印本
60. 大清道光元年歲次辛巳時憲書一卷
清道光刻套印本
61. 大清道光二年歲次壬午時憲書一卷
清道光刻套印本
62. 大清道光三年歲次癸未時憲書一卷
清道光刻套印本
63. 大清道光四年歲次甲申時憲書一卷
清道光刻套印本

附　録

64. 大清道光五年歲次乙酉時憲書一卷
清道光刻套印本
65. 大清道光六年歲次丙戌時憲書一卷
清道光刻套印本
66. 大清道光七年歲次丁亥時憲書一卷
清道光刻套印本
67. 大清道光八年歲次戊子時憲書一卷
清道光刻套印本
68. 大清道光九年歲次己丑時憲書一卷
清道光刻套印本
69. 大清道光十年歲次庚寅時憲書一卷
清道光刻套印本
70. 大清道光十一年歲次辛卯時憲書一卷
清道光刻套印本
71. 大清道光十二年歲次壬辰時憲書一卷
清道光刻套印本
72. 大清道光十三年歲次癸巳時憲書一卷
清道光刻套印本
73. 大清道光十四年歲次甲午時憲書一
清道光刻套印本
74. 大清道光十五年歲次乙未時憲書一卷
清道光刻套印本
75. 大清道光十六年歲次丙申時憲書一卷
清道光刻套印本
76. 大清道光十七年歲次丁酉時憲書一卷
清道光刻套印本
77. 大清道光十八年歲次戊戌時憲書一卷
清道光刻套印本
78. 大清道光十九年歲次己亥時憲書一卷
清道光刻套印本
79. 大清道光二十年歲次庚子時憲書一卷
清道光刻套印本
80. 大清道光二十一年歲次辛丑時憲書一卷
清道光刻套印本
81. 大清道光二十二年歲次壬寅時憲書一卷
清道光刻套印本
82. 大清道光二十三年歲次癸卯時憲書一卷
清道光刻套印本
83. 大清道光二十四年歲次甲辰時憲書一卷
清道光刻套印本
84. 大清道光二十五年歲次乙巳時憲書一卷
清道光刻套印本
85. 大清道光二十六年歲次丙午時憲書一卷
清道光刻套印本
86. 大清道光二十七年歲次丁未時憲書一卷
清道光刻套印本
87. 大清道光二十八年歲次戊申時憲書一卷
清道光刻套印本
88. 大清道光二十九年歲次己酉時憲書一卷
清道光刻套印本
89. 大清道光三十年歲次庚戌時憲書一卷
清道光刻套印本
90. 大清咸豐元年歲次辛亥時憲書一卷
清道光三十年刻套印本
91. 大清咸豐二年歲次壬子時憲書一卷
清咸豐刻套印本
92. 大清咸豐三年歲次癸丑時憲書一卷
清咸豐刻套印本
93. 大清咸豐四年歲次甲寅時憲書一卷
清咸豐刻套印本
94. 大清咸豐五年歲次乙卯時憲書一卷
清咸豐刻套印本
95. 大清咸豐六年歲次丙辰時憲書一卷
清咸豐刻套印本
96. 大清咸豐七年歲次丁巳時憲書一卷
清咸豐刻套印本
97. 大清咸豐八年歲次戊午時憲書一卷
清咸豐刻套印本

98. 大清咸豐九年歲次己未時憲書一卷
清咸豐刻套印本
99. 大清咸豐十年歲次庚申時憲書一卷
清咸豐刻套印本
100. 大清咸豐十一年歲次辛酉時憲書一卷
清咸豐刻套印本
101. 大清祺祥元年歲次壬戌時憲書一卷
清祺祥刻套印本
102. 大清同治二年歲次癸亥時憲書一卷
清同治刻套印本
103. 大清同治三年歲次甲子時憲書一卷
清同治刻套印本
104. 大清同治四年歲次乙丑時憲書一卷
清同治刻套印本
105. 大清同治五年歲次丙寅時憲書一卷
清同治刻套印本
106. 大清同治六年歲次丁卯時憲書一卷
清同治刻套印本
107. 大清同治七年歲次戊辰時憲書一卷
清同治刻套印本
108. 大清同治八年歲次己巳時憲書一卷
清同治刻套印本
109. 大清同治九年歲次庚午時憲書一卷
清同治刻套印本
110. 大清同治十年歲次辛未時憲書一卷
清同治刻套印本
111. 大清同治十一年歲次壬申時憲書一卷
清同治刻套印本
112. 大清同治十二年歲次癸酉時憲書一卷
清同治刻套印本
113. 大清同治十三年歲次甲戌時憲書一卷
清同治刻套印本
114. 大清同治十四年歲次乙亥時憲書一卷
清同治刻套印本
清欽天監刻墨緑套印本
115. 大清光緒二年歲次丙子時憲書一卷
清光緒刻套印本
116. 大清光緒三年歲次丁丑時憲書一卷
清光緒刻紫墨套印本
117. 大清光緒四年歲次戊寅時憲書一卷
清光緒刻套印本
118. 大清光緒五年歲次己卯時憲書一卷
清光緒刻套印本
119. 大清光緒六年歲次庚辰時憲書一卷
清光緒刻套印本
120. 大清光緒七年歲次辛巳時憲書一卷
清光緒刻套印本
121. 大清光緒八年歲次壬午時憲書一卷
清光緒刻套印本
122. 大清光緒九年歲次癸未時憲書一卷
清光緒刻套印本
123. 大清光緒十年歲次甲申時憲書一卷
清光緒刻套印本
124. 大清光緒十一年歲次乙酉時憲書一卷
清光緒刻套印本
125. 大清光緒十一年歲次乙酉月五星相距時憲書一卷
清光緒刻朱墨套印本
126. 大清光緒十二年歲次丙戌時憲書一卷
清光緒刻套印本
127. 大清光緒十三年歲次丁亥時憲書一卷
清光緒刻套印本
128. 大清光緒十四年歲次戊子時憲書一卷
清光緒刻套印本
129. 大清光緒十五年歲次己丑時憲書一卷
清光緒刻套印本
130. 大清光緒十六年歲次庚寅時憲書一卷
清光緒刻套印本

131. 大清光緒十七年歲次辛卯時憲書一卷
清光緒刻套印本
132. 大清光緒十八年歲次壬辰時憲書一卷
清光緒刻套印本
133. 大清光緒十九年歲次癸巳時憲書一卷
清光緒刻套印本
134. 大清光緒二十年歲次甲午時憲書一卷
清光緒刻套印本
135. 大清光緒二十一年歲次乙未時憲書一卷
清光緒刻套印本
136. 大清光緒二十二年歲次丙申時憲書一卷
清光緒刻套印本
137. 大清光緒二十三年歲次丁酉時憲書一卷
清光緒刻套印本
138. 大清光緒二十四年歲次戊戌時憲書一卷
清光緒刻套印本
139. 大清光緒二十五年歲次己亥時憲書一卷
清光緒刻套印本
140. 大清光緒二十六年歲次庚子時憲書一卷
清光緒刻套印本
141. 大清光緒二十六年庚子年通書一卷　清拾芥園編
清光緒二十五年拾芥園刻朱墨套印本
142. 大清光緒二十七年歲次辛丑時憲書一卷
清光緒刻套印本
143. 大清光緒二十八年歲次壬寅時憲書一卷
清光緒刻套印本
144. 大清光緒二十八年真本通書一卷
清光緒二十七年鴻都閣刻套印本
145. 大清光緒二十九年歲次癸卯時憲書一卷
清光緒刻套印本
146. 大清光緒三十年歲次甲辰時憲書一卷
清光緒刻套印本
147. 大清光緒三十一年歲次乙巳時憲書一卷
清光緒刻套印本
148. 大清光緒三十二年歲次丙午時憲書一卷
清光緒刻套印本
149. 大清光緒三十三年歲次丁未時憲書一卷
清光緒刻套印本
150. 大清光緒三十四年歲次戊申時憲書一卷
清光緒刻套印本
151. 大清光緒三十五年歲次己酉時憲書一卷
清光緒刻套印本
152. 清時憲書　清欽天監編
清刻朱墨套印本
153. 大清宣統元年歲次己酉時憲書一卷
清宣統刻套印本
154. 大清宣統二年歲次庚戌時憲書一卷
清宣統二年刻套印本
清宣統刻套印本
清宣統刻紫墨套印本
155. 大清宣統三年歲次辛亥時憲書一卷
清宣統二年刻套印本
清宣統三年欽天監刻套印本
156. 大清宣統四年歲次壬子時憲書一卷　清欽天監編
清宣統三年欽天監刻套印本
157. 清四朝時憲書　清欽天監編
清刻朱墨套印本

天文算法類・算書之屬　合編

1. 矩齋籌算六種　勞乃宣撰
清光緒十二年刻朱墨套印本

天文算法類・算書之屬　算法

1. 御定對數表二卷度數表一卷

清康熙内府刻套印本

2. 數表一卷　□□輯

清康熙内府刻套印本

3. 古籌算考釋六卷　勞乃宣撰

清光緒十二年保山劉樹堂完縣官舍刻朱墨套印本

清光緒二十三年保陽蔚文書局刻朱墨套印本

術數類・彙編之屬

1. 陰陽五要奇書　明江之棟輯　清顧鶴庭重輯

清乾隆五十五年顧氏樂真堂刻朱墨套印本

術數類・堪輿之屬　地理

1. 青囊粹編　清俞榮寬編輯

清刻朱墨套印本

術數類・占卜之屬　兵占

1. 大六壬兵機確論出師全書不分卷　明陳應選注

明崇禎二年木活字印朱墨套印本

術數類・陰陽五行之屬　太乙

1. 太乙數統宗大全四十卷　清李自明輯

清刻朱墨套印本

術數類・陰陽五行之屬　遁甲

1. 諸葛武侯行兵遁甲金函玉鏡圖六卷　□□輯

清刻朱墨套印本

2. 奇門遁甲大全三十卷諸葛武侯行兵遁甲金函玉鏡六卷　明劉基諸校訂　（葛武侯行兵遁甲金函玉鏡）　題三國蜀諸葛亮撰

清刻朱墨套印本

3. 奇門鴻寶不分卷　□□輯

明天啓元年刻三色套印本

術數類・陰陽五行之屬　諏吉通書

1. 一貫齋輯刻三元選擇丹書三卷　明王尚果撰

明天啓二年金陵一貫齋刻套印本

2. 三式囊珍不分卷　□□輯

明刻套印本

3. 欽定協紀辨方書三十六卷　清允禄、清張照等纂修

清乾隆六年武英殿刻朱墨套印本

4. 選擇天鏡三卷　清任端書撰

清乾隆十三年刻朱墨套印本

5. 選擇備要　□□輯

清嘉慶二年錢塘費氏刻朱墨套印本

6. 諏吉寶鏡不分卷　清俞榮寬輯

清嘉慶二年刻朱墨套印本

清道光二十三年文德堂刻朱墨套印本

清道光二十三年芸生堂刻朱墨套印本

7. 諏吉便覽不分卷　清俞榮寬輯

清咸豐八年東粤三元堂刻朱墨套印本

清刻朱墨套印本

8. 寶鏡圖一卷　□□輯

清嘉慶四至八年兩江總督衙署刻朱墨套印本

術數類・陰陽五行之屬　其他

1. 天鏡約旨二卷　□□輯

清乾隆刻套印本

附　録

藝術類・書畫之屬　書畫譜

1. 十竹齋書畫譜（書畫册一卷石譜一卷翎毛譜一卷竹譜一卷墨華册一卷梅譜一卷果譜一卷蘭譜一卷）　明胡正言輯
明崇禎間胡氏十竹齋刻彩色套印本
清嘉慶二十二年繡水王氏芥子園刻彩色套印本
2. 十竹齋書畫譜（書畫譜一卷石譜一卷翎毛譜一卷竹譜一卷墨華册一卷梅譜一卷果譜一卷蘭譜一卷）　明胡正言輯
清光緒五年元和邱氏刻彩色套印本
清末校經山房刻彩色套印本

藝術類・書畫之屬　書　書論

1. 一覽知書二卷　明董其昌撰
明刻套印本

藝術類・書畫之屬　畫　畫論

1. 桐陰論畫二卷首一卷　清秦祖永撰
清同治三年刻朱墨套印本
2. 桐陰論畫二卷首一卷桐陰畫訣一卷論畫小傳一卷　清秦祖永撰
清同治五年刻朱墨套印本
3. 桐陰論畫三卷附録一卷桐陰畫訣一卷續桐陰論畫一卷　清秦祖永撰
清同治三至六年刻朱墨套印本
4. 桐陰論畫三卷附録一卷桐陰畫訣一卷續桐陰論畫一卷二編二卷三編二卷　清秦祖永撰
清同治三年至光緒八年刻朱墨套印本
5. 桐陰畫訣一卷續桐陰論畫一卷　清秦祖永撰
清同治四年河南聚文齋刻朱墨套印本
6. 畫學心印八卷　清秦祖永輯
清光緒四年梁溪秦氏刻朱墨套印本

藝術類・書畫之屬　畫　畫譜

1. 蘿軒變古箋譜二卷　明吴發祥輯
明天啓六年刻彩色套印本
2. 梨雲館竹譜一卷　明胡曰從輯
明末刻彩色套印本
3. 十竹齋牋譜初集四卷　明胡正言輯
明崇禎十七年胡氏十竹齋刻彩色套印本
4. 芥子園畫傳五卷　清王槩輯
清康熙十八年芥子園甥館刻彩色套印本
5. 芥子園畫傳二集八卷　清王槩、清王蓍、清王臬輯
清康熙四十年芥子園甥館刻彩色套印本
清乾隆四十七年金閶書業堂刻彩色套印本
清嘉慶五年芥子園刻彩色套印本
6. 芥子園畫傳二集　清王槩、清王蓍、清王臬輯
清嘉慶二十二年芥子園煥記刻彩色套印本
7. 芥子園畫傳三集四卷　清王槩、清王蓍、清王臬輯
清康熙四十年芥子園甥館刻彩色套印本
8. 芥子園畫傳三集　清王槩、清王蓍、清王臬輯
清嘉慶芥子園刻彩色套印本
9. 芥子園畫傳二集不分卷芥子園畫傳三集不分卷　清王槩、清王蓍、清王臬輯
清金陵文光堂刻彩色套印本
10. 墨蘭梅石四種畫譜不分卷　□□輯
清刻彩色套印本
11. 版畫不分卷　□□繪
清刻彩色套印本

附　録

12. 山水集册不分卷　明董其昌繪　清戴熙繪　清王樹明繪
清末刻彩色套印本
13. 天下有山堂畫藝二卷　清汪之元撰并繪
清樵石山房刻套印本
14. 明朝生動畫園三卷　明文徵明等繪
清初刻彩色套印本
15. 蘭石畫册不分卷　清蔣薰繪
清刻彩色套印本
16. 百華詩箋譜（文美齋詩箋譜、文美齋百華詩箋譜）不分卷　清張兆祥繪
清光緒十九年刻套印本（文美齋詩箋譜）
清宣統三年文美齋刻彩色套印本（文美齋百華詩箋譜）
17. 虞山十八景畫册一卷　清李德繪　清李佳輯詩
清光緒二十六年刻朱墨套印本

藝術類·篆刻之屬　印譜畫　清

1. 近古堂三經印章不分卷　清錢楨篆刻
清同治三年刻朱墨套印本

藝術類·音樂之屬　譜　琴譜與指法

1. 平沙落雁一卷　清俞桐園撰
清嘉慶桐園草堂刻套印本
2. 太平奏一卷　清俞宗青輯
清乾隆三十六年刻四色套印本

藝術類·遊藝之屬　棋

1. 石室仙機五卷諸家集説一卷　明許穀輯
明金陵世德堂刻朱墨套印本
2. 新鐫諸名公增補五彩玉局藏機不分卷　詳注棋經十三篇一卷　明邵棟輯　明唐建元等評
明天啓元年刻套印本
3. 弈藪四卷碁經注一卷　明蘇之軾撰
明天啓二年蘇氏刻三色套印本

譜録類·器用之屬　文房　紙

1. 百花詩箋譜不分卷　清張龢庵撰
清宣統三年文美齋刻彩色套印本

譜録類·花木鳥獸之屬　鳥獸蟲魚

1. 金魚圖譜不分卷　清句曲山農撰
清道光二十八年景行書屋刻彩色套印本

雜學類·雜學雜説之屬

1. 吕氏春秋二十六卷　漢高誘注　宋陸游評　明凌稚隆批
明萬曆十七年刻套印本
明萬曆四十八年凌毓枏刻朱墨套印本
2. 淮南子二十一卷　漢劉安撰　漢高誘注　明茅坤等評
明刻套印本
3. 淮南鴻烈解二十一卷　漢劉安撰　漢高誘注
明烏程閔氏刻朱墨套印本
明刻朱墨套印本
4. 淮南鴻烈解二十一卷　漢劉安撰　漢高誘注　明茅坤等評
明刻套印本
5. 東坡先生志林五卷　宋蘇軾撰

明刻套印本

6. 東坡志林五卷　宋蘇軾撰
明刻朱墨套印本

雜學類·雜記之屬

1. 世説新語八卷　南朝宋劉義慶撰　南朝梁劉孝標注
明萬曆淩瀛初刻套印本
2. 世説新語六卷　南朝宋劉義慶撰　南朝梁劉孝標注
明萬曆九年淩氏刻三色套印本
3. 世説新語八卷　南朝宋劉義慶撰　南朝梁劉孝標注　明王世貞批點
明淩瀛初刻四色套印本
4. 世説新語六卷　南朝宋劉義慶撰　南朝梁劉孝標注　宋劉辰翁評　□劉應登、明王世懋評
明淩瀛初刻四色套印本

雜學類·雜纂之屬

1. 初潭集三十卷　明李贄撰　明閔邃、明閔杲輯評
明刻套印本
2. 癖顛小史一卷　明華淑撰　明袁宏道評
明刻朱墨套印本
3. 醉古堂劍掃十二卷　明陸紹珩輯
明天啓四年刻套印本
4. 新鐫諸子拔萃八卷　明李雲翔輯
明天啓七年刻套印本
明天啓間上元唐建元崇文堂刻朱墨套印本
5. 諸子綱目類編八卷附昭代子快一卷　明李元珍輯
明末聚奎樓刻套印本
6. 萬壽九如頌一卷　清尹嘉全撰
清乾隆四十五年刻套印本
7. 芸窗清賞二卷　清王世茂輯
清李調羹刻朱墨套印本

類書類·類編之屬　通編

1. 三才發祕九卷　清陳雯撰
清康熙德星堂寶翰樓刻套印本

類書類·類編之屬　專編

1. 新鐫分類評注文武合編百子金丹十卷　明郭偉選注　明郭中吉編　明王星聚校訂
明傅昌辰版築居刻朱墨套印本

小説類·文言之屬　筆記　異聞

1. 玉茗堂摘評王弇州先生豔異編十二卷　題明王世貞撰　明湯顯祖評
明刻套印本
2. 新鐫玉茗堂批選王弇州先生豔異編四十卷續十九卷　明王世貞輯　明湯顯祖評
明刻朱墨套印本

小説類·文言之屬　筆記　諧謔

1. 悦容編評林一卷　明長水天放生撰　明屠隆評
明刻套印本

小説類·文言之屬　短篇

1. 會真記一卷　唐元稹撰

明凌濛初刻朱墨套印本

2. 宫豔二卷　明西吴適園主人輯并評
明刻套印本

3. 虞初志七卷　明袁宏道評
明凌性德刻套印本

4. 聊齋志異十六卷　清蒲松齡撰　清王士禛評
清光緒九年刻朱墨套印本

5. 聊齋志異評注十六卷　清蒲松齡撰　清王士禛評　清吕湛恩注　清但明倫批
清咸豐間刻朱墨套印本
清光緒十四年敦厚書局刻朱墨套印本

6. 聊齋志異新評十六卷　清蒲松齡撰　清王士禛評　清吕湛恩注　清但明倫新評
清道光二十二年廣順但氏刻朱墨套印本
清咸豐間刻朱墨套印本
清同治八年羊城青雲樓刻套印本
清光緒七年近文堂刻套印本

小説類・白話之屬　短篇

1. 西湖佳話古今遺蹟十六卷　清墨浪子撰
清康熙間金陵王衙刻五色套印本

小説類・白話之屬　長篇　講史

1. 東周列國全志二十三卷一百八回　清蔡奡評點
清乾隆刻朱墨套印本
清咸豐四年書成山房刻朱墨套印本
清光緒十五年竹深山房刻套印本
清漢口森寶齋刻套印本

2. 三國志二十四卷一百二十回　明羅本撰　清李漁評
清初刻彩色套印本

3. 第一才子書六十卷一百二十回　明羅本撰　清毛宗崗評定
清咸豐三年善成堂刻套印本

4. 三國志演義五十一卷一百二十回　明羅本撰　清金人瑞批　清毛宗崗評
清咸豐三年刻朱墨套印本

道家類・先秦之屬　老子

1. 老子道德真經二卷　題漢河上公章句
明刻朱墨套印本

2. 道德經二卷附老子考異一卷　宋蘇轍注　明凌以棟批點
明刻套印本

道家類・先秦之屬　莊子

1. 南華經十六卷　晋郭象注　宋林希逸口義　宋劉辰翁點校　明王世貞評點　明陳仁錫批注
明凌君寔刻三色套印本
明刻四色套印本

2. 解莊十二卷　明陶望齡撰　明郭正域評
明天啓元年茅兆河刻套印本

3. 南華經十六卷　明沈汝紳集評
明刻五色套印本

道家類・道教之屬　經文

1. 大洞玉經不分卷
清嘉慶十五年刻朱墨套印本

2. 大洞玉經注三卷
清嘉慶十五年刻朱墨套印本

附　録

道家類・道教之屬　勸誡

1. 關帝桃園明聖經一卷
清廣州麟書閣刻朱墨套印本

道家類・道教之屬　科儀

1. 黄籙科儀十二卷　清婁近垣輯
清乾隆十五年弘晝刻套印本
2. 梵音斗科二卷　清婁近垣輯
清乾隆刻四色套印本

釋家類・彙編之屬

1. 維摩詰所説經十四卷釋迦如來成道記一卷
後秦釋鳩摩羅什譯　（釋迦如來成道記）唐王勃撰
明凌濛初刻套印本

釋家類・經藏之屬　寶積部

1. 維摩詰所説經八卷　後秦釋鳩摩羅什譯
明刻朱墨套印本

釋家類・疑僞之屬

1. 大方廣圓覺修多羅了義經二卷　題唐釋佛陀多羅譯
明刻套印本
2. 圓覺經二卷　題唐釋佛陀多羅譯
明萬曆至天啓間吴興凌敏栴刻朱墨套印本
3. 大佛頂如來密因修證了義諸菩薩萬行首楞嚴經十卷　題唐釋般剌密帝、唐釋彌伽釋伽譯
明天啓元年凌弘憲刻三色套印本
明凌毓枏刻套印本
明閔氏刻朱墨套印本
4. 大佛頂首楞嚴經十卷　題唐釋般剌密帝、題唐釋彌伽釋伽譯
明天啓刻朱墨藍三色套印本

釋家類・著述之屬章疏部　經疏

1. 金剛般若波羅蜜經一卷般若波羅蜜多心經一卷　後秦釋鳩摩羅什譯　唐釋慧能注　（金剛般若波羅蜜經）元釋明本注　（般若波羅蜜多心經）唐釋玄奘譯　明釋如玘注
明末刻朱墨套印本
2. 金剛般若波羅蜜經一卷解一卷般若波羅蜜多心經一卷解一卷大方廣圓覺修多羅了義經二卷　後秦釋鳩摩羅什譯　（解）元釋明本撰　（般若波羅蜜多心經）唐釋玄奘譯　（解）明釋如玘注　明李贄評　（大方廣圓覺修多羅了義經）唐釋佛陀多羅譯
明凌毓枏凌濛初刻朱墨套印本
3. 金剛經解　元釋明本撰
清刻朱墨套印本
4. 金剛般若波羅蜜經一卷　元釋思聰注
元至正元年（1341）中興路資福寺刻朱墨套印
5. 金剛經解不分卷　□□輯
明刻套印本

釋家類・著述之屬　章疏部　密教經軌疏

1. 大佛頂如來密因修證了義諸菩薩萬行首楞嚴經十卷　明釋界澄疏證

明天啓元年凌弘憲刻三色套印本

釋家類・著述之屬　懺儀

1. **大藏瑜伽施食儀不分卷**　清章嘉國師校
   清乾隆刻朱墨套印本

集　部

楚辭類

1. **楚辭二卷**　戰國屈原等撰　**屈原傳一卷**　漢司馬遷撰
   明萬曆四十八年閔齊伋刻三色套印本
2. **楚辭十七卷附録一卷**　漢王逸注　宋洪興祖、明劉鳳補注　明陳深批點
   明萬曆吴興凌毓枏刻朱墨套印本
3. **楚辭評林八卷總評一卷**　宋朱熹集注　明沈雲翔輯評
   清康熙聽雨齋刻朱墨套印本（楚辭集注）
   清乾隆五十三年刻朱墨套印本（楚辭集注）
4. **離騷節解一卷離騷本韻一卷離騷正音一卷離騷節指一卷**　清張德純撰
   清乾隆五十年梓州郡署刻套印本

别集類・漢魏六朝唐五代别集

1. **曹子建集十卷**　三國魏曹植撰　明李夢陽、明王世貞等評
   明天啓元年凌性德刻朱墨套印本
2. **陶淵明集八卷**　晋陶潜撰
   清光緒五年廣州翰墨園刻套印本
3. **陶淵明集八卷首一卷末一卷**　晋陶潜撰
   清光緒五年廣州翰墨園刻三色套印本
   清光緒六年刻四色套印本
   清活字五色套印本
4. **陶靖節集八卷總論一卷**　晋陶潜撰　宋湯漢箋注
   明凌濛初刻朱墨套印本
5. **陶靖節詩集四卷**　晋陶潜撰　清蔣薰評　**附東坡和陶詩一卷**　宋蘇軾撰　**律陶一卷**　明王思任輯　**敦好齋律陶纂一卷**　明黄槐開輯
   清刻朱墨套印本
6. **唐駱先生集八卷附録一卷**　唐駱賓王撰　明王衡等評釋
   明凌毓枏刻朱墨套印本
7. **孟浩然詩集二卷**　唐孟浩然撰　宋劉辰翁、明李夢陽評
   明凌濛初刻套印本
   清光緒五年巴陵方氏碧琳琅館刻朱墨套印王孟詩評本
8. **王摩詰詩集七卷**　唐王維撰　宋劉辰翁、明顧璘評
   明凌濛初刻朱墨套印本
   清光緒五年巴陵方氏碧琳琅館刻套印王孟詩評本
9. **李詩選五卷**　唐李白撰　明張愈光輯
   明閔氏刻朱墨套印本
10. **杜工部集二十卷首一卷**　唐杜甫撰　清盧坤輯評
    清道光十四年芸葉盦刻五色套印本
    清光緒二年粵東翰墨園刻朱墨套印本
11. **杜子美七言律不分卷**　唐杜甫撰　明郭正

域評點
明閔齊伋刻三色套印本
12. **杜詩選六卷**　唐杜甫撰　明閔映壁集評
明烏程閔氏刻朱墨套印李杜詩選本
13. **常建詩集三卷**　唐常建撰
明海虞毛氏汲古閣刻朱墨套印六唐人詩本
14. **韋蘇州集十卷拾遺一卷**　唐韋應物撰
明末刻朱墨套印本
15. **韋蘇州集十卷拾遺一卷**　唐韋應物撰　宋劉辰翁等評
明刻套印本
16. **韋蘇州集十卷拾遺一卷總論一卷**　唐韋應物撰　明凌濛初集評
明吴興凌氏刻套印陶韋合集本
17. **孟東野詩集十卷**　唐孟郊撰　宋宋國材、宋劉辰翁評
明吴興凌濛初刻套印盛唐四名家集本
18. **昌黎先生詩集注十一卷年譜一卷**　唐韓愈撰　清顧嗣立刪補
清道光十六年脣德堂刻朱墨套印本
清道光二十五年脣德堂刻朱墨套印本
清光緒九年廣州翰墨園刻三色套印本
19. **韓文公文鈔十六卷**　唐韓愈撰　明茅坤評
明閔氏刻朱墨套印本
20. **韓文不分卷**　唐韓愈撰　明郭正域評
明萬曆四十五年烏程閔氏刻朱墨套印本
21. **柳文七卷**　唐柳宗元撰　明茅坤評
明刻朱墨套印本
22. **李長吉集四卷外卷一卷**　唐李賀撰　明黄淳耀評點
清光緒十八廣州葉衍蘭刻朱墨套印本
23. **李長吉歌詩四卷外詩集一卷**　唐李賀撰　宋劉辰翁評點
明吴興凌濛初刻朱墨套印本
明吴興凌濛初刻朱墨套印盛唐四名家集本
24. **李義山詩集三卷李義山詩譜一卷諸家詩評一卷**　唐李商隱撰　清朱鶴齡箋注　清沈厚塽輯評
清同治九年廣州倅署刻三色套印本
清光緒二十四年廣州倅署刻三色套印本

别集類·宋别集

1. **歐陽文忠公文鈔十卷**　宋歐陽修撰　明茅坤評
明吴興閔氏刻朱墨套印本
2. **蘇老泉文集十三卷**　宋蘇洵撰　明茅坤、明焦竑等評
明凌濛初刻朱墨套印本
3. **蘇文嗜六卷**　宋蘇洵撰　明茅坤集評
明凌雪刻三色套印本
4. **東坡禪喜集十四卷**　宋蘇軾撰　明馮夢禎批點　明凌濛初增輯
明天啓元年凌濛初刻朱墨套印本
5. **蘇文忠公詩集五十卷目録二卷**　宋蘇軾撰　清紀昀評點
清道光十四年兩廣節署刻朱墨套印本
清同治八年韻玉山房粤東省城刻朱墨套印本
6. **蘇文忠詩合注五十卷卷首一卷目録一卷**　宋蘇軾撰　清馮應榴輯　**東坡先生年譜一卷**　宋王宗稷編
清道光十四年兩廣節署刻朱墨套印本
7. **蘇文六卷**　宋蘇軾撰　明茅坤、唐順之等評
明閔爾容刻三色套印本
明刻套印本
8. **東坡文選二十卷**　宋蘇軾撰　明鍾惺評選
明萬曆四十八年閔氏刻朱墨套印本
9. **蘇文忠公文選四卷**　宋蘇軾撰　明茅坤等評

附録

明刻三色套印本

10. 蘇長公合作八卷補二卷附録一卷　宋蘇軾撰　明凌啓康輯　明高啓等批點
明萬曆十八年凌啓康刻三色套印本

11. 蘇長公表啓五卷　宋蘇軾撰　明李卓吾等評
明萬曆凌濛初刻朱墨套印本

12. 蘇文忠公策論選十二卷　宋蘇軾撰　明茅坤、明鍾惺評
明天啓元年刻三色套印本

13. 蘇文忠公策選四卷論選六卷　宋蘇軾撰　明茅坤、明鍾惺評
明閔氏刻三色套印本

14. 蘇長公密語十六卷首一卷　宋蘇軾撰　明李一公輯
明天啓元年刻朱墨套印本

15. 蘇長公密語十六卷首一卷　宋蘇軾撰　明吴京輯
明天啓四年刻朱墨套印本

16. 蘇長公密語十六卷首一卷　宋蘇軾撰　明詹兆聖評選
明閔氏刻朱墨套印本

17. 蘇長公小品四卷　宋蘇軾撰　明王納諫輯并評
明凌啓康刻套印本
明刻朱墨套印本

18. 會稽三賦四卷首一卷　宋王十朋撰　明南逢吉校注　明尹壇補注　明陶望齡評
明天啓元年凌弘憲刻套印本

别集類·明别集

1. 空同詩選一卷　明李夢陽撰　明楊慎選
明萬曆烏程閔齊伋刻朱墨套印本

2. 茅鹿門先生文集八卷　明茅坤撰　明潘拱宸評選
明泰昌元年刻朱墨套印本

3. 李氏焚書六卷　明李贄撰
明刻朱墨套印本

别集類·清别集

1. 容安詩草十卷　清胡榮撰　清洪昇等評
清康熙刻三色套印本

2. 懷古堂初集不分卷　清劉國英撰　清陶元淳等評
清康熙四十二年懷古堂刻三色套印本

3. 御製避暑山莊詩二卷　清聖祖玄燁撰　清沈喻繪圖　清揆叙等注
清康熙五十一年武英殿刻朱墨套印本

4. 御製避暑山莊詩二卷　清高宗弘曆撰　清沈崳繪圖　清揆叙等注
清乾隆六年武英殿刻朱墨套印本

5. 御製圓明園詩二卷　清世宗胤禛撰　清鄂爾泰、清張廷玉等注
清乾隆武英殿刻套印本

6. 御製圓明園詩二卷　清高宗弘曆撰　清鄂爾泰、清張廷玉注
清乾隆内府刻朱墨套印本

7. 御製冰嬉賦一卷　清高宗弘曆撰
清乾隆十年内府刻朱墨套印本

8. 南園唱和集一卷　清劉檦撰　清沈德潜評
清乾隆二十四年劉祖曾百禄堂刻朱墨套印本

9. 餘蔭堂詩稿二卷　清玉德撰
清嘉慶四年江德地刻朱墨套印本

總集類·叢編

1. 陶韋合集　明凌濛初編

明凌濛初刻套印本
2. 韓蘇合刻　明郭明龍、明王聖俞評選
明萬曆烏程閔齊伋刻朱墨套印本
3. 韓文杜律
明萬曆閔齊伋刻三色套印本
4. 李杜詩選十一卷　明張愈光輯　明楊慎評
明閔暎璧刻套印本
5. 李杜詩選十一卷　明張含編　明楊慎等評
明刻套印本
6. 唐詩豔逸品　明李肇祉編
明天啓元年閔一栻刻朱墨套印本（又名唐詩四種）
明末刻清康熙二十六年桂穎堂補刻套印本
7. 盛唐四名家集
明凌濛初刻閔氏套印本
8. 孟李詩選　明凌濛初輯
明末吴興凌氏刻朱墨套印本
9. 王孟詩評　宋劉辰翁評
清光緒五年巴陵方氏碧琳琅館刻朱墨套印本

總集類・通代

1. 文選六十卷　南朝梁蕭統輯　唐李善注　清何焯評
清乾隆三十七年葉氏海録軒刻朱墨套印本
2. 文選後集五卷　南朝梁蕭統輯　明郭正域評
明閔于忱刻套印本
3. 文選尤十四卷　南朝梁蕭統輯　明鄒思明删訂
明天啓二年刻三色套印本
4. 選詩七卷　南朝梁蕭統輯　明郭正域批點
明凌濛初輯評　詩人世次爵里一卷
明凌濛初刻套印本
5. 選賦六卷　南朝梁蕭統輯　明郭正域批點
名人世次爵里一卷
明凌氏鳳笙閣刻朱墨套印本
6. 御選唐宋詩醇四十七卷目録二卷文醇五十八卷　清高宗弘曆選輯
清乾隆三年刻四色套印本
清乾隆十五年内府刻四色套印本
7. 御選唐宋文醇五十八卷目録一卷　清高宗弘曆輯
清乾隆十五年内府刻四色套印本
清乾隆二十五年珊城遺安堂刻套印本
清乾隆二十五年兩儀堂刻套印本
8. 古今名公百花鼓吹十五卷　明王化醇輯
明閔振業閔振聲刻三色套印本
9. 古今青樓集選四卷　明周公輔輯
明天啓三年周公輔刻套印本
10. 詩刪二十三卷　明李攀龍輯　明鍾惺、明譚元春評
明刻套印本
11. 絶祖三卷　明茅翁積輯
明茅兆河刻套印本
12. 忠雅堂評選四六法海八卷　清蔣士銓評選
清同治十年藏園刻套印本
清光緒十年深柳讀書堂刻朱墨套印本
13. 謝疊山先生文章軌範七卷　宋謝枋得輯
清光緒二十一年湖北官書處三色套印本
14. 秦漢文鈔六卷　明閔日斯選
明萬曆刻朱墨套印本
15. 秦漢文鈔六卷　明馮有翼編　明閔邁德重編
明萬曆四十八年閔氏刻朱墨套印本
16. 文致不分卷　明劉士鏻輯
清初刻朱墨套印本
17. 文致不分卷　明劉士鏻輯　明閔無頗、明閔昭明集評
明天啓元年閔元衢刻套印本

18. 古文提奇五卷　明顧茂猷輯
明崇禎刻套印本
19. 古文淵鑒六十四卷　清徐乾學等輯并注
清康熙二十四年内府刻五色套印本
清康熙四十九年内府刻四色套印本
清光緒十至十一年南海孔氏刻五色套印本
20. 御選唐宋文醇五十八卷　清高宗弘曆輯
清乾隆三年武英殿刻四色套印本
21. 六朝文絜四卷　清許槤輯并評
清道光五年海昌許氏享金寶石齋刻套印本
清光緒三年馮氏讀有用書齋刻套印本
清光緒五年刻套印本
清光緒七年適時軒刻朱墨套印本
清光緒九年巴陵方氏刻朱墨套印本

總集類・斷代

1. 朱批兩漢菁華録六卷　清經史閣編
清光緒二十八年刻朱墨套印本
2. 唐三體詩六卷　宋周弼輯　元釋圓至注　清高士奇補正　清何焯評
清光緒十二年瀘州鹽局刻朱墨套印本
3. 批點唐音十五卷　元楊士弘輯　明顧璘批點
明刻套印本
4. 唐詩絶句類選四卷總評一卷人物一卷　明敖英、明凌雲輯　明敖英等評
明吴興凌雲刻三色套印本
5. 唐詩選七卷　明李攀龍輯　明王穉登評
明閔氏刻套印本
6. 李于鱗唐詩廣選七卷　明李攀龍輯　明凌瑞森、明凌南榮輯評
明凌氏刻套印本
7. 朱批唐詩苑七卷附録一卷　明李攀龍輯　明孫鑛評點
明刻套印本
8. 唐詩選七卷附録一卷　明李攀龍輯　彙釋七卷　明蔣一葵箋釋　詩韻輯要五卷　明王穉登輯
明施大猷刻套印本
9. 唐詩名花集一卷　明楊肇祉輯
明天啓元年閔一栻刻套印唐詩豔逸品本
明末刻清康熙二十六年桂穎堂補刻套印唐詩豔逸品本
10. 唐詩名媛集一卷　明楊肇祉輯
明天啓元年閔一栻刻套印唐詩豔逸品本
明末刻清康熙二十六年桂穎堂補刻套印唐詩豔逸品本
11. 唐詩觀妓集一卷　明楊肇祉輯
明天啓元年閔一栻刻套印唐詩豔逸品本
明末刻清康熙二十六年桂穎堂補刻套印唐詩豔逸品本
12. 唐詩香奩集一卷　明楊肇祉輯
明天啓元年閔一栻刻套印唐詩豔逸品本
明末刻清康熙二十六年桂穎堂補刻套印唐詩豔逸品本
13. 唐賢三昧集三卷　清王士禛輯
清光緒九年廣州翰墨園刻朱墨套印本
14. 御選唐詩三十二卷目録三卷　清聖祖玄燁輯　清陳廷敬等輯注
清康熙五十二年内府刻套印本
15. 寒瘦集一卷　清岳端輯并評
清康熙三十八年岳端紅蘭室刻朱墨套印本
16. 皇明文準八卷　明張鼐輯
明萬曆刻套印本
17. 名教罪人不分卷　清徐元夢等輯
清雍正四年内府刻套印本
18. 國朝駢體正宗評本十二卷補編一卷　清曾燠輯　清姚燮評　清張壽榮參

清光緒十一年鎮海張氏花雨樓刻朱墨套印本

總集類·尺牘

1. **尺牘雋言十二卷** 明陳巨忠輯
   明閔邁德刻套印本

總集類·課藝

1. **歷科會解元脉不分卷** 明范鳳來輯
   明萬曆四十七年刻套印本
2. **九會元集九卷** 明吴默、明湯賓尹等撰 明閔齊華輯
   明天啓元年閔齊華刻朱墨套印本
3. **塾課小題正鵠初集不分卷二集二卷三集三卷** 清李元度輯 **訓蒙草詳注一卷** 清路德撰 清李元度注
   清同治十二年二友堂刻朱墨套印本

詩文評類

1. **文心雕龍十卷** 南朝梁劉勰撰
   清道光十三年粤東省城翰墨園套印本
2. **劉子文心雕龍二卷** 南朝梁劉勰撰 明楊慎、明曹學佺等批點
   明萬曆閔繩初刻五色套印本
   明萬曆四十年吴興凌雲刻套印本
3. **文心雕龍十卷** 南朝梁劉勰撰 清黄叔琳輯注 清紀昀評
   清道光十三年盧坤兩廣節署刻套印本
4. **鍾伯敬先生硃評詞府靈蛇四卷** 明鍾惺、明李光祚輯
   明天啓金陵唐建元刻套印本
5. **律賦準繩二卷摘聯一卷要言一卷** 清繆裕紱輯 清佟炳章注
   清光緒十年華翰齋刻套印本
6. **文章軌範七卷** 宋謝枋得輯
   清咸豐二年潯陽萬氏蓮峰書屋刻三色套印本

詞類

1. **揖花詞稿二卷月夜詠懷一卷** 清李繼燕撰
   清康熙刻套印本
2. **定盦詞集一卷** 清龔自珍撰
   清許增刻套印本
3. **養默山房詩餘三卷** 清謝元淮撰
   清道光二十八年刻套印本
4. **碎金詞一卷** 清謝元淮撰
   清道光二十四年刻朱墨套印本
5. **海天秋角詞一卷** 清謝元淮撰
   清刻套印本
6. **花間集四卷** 後蜀趙崇祚輯 明湯顯祖評
   明萬曆刻朱墨套印本
   明刻套印本
7. **草堂詩餘五卷** 明楊慎評點
   明閔暎璧刻套印本
8. **新刻硃批注釋草堂詩餘評林四卷** 明李廷機評注
   明天啓五年周文耀刻套印本
9. **新刻朱批注釋草堂詩餘評林四卷** 明李廷機評注
   明刻朱墨套印本
10. **詞的四卷** 明茅暎輯并評
    明刻套印本
11. **詞譜四十卷** 清王奕清等撰
    清康熙五十四年内府刻套印本
12. **詞譜六卷** 清許寶善撰
    清乾隆三十七年刻套印本

13. **自怡軒詞譜八卷** 清許寶善撰
清乾隆三十六年刻套印本
14. **詞鏡平仄圖譜三卷** 清賴以邠撰 清查繼超輯
清乾隆四十八年林棲梧寶章堂刻套印本
清嘉慶古閩林氏刻朱墨套印本
15. **新定九宫大成南北詞宫譜八十一卷首一卷總目三卷閏集一卷** 清周祥鈺等輯
清乾隆十一年内府樂部刻套印本
16. **碎金詞譜六卷附録一卷碎金詞一卷** 清謝元淮撰
清道光二十四年刻套印本
17. **碎金詞譜十四卷碎金續譜六卷碎金詞韻四卷** 清謝元淮撰輯
清道光二十八年刻朱墨套印本

曲類・諸宫調

1. **古本董解元西厢記四卷** 金董解元撰 明湯顯祖評點
明刻朱墨套印本
2. **古本董解元西厢記四卷** 金董解元撰 明臧懋循點定
明閔氏刻朱墨套印本

曲類・雜劇

1. **西厢記五卷** 元王德信、元關漢卿撰 明凌濛初評 **解證五卷** 明凌濛初撰 **會真記一卷** 唐元稹撰 **附録一卷**
明凌濛初刻朱墨套印本
2. **西厢會真傳五卷** 元王德信、元關漢卿撰 明湯顯祖、明沈璟評 **會真記一卷** 唐元稹撰
明天啟烏程凌氏刻三色套印本
3. **第六才子書西厢記八卷** 元王實甫撰 清金聖歎評點
清同治八年味蘭軒刻朱墨套印本
4. **如是山房增訂金批西厢記四卷首一卷末一卷** 元王德信撰 清金人瑞評
清光緒二年如是山房刻套印本
5. **此宜閣增訂金批西厢記四卷首一卷末一卷** 元王德信撰 清金人瑞評
清乾隆六十年周氏此宜閣刻朱墨套印本
6. **增像第六才子書四卷** 元王實甫撰 清金聖歎評
清光緒十年廣州刻朱墨套印本
7. **識英雄紅拂莽擇配一卷** 明凌濛初撰
明刻套印本
8. **琵琶記四卷** 元高明撰 明凌濛初校評 **附録一卷**
明凌延喜刻朱墨套印本
9. **幽閨怨佳人拜月亭記四卷** 元施惠撰
明凌延喜刻朱墨套印本
10. **明珠記四卷** 明陸采撰 **王無雙傳一卷**
明末吴興閔齊伋校刻朱墨套印本
11. **繡襦記四卷** 明薛近兖撰
明末刻朱墨套印本
12. **紅拂記四卷附虬髯客傳** 明張鳳翼撰 明湯顯祖評
明末吴興凌氏校刻朱墨套印本
13. **曇花記四卷** 明屠隆撰 明臧懋循評點
明末刻朱墨套印本
14. **牡丹亭還魂記四卷** 明湯顯祖撰
明泰昌刻朱墨套印本
15. **牡丹亭四卷** 明湯顯祖撰 明茅暎、明臧懋循評
明茅暎刻套印本

16. 邯鄲夢記二卷　明湯顯祖撰　枕中記一卷　唐李泌撰
明天啓元年閔光瑜刻朱墨套印本

17. 南柯夢三卷　明湯顯祖撰
明刻朱墨套印本

18. 校正原本紅梨記四卷　明徐復祚撰　紅梨記雜劇不分卷　元張元壽撰
明末刻朱墨套印本

19. 李丹記二卷　明劉還初撰　明陳繼儒、明彭幼朔評　明趙當世訂正
明萬曆刻朱墨套印本

20. 勸善金科十本二十卷　清張照等撰
清乾隆内府四色套印本

21. 昭代簫韶十本二十卷　清王廷章、清范文賢等撰
清乾隆内府四色套印本

曲類・彈詞

1. 歷代史略十段錦詞話旁注二卷附歷代帝王紀一卷　明楊慎撰　明程中秋注
明末刻朱墨套印本

曲類・曲譜

1. 曲譜十二卷卷首一卷卷末一卷　清王奕清等撰
清康熙内府刻朱墨套印本

集部・曲類・曲律

1. 新編南詞定律十三卷卷首一卷　清吕士雄等撰
清康熙五十九年刻朱墨套印本

2. 新定九宫大成南北宫詞譜八十一卷閏一卷總目三卷　清周祥鈺　鄒金生等撰
清乾隆十一年允禄刻朱墨套印本

叢　部

雜纂類

1. 枕函小史五種　明閔于忱編
明閔于忱松筠館刻朱墨套印本